HISTOIRE GÉNÉRALE

DE

L'ABBAYE DU MONT-S^T-MICHEL

AU PÉRIL DE LA MER

PAR DOM JEAN HUYNES

PUBLIÉE POUR LA PREMIÈRE FOIS AVEC UNE INTRODUCTION ET DES NOTES

PAR E. DE ROBILLARD DE BEAUREPAIRE

—

TOME II

ROUEN

Chez Ch. MÉTÉRIE, succ^r de A. LE BRUMENT
LIBRAIRE DE LA SOCIÉTÉ DE L'HISTOIRE DE NORMANDIE
RUE JEANNE-D'ARC, N° 11

MDCCC LXXIII

HISTOIRE GÉNÉRALE

DE

L'ABBAYE DU MONT-Sᵀ-MICHEL.

ROUEN. — IMPRIMERIE DE H. BOISSEL
Rue de la Vicomté, 55

HISTOIRE GÉNÉRALE

DE

L'ABBAYE DU MONT-S^T-MICHEL

AU PÉRIL DE LA MER

PAR DOM JEAN HUYNES

PUBLIÉE POUR LA PREMIÈRE FOIS AVEC UNE INTRODUCTION ET DES NOTES

Par E. DE ROBILLARD DE BEAUREPAIRE

—

TOME II

ROUEN

Chez Ch. MÉTÉRIE, succ^r de A. LE BRUMENT
LIBRAIRE DE LA SOCIÉTÉ DE L'HISTOIRE DE NORMANDIE
RUE JEANNE-D'ARC, N° 11

—

M DCCC LXXIII

EXTRAIT DU RÉGLEMENT.

ART. 16. — Aucun volume ou fascicule ne peut être livré à l'impression qu'en vertu d'une délibération du Conseil, prise au vu de la déclaration du Commissaire délégué et, lorsqu'il y a lieu, de l'avis du Comité intéressé portant que le travail *est digne d'être publié*. Cette délibération est imprimée au verso de la feuille de titre du premier volume de chaque ouvrage.

Le Conseil, vu la déclaration de M. BOIVIN-CHAMPEAUX, *commissaire délégué, portant que l'édition de l'*HISTOIRE GÉNÉRALE DE L'ABBAYE DU MONT-St-MICHEL, *préparée par* M. E. DE ROBILLARD DE BEAUREPAIRE, *lui a paru digne d'être publiée par la* SOCIÉTÉ DE L'HISTOIRE DE NORMANDIE, *après en avoir délibéré, décide que cet ouvrage sera livré à l'impression.*

Fait à Rouen, le Lundi 4 Décembre 1871.

Certifié :

LE SECRÉTAIRE DE LA SOCIÉTÉ,

C. LORMIER.

QUATRIESME TRAICTÉ

DE

L'HISTOIRE DU MONT-Sᵀ-MICHEL

DE CEUX QUI ONT TESMOIGNEZ AFFECTIONNER CETTE EGLISE
DE SAINCT MICHEL SOIT EN Y AUMOSNANTS DE LEURS
BIENS SOIT AUTREMENT ET FINALEMENT UN
CATALOGUE DES BENEFICES DEPENDANTS
DE CETTE ABBAYE.

CHAPITRE PREMIER.

Que nous devons publier et louer les bienfaicteurs de ce monastere.

Il est maintenant temps que nous mettions au jour les bienfaicteurs de cette eglise et abbaye ; et que, s'il est possible, nous facions revivre leur mémoire jusques aux siecles des siecles, autrement nous serions ingrats. Et bien que tous les jours dans nostre chœur et ès sacrez autels nous nous souvenions d'eux, neantmoins cela n'est, ce me semble, bastand, mais nous les devons aussy publier aux externes à ce qu'ils soyent excitez à prier Dieu pour telles personnes qui ont si liberalement departis de leurs moyens pour sustenter et entretenir non seulement ceux qui ont abandonné toute chose pour Jesus Christ, pour le servir sur cette saincte montagne et leur donner le loisir et commodité de vacquer librement et s'exercer en tout acte de religion, mais aussy ceux qui ont disette de biens temporels et mendient leur pain de porte en porte. Nous commencerons par ceux qui ont successivement commandez en cette province de Normandie depuis l'introduction des religieux en ce Mont.

CHAPITRE SECOND.

De Richard premier duc de Normandie et de Gonnor sa femme [1].

L'an neuf cent quarante deux, ou selon d'autres, quarante quatre, Sainct Guillaume ayant esté mis traitreusement à mort, tous les normants se soumirent unanimement à son fils Richard aagé d'environ dix ans, selon que nous avons desja remarqué au commencement du traicté second, lequel durant sa vie ayma tousjours les personnes pieuses et ne s'estant contenté de mettre des religieux en ce Mont, il leur confirma de plus tous les biens que ses pere et grand pere et ses subjects avoyent donné à cette eglise et y adjousta du sien, ornant et decorant l'eglise de plusieurs riches vases d'or et d'ar-

---

[1] AA Fol. 9 et Gabriel du Moulin en son Histoire, p. 52.

gent et d'ornements entretisssus d'or et de pierreries, augmentant le revenu de plusieurs rentes et possessions, et faisant faire plusieurs bastiments pour la commodité des religieux. Et, non content de cela, y venant souvent durant sa vie, il y offroit toutes les foys de grands presents et donna aux religieux toute la jurisdiction temporelle qui luy appartenoit en ce Mont ce que confirma son fils Richard second et, à leur exemple, l'evesque d'Avranches Maugis, de son bon gré et du consentement de tout le chapitre de son eglise cathédrale, leur ceda toute la jurisdiction spirituelle qui luy appartenoit à cause de son evesché sur le clergé et le peuple [1], de là a pris son origine l'Archidiaconé de ce Mont et de là vient que, non seulement cette abbaye a la presentation du vicariat de la cure de ce Mont, mais aussy la collation, institution ou destitution du curé ou vicaire perpetuel. Pour retourner à notre duc Richard, en reconnoissance de ses bienfaicts envers cette abbaye, outre les prieres qui se font tous les jours en general pour les bienfaicteurs, on chante tous les ans, pour le repos de son ame et de ses amys et alliez, une messe solemnelle le vingt et uniesme de novembre jour qu'il mourut et on distribue à chacun de ceux qui se presentent ce jour là pour recevoir l'aumosne, qui ordinairement sont trois ou quatre mille, seize deniers [2].

---

[1] L'abbaye ne laissa d'estre sujette à l'Evesque et n'a jamais eu privilége d'estre immédiate au Saint-Siége.

[2] Le jour du décès de tous les Ducs de Normandie se trouve dans les collectaires ou obituaires et dans le martyrologe. En Z Fol. 3 et R 7. et Θ₁.

Ce prince mourut l'an neuf cent nonante six, au grand regret de plusieurs, car durant sa vie il fut doué de beaucoup de vertus et belles qualitez. Et nous lisons de luy ce qui s'ensuit : « Ipse dux beatudinis prœrogativis profusius floruit, quia quos audiebat discordes aut per se aut per suos legatos reddebat concordes scriptura dicente : Beati pedes pacem portantes. Erat autem statura procerus, vultu decorus, integer corpore, barba prolixa et alba decorus, cano capite crispissimus et toto corpore valde bene formatus. Erat pauperum sustentator, monachorum tutor, viduarum deffensor et captivorum redemptor [1]. »

Après sa mort Gonnor, sa femme, auparavant sa concubine (en quoy il n'est louable) pour la devotion qu'elle portoit à St Michel et aussy, pour obtenir pardon envers Dieu de ses pechez et de ceux de son mary, donna à cette eglise la Baronnie de Bertheville et la seigneurie de Dom-Jan et toutes leurs dépendances, terres cultivées et non cultivées, bois, préries, moulins, eglises, rivieres et toutes autres choses qui en dépendent [2].

[1] ☦. Fol. 3.
[2] B Fol. 4. AA Fol. 20.

CHAPITRE TROISIESME.

De Richard second et de ses deux fils.

Richard premier mourant laissa un fils nommé Richard lequel fut reconnu incontinant duc de Normandie. Et celuy là fit tant de bien à cette abbaye qu'il surpassa en cela tous ses devanciers et successeurs. Ce fut luy qui donna la seigneurie de Versum et toutes ses dependances : qui confirma tous les biens qu'on avoit donné jusques à son temps à cette abbaye : qui donna la baronnie de St Pair qui estoit autrefois une abbaye et toutes ses dependances : qui donna l'isle de Calsoy; le village de Chanteloup et toutes ses dependances : qui donna la terre de Grombald, la moytiée de Erengarville, bref plusieurs autres villages et leurs dependances. Ce fut luy aussy qui donna la baronnie de Genest (Sainct Aubert evesque d'Avranches n'avoit donné que le village qui n'estoit encore chef de baronnie) et toutes ses dependances et la baronnie d'Ardevon avec toutes ses dependances [1].

Toutes les lettres des susdittes donations sont remplies de la pieté et humilité de ce prince, ce qui se peut semblablement remarquer ès donations des autres ducs et seigneurs faictes à ce monastere. « Detur Deo (est il dit ès lettres dudit Richard second) non nostrum sed suum, quid enim aliud nos habere putamus

---

[1] AA Fol. 17. B Fol. 4. R 7. ☉ le 23 aoust.

quam quod ab eo accepimus. Tribuatur frigidœ aquœ calix ut æterna recipiatur merces. Tanti valere regnum andivimus Dei quantum habemus. Sufficit viduœ quadrans, profuit et Zachœo bonorum dimidium distributio. Quæ denique ad id quod finitur ad id quod non finitur comparatio ? Scilicet pro terrenis celestia, pro perituris mereri perpetua. » En une autre lettre nous lisons ces mots: « Inter cœtera bene agendæ vitæ opera non minima laude prœdicatur eleemosyna, sicut ait Salvator noster : date eleemosynam et omnia mundabuntnr vobis. Et alio loco : sicut aqua extinguit ignem ita eleemosyna extinguit peccatun. Redemptio etenim animœ viri divitiœ ejus. Salutare opus quippe valde est si ea quœ conditor noster nobis misericorditer tribuit ei reddamus. Quœ namque coemptio fœlicior potest esse quam dare obolum et recipere cœlum? Venale siquidem regnum cœlorum dicitur ad quod emendum unicuique sufficit proprius census, cum bona voluntate justo sufficit frigidæ aquœ calix. » Et le reste.

Telles estoient les vrayes, devotes et pieuses considérations de ces anciens normants et par là on voit le peu d'estime qu'il faisoient des grands biens qu'ils offroient à Dieu et combien ils estimoient le salut de leurs ames. Le dit duc Richard second, ne se contentant des liberalités susdittes envers ce monastere, il se resolut de plus de faire bastir l'eglise de la grandeur qu'on la voit, et en fit faire les fondements et quelque peu davantage et l'eut faict achever, si l'an mil vingt six, le vingt troisiesme d'aoust, la mort ne l'eut prevenu [1]. On peut dire néantmoins qu'il l'a achevée puisque, par le moyen des rentes qu'il y donna, les abbez parfirent son entreprise. Son fils et successeur au duché de Normandie, Richard troisiesme du nom, seigna et approuva toutes les donations de son pere faictes à ce monastere. Ce que fit aussi Robert son frere et successeur au duché [2]. Et ce dernier de plus y donna cinq moulins au diocese de Bayeux : huict au diocese d'Avranches et tout ce qui luy appartenoit en la vallée de Bevron ; item la moytiée de l'isle de Grenezé et tout ce qu'il s'estoit reservé en l'autre moytiée lorsqu'il la bailla en fief à Niel le Vicomte, seigneur de Costentin, tres vaillant et renommé guerier, lequel sur la fin de ses jours se rendit religieux en cette abbaye et y donna tout ce qui luy appartenoit en l'isle de Sere et autres voisines. Le dit duc Robert fit plusieurs autres dons à cette abbaye contenus dans les archives, par lesquels comme aussy par ceux qu'il fesoit à toute sorte de personnes, il s'acquist le surnom de Liberal. Les vieux romans l'ont aussy appelé Robert le Diable à cause qu'il estoit grandement fougueux et colere [3].

[1] λ
[2] A A Fol. 22 B Fol. 6 et 117.
[3] Gabriel du Moulin en son Histoire de Normandie, p. 109.

CHAPITRE QUATRIESME.

Des bien-faicts des ducs de Normandie et Roys d'Angleterre envers ce monastere depuis la mort de Robert le liberal jusques à Jean dit Sans Terre.

Robert le Liberal estant mort à Nice ville de Bithinie, le onziesme de fevrier l'an mil trente cinq, Guillaume son fils, dit le Bastard, aagé seulement de sept ans, luy succeda au duché de Normandie lequel fut surnommé aussy le Conquerant pour avoir subjugué l'Angleterre et s'en estre fait roy [1]. Iceluy donna à ce monastere les isles de Sere et d'Aurenne reprenant la moitiée de l'isle de Grenezay et fit rendre le moulin le Comte qui avoit esté aliéné de ce Mont par l'abbé Suppo [2]. Ce roy et duc estant mort l'an mil quatre vingt sept, son fils Robert, dit Courtebotte, luy succeda au duché de Normandie, lequel suivant les traces de ses predecesseurs affectionna ce monastere, confirma toutes les donations faictes à iceluy et luy donna le revenu du marché d'Ardevon et une grande place dans la ville de Rouen pour y bastir une maison [3]. Il y eut faict peut estre encore d'avantage de bien, si l'an mil cent six il n'eut été faict prisonnier par son frere Henry, roy d'Angleterre depuis l'an mil cent, et mené en la ditte isle ou

[1] Z Fol. 8.
[2] AA Fol. 24, 25. B. Fol. 166.
[3] AA. Fol. 76.

il mourut captif l'an mil cent trente quatre. Cependant le dit Henry se fit duc de Normandie [1] et confirma les biens de ce monastere et finalement mourut l'an mil cent trente cinq, laissant au monde sa fille Mathilde pour lui succeder à tous ses Estats. Mais les anglois receurent pour roy, incontinant après, Estienne de Boulogne et les normants Eustache de Boulogne fils du dit Etienne de Boulogne pour duc, ce qui fut cause de plusieurs gueres civiles en cette province de Normandie et ce monastere en fut grandement endommagé, selon que nous avons remarqué parlant de Bernard treiziesme abbé de ce Mont, car Geffroy comte d'Anjou mary de la dite Mathilde, fille d'Henry premier, roy d'Angleterre, ne cessa de combattre jusques à ce que l'an mil cent quarante trois il debouta Eustache de Boulogne du duché de Normandie et en fut proclamé duc, à raison du droict de sa femme et de ses enfants, et pour lors tous les normants mirent les armes bas au grand contentement de l'abbé et des religieux de ce monastere lesquels receurent quelques bienfaicts du duc Geffroy mais beaucoup plus de son fils Henry, après que Robert de Torigny eut esté esleu abbé. Car ce monarque qui en ces jours fut roy d'Angleterre, seigneur souverain d'Hybernie, duc de Normandie, d'Anjou, du Maine, de Touraine, de Guienne, de Poitou et comte de Nantes affectionnoit singulierement cet abbé et, à cause de luy, prit toujours ce monastere sous sa protection et sauvegarda toustes ses dépen-

---

[1] Voyez l'histoire de Normandie par Gabriel Du Moulin, p. 340.

dances. Et pour preuve de son affection, c'est que, l'an mil cent cinquante huit etant venu en ce Mont, il alla disner avec luy et ses religieux en refectoire et, après disné, estant en la chambre de l'abbé il fit escrire des patentes de la donation qu'il faisoit à cette eglise des patronages et des eglises de Pont-Orson[1]. Cette affection du prince fut cause que ce monastere jouit d'une grande paix durant son reigne et le jour de sa mort qui arriva le septiesme de juillet l'an mil cent quatre vingt neuf y fut grandement regretté. Car ses deux fils Richard et Jean qui successivement regnerent en Angleterre, Normandie et en tous les autres Estats de leur pere n'eurent que des guerres qui affligerent grandement tous leurs subjects.

CHAPITRE CINQUIESME.

La Normandie retourne en la puissance des Roys de France et Philippe Auguste envoye de l'argent pour ayder à reparer les ruines de ce temple.

Richard, roy d'Angleterre et duc de Normandie, fils d'Henry second, ayant esté tué en Limosin devant le chasteau de Chalus, son frere Jean, surnommé Sans Terre, comte de Mortain se fit reconnoistre roy d'Angleterre, duc de Normandie et des autres duchez et

---

[1] B. Fol. 31 et 41. G. Fol. 7. Robert du Mont en son supplément.

seigneuries de son frere. De quoy s'offensa Artur, duc de Bretagne, fils de Geffroy frere aisné de Jean Sans Terre, desirant succeder au roy Richard à raison de son deffunct pere Geffroy. Pour donc se venger de cette injustice se sentant très foible, il implora l'aide du roy de France Philippe second et, à son ayde, prit le comté d'Anjou (maintenant c'est un duché) et en rendit dès aussy tost hommage au roy. Ce que sçachant Jean Sans Terre et, voyant que cette alliance pourroit estre prejudiciable tant à luy qu'au duc de Bretagne son nepveu, il fit la paix avec le roy de France et avec le breton. Mais ce dernier estant mal conseillé reprist tost après les armes et s'empara de plusieurs places en Anjou entre autres du chasteau de Mirebeau. Ce qui fut cause que son oncle paternel Jean Sans Terre y avola dès aussy tost et ayant pris le duc prisonnier le fit conduire à Falaize ou peu après il le vint voir et luy parla amiablement. Mais le jeune Artur, ne considerant point qu'il estoit captif, luy dit des paroles indiscrettes lesquelles irriterent grandement son oncle qui commanda qu'on le menast à Rouen ou le suivant il le jetta et noya une nuict dans la riviere de Seennes. Voila ce qu'en disent communement les historiens. Les bretons sçachants ce meurtre en demanderent justice au roy de France, seigneur souverain de toutes les terres que Jean Sans Terre avoit au deçà de la mer, et le roy, l'ayant faict appeler en sa cour de Paris où il ne comparut, le condamna par contumace et declara tous ses fiefs relevants de la couronne de France acquists à Sa Majesté. Pour l'execution de cet arrest il fit une levée de plusieurs soldats ; entra en la Guienne où, les poictevins et bretons se joignants avec luy, il prit et rasa plusieurs fortes places tandis que Jean Sans Terre, homme nullement adonné aux armes, se donnoit du bon temps en Angleterre, entra en la Normandie et prit incontinant presque toutes les villes et bourgades et finalement vers l'an mil deux cent quatre, la ville de Rouen laquelle du depuis a toujours reconnu les roys de France excepté quelque temps, durant lequel les Anglois s'en rendirent maistres de rechef comme aussy de tout le duché, excepté de ce Mont, qu'ils ne purent jamais reprendre, comme nous dirons ailleurs. Ces troubles furent cause que ce Mont fut bruslé l'an mil deux cent trois par les bretons conduits par Guy de Touars qui se qualifioit duc de Bretagne à raison de sa femme selon que s'ensuit [1]. Guy de Touars sçachant que le roy Philippe avoit pris Caen et ne s'y estoit arresté se resolut de l'aller trouver et de ruiner les places fortes qu'il rencontreroit en son chemin. A cet effet il assembla quatre cents hommes de cheval et grand nombre de gens de pied, avec resolution d'assieger en premier lieu ce Mont, lequel n'estoit point si fort qu'il est à present, tant à cause que la ville n'estoit ceinte de murailles, qu'à cause aussy que tous les bastiments qui sont du costé de l'orient et devers le midy n'estoient encore bastys. C'est pourquoy la plus grande difficulté qu'ils eurent fut de prevoir diligemment les dangers qui se rencontrent autour de ce rocher. Ce

---

[1] Scipion Dupleix en Philippe Auguste. d'Argentré. L. 4, ch, 79.

qu'ils firent aysément, car plusieurs des costes de Bretagne, bien experimentés au flux et reflux de la mer, leur servoient de guides et les amenerent en la decance et decours de la mer. Ainsy il se ruerent de grande furie contre ce Mont, foncées les portes et barricades, mirent le feu par toute la ville et firent passer par le fil de l'epée ceux qui se presenterent pour leur resister. Le feu qui reduisoit en cendres les maisons de la ville, comme son naturel le porte toujours en haut montant de maison en maison parvint jusques sous les chapelles du tour du chœur, lesquelles n'estoient point basties ny couvertes, comme on les voit maintenant, mais comme sont les aisles de la nef. De la sautant et gaignant de tous costez, sans qu'on y apporta aucun remede ou resistance, il brusla les toicts de l'eglise du monastere et toute autre matiere combustible qu'il put rencontrer. Cela faict le duc de Bretagne Touars et ceux de sa suite s'en allerent et estants à Caen raconterent au roy Philippe tous leurs beaux faicts. Mais ce monarque fut très marry du dégast que le feu avoit faict en ce Mont et particulièrement à l'eglise Sainct Michel où les plus oppressez des misères de ce monde recevoient de tout temps soulagement en leurs afflictions et de plus il sçavoit bien que ceux de ce Mont ne refusoient de luy obeyr. Ce qu'il put faire pour reparer cette faute du boutefeu Toüars fut d'envoyer une grande somme de deniers à l'abbé de ce Mont nommé Jourdain, lequel remedia à toutes ces pertes ainsy que nous avons desjà dit parlant de luy cy devant.

CHAPITRE SIXIESME.

Des bienfaicts des Roys de France envers ce monastere.

Philippe second, dit Auguste, ayant conquist cette province de Normandie, en laissa la jouissance après sa mort à ses successeurs roys de France lesquels souvent par leurs patentes ont tesmoignez la devotion qu'ils portoient à ce Mont St Michel et l'estime qu'ils en faisoient[1]. Sainct-Louys y donna l'an mil deux cent soixante-quatre le fief-ferme de Sainct Jean le Thomas[2]. Philippe quatriesme, dit le Bel, y venant en pellerinage, donna des sainctes relicques que nous nommerons plus bas et une offrande de douze cents ducats dont on fit faire l'image d'or de Sainct Michel qui est dans la nef au dessous du grand crucifix[3]. Philippe cinquiesme, Charles quatriesme, Philippe sixiesme, Jean, son fils et successeur, Charles cinquiesme et septiesme, Louis onziesme et plusieurs autres ont donné à ce monastere des patentes fort amples, déclarant qu'ils le prenoient sous leur protection tant en son chef qu'en ses membres[4]. Et ont declarez par icelles qu'ils vouloient qu'icelluy et toutes ses dependances en general et particulier jouissent des mesmes droicts et

---

[1] R Fol. 53 G. Fol. 13.

[2] R 8 p. 336.

[3] R Fol 56, 58, 59.

[4] Les originaux de ces patentes sont en ce Mont et transcriptes au cartulaire B.

privileges que ceux de leur domaine et couronne. Le roy Jean parle ainsy en ses patentes datées du vingt septiesme d'octobre de l'an mil trois cent cinquante deux: « Nos dilectos nostros abbatem et conventum monasterii Montis Sancti Michaelis in periculo maris tam in capite quam in membris in speciali salvagardia regia ab antiquo existentes ex abundanti, unacum eorum familiaribus et servitoribus dicti monasterii et membrorum ejusdem ac hominibus de corpore, si quos habent, et bonis ipsorum omnibus infra regnum existentibus, in nostra tuitione et salvagardia speciali suscipimus per prœsentes. » Charles cinquiesme (qui durant la vie de son pere se qualifia duc de Normandie, comme aussy auoit faict son pere durant la vie de Philippe sixiesme, son pere), en ses patentes dattées du mois d'octobre de l'an mil trois cent soixante quatre, parle en ces termes : « Nos siquidem predecessorum nostrorum vestigiis inhœrentes, consideratione habita ad devotionis affectum quem non immerito habemus ad dictum Monasterium utpote locum piissimum, Angelorum ministerio dedicatum et aliis divinis miraculis multiplicibus insignitum, reservationem, adiunctionem, unionem et applicationem hujusmodi ratas et gratas habentes, eas cum omnibus de singulis contentis in litteris supradictis volumus, laudamus, ratificamus et harum serie litterarum authoritate regia, de gratia speciali, et ex certa scientia confirmamus et nihilominus ex abundanti nos dictum monasterium cum ejusdem membris et pertinentiis suis, nostris coronœ et dominio regiis reservamus, unimus, adjungimus et etiam applicamus, ita quod ab eisdem non possit de cœtero separari. » Les autres roys ci-dessus nommez disent la même chose et ordinairement en mesmes termes.

CHAPITRE SEPTIESME.

Des dons et affections des ducs de Bretagne envers ce monastere.

Les Bretons sont et ont esté de tout temps grandement marrys que ce Mont St Michel est en Normandye et ont accusé souvent de folie le fleuve Coüesnon lequel le sépare de leur province; d'où a pris son origine ce dicton parmy eux : *Le Coüesnon par sa folie a mis le Mont en Normandie* [1]. Et pour faire, s'il faut ainsy dire, retourner ce fleuve à son bon sens et le rendre sage, leurs ducs luy ont voulu faire prendre son cours par devers la Normandie et y ont employé beaucoup d'argent. Mais ce fleuve n'a pu estre empesché par tous ces grands travaux de suivre son cours ordinaire. Et de plus les Normants non moins affectionnez envers cette eglise que les Bretons asseurent et disent que : *Quand Coüesnon se change par folie le Mont ne perd d'estre en Normandie*. Telles sont les pieuses affections de ces deux nations. Et certes pour moy si je voyois ce mont si proche de Picardie comme je le vois de la Bretagne et qu'il n'y eut qu'une rivière qui l'empeschat d'estre en Picardie je souhaiterois volon-

[1] D'Argentré livre 1 chapitre 9.

tiers l'esloignement de cette riviere, car qui ne seroit bien ayse d'avoir un tel Mont en sa province. Mais retournons aux Bretons. A raison des affections susdittes, leur duc Conan premier, mourant l'an neuf cent nonante deux, le vingt huictiesme de juin, fut enterré en cette eglise de Saint Michel. Son fils et successeur, Geffroy premier, y aumosna les villages de Sainct Meloir, Sainct Benoist des Ondes et le bourg de Cancale avec son port et le patronnage des eglises[1]. Et cette donation fut confirmée par son fils et successeur, Alain troisiesme, l'an mil trente, qui y donna aussy les terres de Bodhel sur la rivière de Couesnon avec tous les marests, la terre de Lemas ou Lanas et un moulin appartenant à icelle, item Montrouhals, avec toutes ses dependances, et offrit les lettres de donation, sur l'autel Sainct Michel, le dimanche des octaves de pasques, lorsqu'on celebroit solennellement la messe[2]. Et le tout pour estre participant aux prieres des religieux auxquels il recommande aussy de prier Dieu pour le repos de l'ame de son pere. Plusieurs autres ducs, successeurs des trois precedents, ont presentez de leurs tresors à cette eglise et ont exempté les religieux de payer aucun impost ou subside pour toutes sortes de biens ou provisions qu'on apportast de leur duché de Bretagne à ce monastere. Jean quatriesme l'an mil trois cent soixante six, François premier l'an mil quatre cens quarante deux, Pierre second, Artur troisiesme et François se-

---

[1] R 7 et ☉ 1 B Fol. 329 Geoffroy mourut le 21 novembre. D'Argentré Livre 4 ch. 28.

[2] R 7, ☉ 1 AA Fol. 36 et l°.

cond tesmoignerent par leurs patentes tout ce que dessus et prirent tous les biens de ce monastere sis en leur duché sous leur spéciale protection et sauvegarde. Ce que fit aussy Jeanne de Navarre, femme de Jean quatriesme, ayant la garde, gouvernement et administration de son fils Jean cinquiesme.

CHAPITRE HUICTIESME.

De plusieurs personnes de diverses conditions qui, en divers temps, ont offert de leurs biens à cette eglise et ont cédé de leurs droicts.

Ce nous seroit chose impossible de vouloir icy nommer tous ceux qui ont faict des aumosnes à cette eglise depuis sa fondation. C'est pourquoy nous nous contenterons d'en nommer quelques-uns, desquels nous avons connoissance par le moyen des archives de ce monastere.

Adelme, soldat du duc Robert le Liberal, donna La Croix en Avranches et ses dependances sçavoir : Vilers, Balerent et Sainct Georges ; item la terre des Trois charues et l'isle de Gerzay, le marché et toutes ses appartenances [1].

Robert, comte de Mortain, frere de mere du duc et

---

[1] AA Fol. 2b B Fol. 108.

roy Guillaume le Conquerant, durant le sanglant combat dudit Guillaume contre Harold qui s'estoit declaré roy d'Angleterre, ayant tousiours porté l'enseigne Sainct Michel, voulut, la victoire gaignée, en reconnoistre ce Prince de la milice celeste et, des terres que son frere luy donna en Angleterre, il donna à cette abbaye du Mont une montagne d'auprès de Cornuaille sur laquelle estoit une eglise dediée à St Michel et plusieurs terres adjacentes. Ce qui fut confirmé après sa mort par son fils Robert et Almedis son epouse et de là prit son origine le prieuré conventuel de St Michel de Cornuaille dependant de ce Mont [1].

Rodolphe et Asa sa femme donnerent le village d'Heiantot situé au diocese de Constances avec toutes ses dependances.

Tregan, Brian, Guillaume, Rivallon et Galtier l'an mil quatre vingt et un donnerent St Brolade et toutes ses appartenances. C'est maintenant prieuré [2].

Rainald et sa mere Hersende donnerent, l'an mil quarante trois, l'eglise Sainct Victeur située ès faulxbourg du Mans et le bourg qui est autour de cette eglise. C'est maintenant un prieuré autrefois conventuel [3].

Du temps de Mainard second abbé de ce monastere, un nommé Yves donna Villarenton au diocese du Mans, joignant les limites du diocese d'Avranches et de là, avec plusieurs autres terres données à ce monastere, est erigé le prieuré de l'Abbaiette [4].

---

[1] AA Fol. 31.
[2] AA Fol. 40 et en plusieurs autres endroits.
[3] AA Fol. 45.
[4] AA Fol. 46.

— 20 —

Hugues, comte du Mans, donna quatre arpents de terre sis au pays du Maine et plusieurs autres manceaux en ont donné chacun selon sa devotion [1].

St Maieur, abbé de Cluny, donna des vignes et terres de Tourainne du consentement de ses religieux [2].

Theodoric et son frere Gaultier, dit Œil de chien, donnerent Gohery l'an mil nonante trois. C'est un prieuré [3].

Renauld ou Raginald, evesque de Chartres, l'an mil cent quatre vingt douze, donna Haulfains ; c'est un prieuré [4].

Vers le mesme temps, Josbert Guastevin donna les eglises et terres de Criant en Anjou. C'est un prieuré [5].

Méen, evesque de Rennes, l'an mil cinquante, donna du consentement de son chapitre Montdol. C'est un prieuré [6].

Plusieurs ont donné aussy à ce monastere le patronage de quelques cures auxquelles ils avoyent droict de presenter. L'an mil deux cent trente neuf, un soldat nommé Thomas donna Sainct Martin de Servon.

Pierre de Saint Hilaire, sieur de Boucé, donna l'an, mil cent nonante quatre, Saint-Pierre de Boucé [7].

Hildearde noble femme donna, l'an mil cent nonante trois, Saint-Martin de la Chapelle Hamelin [8].

[1] AA Fol. 47.
[2] AA Fol. 51.
[3] AA Fol. 52.
[4] AA Fol. 122.
[5] AA Fol. 55.
[6] AA Fol. 58.
[7] AA Fol. 115 et BL Fo'. 43 et 101.
[8] AA Fol. 66 et BL Fol. 136 et 50 et 105.

Ascelme, l'an mil cinquante six se rendant religieux en cette abbaye, donna l'isle de Calgey[1].

Marie fille aisnée de Jean de Bacilly[2] donna, l'an mil deux cent quatre vingt six, le droict quelle avoit de presenter à la cure de Bacilly. L'an mil cinq cens huict l'evesque d'Avranches fut condamné à Rouen d'admettre l'alternative presentation entre luy et le couvent de ce Mont.

Un certain Robert donna les cures de St-Victeur et de St-Bertivin[3].

L'an mil cent vingt cinq, Raginald de Carteret donna la presentation de l'eglise de Carteret[4]. Guillaume (ou comme nous lisons ailleurs, Philippe) son fils donna le presentation de l'eglise de Sainct-Ouen de Gerzé, et la chapelle de Ste-Marie en la mesme paroisse, l'an mil cent cinquante six, et le fils de Guillaume ou Philippe confirma ces donations, l'an mil deux cens nonante[5].

Foulque Paysnel, l'an mil cent cinquante huit, donna Sainct-Pair de Sartilly, que Ranulfe Avenel avait desjà donné.

Jeanne, dame de Sainct-Planchers, l'an mil deux cens quarante huict, donna Sainct-Martin de Lingreville.

Guillaume de Breville, l'an mil cent quatre vingt quatre, donna Ste-Marie de Breville, laquelle fut confirmee par Guillaume evesque de Coustances.

---

[1] BL Fol. 103 et AA Fol. 72.
[2] BL Fol. 185. Voyez les Archives.
[3] AA. Fol. 56 et 59.
[4] AA Fol. 84 et 109 et d'une lettre trouvée dans les Archives.
[5] Si cette datte est vraye, ainsy que nous croyons à cause des lettres

Osberne de Evrecy soldat, l'an mil quarante quatre, donna ou plus tost rendit Saincte-Marie de Evrecy.

Robert fils d'Hamon, l'an mil quatre vingt six, donna Saincte-Marie de Escay, etc.

Plusieurs autres qui avoyent quelques terres et baronnies et seigneuries dependantes de ce monastere et quelques droicts les ont donnez pour estre participans aux prieres des religieux, et pour la devotion qu'ils portoient à sainct Michel. Plusieurs se rendants religieux en ont faict de mesme. Et de plus les abbez estans reguliers ont acquis par leur bon mesnage plusieurs terres, ainsy qu'il appert par les archives.

CHAPITRE NEUFIESME.

De quelques dons des Anglois et de leur devotion envers cette eglise.

St Edouard roy d'Angleterre fils d'Etheldret roy d'Angleterre et d'Emme fille de Richard premier du nom, duc de Normandie [1] (Ribadeneira jésuite en sa

---

que nous avons leu, il faut dire que ce fils de Guillaume a vescu longues années.

[1] D'Argentré l. 4, c. 19. Gabriel du Moulin en son Hist. de Norm. S. Eilred abbé de Rieval en Angleterre en la vie de cest. Les Bretons n'ont eu roy ou duc nommé Richard. Le 7 de febvrier en la vie de S. Romuald.

legende dit duc de Bretagne, mais en cela il n'a mieux rencontré qu'au caresme de l'ordre de sainct Benoist depuis la sainct Martin jusques à Noel) durant sa demeure en cette province de Normandie portoit une grande devotion à cette eglise de Sainct-Michel. Et estant parvenu au royaume d'Angleterre il y fit plusieurs dons. Entre autres, il y offrit le village de St-Michel qui est auprès de la mer avec toutes ses dépendances ainsi qu'il declara par la lettre suivante [1] :

« In nomine sanctœ et individuæ trinitatis. Ego Edvuardus, Dei gratia Anglorum Rex, dare volens pretium redemptionis animæ meæ vel parentum meorum, sub consensu et testimonio bonorum virorum, tradidi sancto Michaeli archangelo in usum fratrum Deo servientium in eodem loco, Sanctum Michaelem qui est juxta mare cum omnibus appenditiis, villis scilicet, castellis, agris, et cœteris attinentibus; addidi etiam totam terram de Vennefire cum oppidis, villis, agris, pratis, terris cultis et incultis et cum horum redditibus. Adjunxi quoque datis addere portum qui vocatur Ruminella cum omnibus quœ ad eum pertinent, hoc est molendinis et piscatoriis et cum omni territorio illius culto et inculto et eorum redditibus. Si quis autem his donis conatus fuerit ponere calumniam, anathema factus, iram Dei incurrat perpetuam. » Cette lettre est signée dudit roy Sainct-Edvuard, de Robert archevesque de Rouen, d'Herebert, evesque de Lizieux, de Robert evesque de Coustances et de plusieurs autres.

---

[1] AA p. 28. L'original est dans les archives.

Edelred, père du susdit sainct Edvuard, n'avoit point moins declaré auparavant l'estime qu'il faisoit de çe Mont St-Michel, lors que l'an mil cent trois, s'estant piqué contre son beau frere Richard, second duc de Normandie, et ayant envoyé fondre sur ce pays pour s'en venger une puissante armée, avec commandement de mestre tout à feu et à sang, il deffendit quant et quant qu'on se garda bien de faire aucun tort à ceste eglise ny à ce Mont St-Michel[1]. Si telle estoit la devotion des Anglois pour lors, combien pouvons nous penser qu'elle fut augmentée quant les Normants et les Anglois n'estoient qu'un et obeissoient tous à un seul monarque ou souverain. Elle estoit si ardente et les Anglois estoient tellement enflammez à respecter ce sainct lieu que, par la révolution du temps, cette province estant hors de dessous l'obeissance de leurs roys, elle ne s'esteignit de leurs cœurs. Et afin qu'elle y perseverast Estienne, archevesque de Cantorbie, tenant un concile à Oxford l'an mil deux cent vingt deux pour la reformation de l'eglise anglicane, commanda qu'on celebrast la dedicace de l'eglise de ce Mont St. Michel (ou plustost qu'on poursuivit de la celebrer) et qu'on s'abstint ce jour là du travail manuel[2]. Maintenant cette feste n'y est plus gardée, depuis que l'impie Henri, huictiesme roy de cette isle infortunée, se separa de l'eglise romaine, pour pouvoir contenter librement ses amours impudiques. Elle ne se garde aussy en

[1] Gabriel Du Moulin en Richard second p. 95.
[2] En la seconde partie du tome septiesme des Conciles suivant l'impression de Paris faicte l'an 1636.

plusieurs endroicts de la France, avec une telle solennité qu'elle devroit, et qu'on souloit anciennement excepté ès eveschez d'Avranches et du Mans où on s'abstient de tout travail manuel. Quant aux autres eveschez, pour exemple Rouen, Lisieux, Bayeux, Coustances, Dol, Rennes, Angers et plusieurs autres, aux uns on en faict office double, aux autres semi double, simple ou commemoration. L'abbaye du Tresport en l'archevesché de Rouen ne la celebre point moins solennellement de tout . temps que le jour de pasque avec octave. Et les eveschez susdits en ont des leçons propres le seiziesme d'octobre.

―――

CHAPITRE DIXIESME.

Des execrations de ceux qui ont eslargi de leurs biens ou de leurs droicts à cette eglise contre les impies.

Les bienfaicteurs ci dessus mentionnez et plusieurs autres, aumosnants de leurs biens à cette eglise, ont temoignez par leurs lettres faictes sur ce sujet que leur intention estoit que personne ne revoquast jamais leurs donations ou s'en emparast par fraude ou aultres moyens illicites. Et les execrations qu'ils jettent contre ceux qui en voudroient venir à ce poinct le monstrent assez. Car tous terminent leurs lettres selon que nous avons veu ci dessus Sainct Edvuard Roy d'Angleterre ou selon les manieres suivantes : « Quod, si aliquis diabolicœ pravitatis telo jaculatus, qualicunque modo his calumniationis vim inferre prœsumpserit ipse consentientes que sibi, totius excommunicationis atque maledictionis, cum Juda traditore et Dathan et Abiron [1], perennibus perenniter irretiantur vinculis. » Ou de cette sorte : « Quod, si aliquis, hujus donationis testamentum, quod ego hodie constituo pro salute mea, aliquando violare prœsumpserit, perpetua maledictione damnetur, cum Juda traditore Domini et cum omnibus fidem dominis suis non servantibus [2]. » Ou de cette façon : « Precor autem eorum qui mihi in hoc quem propitia divinitate teneo successionis honore animos ut, sicut suœ authoritatis inconvulsa quœ locis sanctis, pro suarum remediis animarum constituent [3] obstabunt prœcepta, ita hoc nostrœ devotionis prœceptum inconvulsum et incontaminatum observent, ni quod mihi spe firmissima per Dei gratiam profuturum credo ad animæ meœ salutem, violatorum temeritate, quod absit, proveniat ad damnationem. Si quis autem aliquando, postposita hac petitione, instinctu diaboli commotus, hoc decretum violare vel aliorsum vertere prœsumpserit, in diem magni judicii, Deo et Sancto Michaeli rationem reddere cogatur [4]. » Voici un autre stile : « Quod si aliquis diabolica fraude instigatus hoc

---

[1] En Gonor femme de Richard premier duc de Normandie.
[2] En Richard second duc de Normandie.
[3] En Robert-le-Liberal.
[4] In donatione de Surquevilla.

testamentum contaminare voluerit perpetuali maledictione damnetur. » Ou autrement : « Quod, si aliquis meorum successorum stimulatus diabolo donationem istam calumniari voluerit, ex parte Dei omnipotentis et omnium sanctorum excommunicetur[1] ». Ou finalement de cette façon : « Si quis vero de omnibus his quœcumque vel ego vel pater meus, sicut supra scriptum habetur, Deo et Sancto Michaeli eisdem que deservientibus, obtinenda in nostram eleemosynam pro salute et remedio animarum nostrarum fideliter tradimus, per aliquod ingenium sive per aliquam artem aliquod diminuerit vel desueverit, sive, absque voluntate eorum quibus ego ea trado, aliquid retinere tentaverit, sive etiam quicumque de omnibus his aliquid per vim abstulerit, sive quocumque modo Sancto Michaeli sibi que famulantibus contrarius esse conatus fuerit, sit ille, ex authoritate Patris et Filii et Spiritus sancti, ab omni Christianorum consortio vel communione alienatus et separatus atque anathematizatus, omnium que sanctorum æterna maledictione damnatus. Et de hoc cum Sancto Michaele archangelo in judicio ante Deum contendere abeat ; sit quoque illi portio damnationis in æterno igne cum Pilato et Caipha atque Juda traditore Domini, nisi de hoc ad mendationem per pœnitentiam venierit. Amen »[2]. Nous en passons sous silence plusieurs autres pour n'estre trop long.

[1] In donatione de Heiantot.
[2] En Alain troisiesme duc de Bretagne.

CHAPITRE ONSIESME.

Les Papes confirment les possessions, privileges et autres droicts donnez à ce monastere et secondent les imprécations des fondateurs.

Les imprécations susdittes et plusieurs autres semblables contre ceux qui voudroient s'emparer des biens que ces personnes illustres ont donnez et ausmonez à cette abbaye estant justes et raisonnables ont été confirmées et secondées des Souverains Pontifes, peres universels de toute l'eglise, par plusieurs bulles qu'ils ont donné sur ce sujet exprimants dans icelles les noms des terres, eglises et autres choses données à cette abbaye et y eslargissant aussy de leur puissance. Nous metterions icy volontiers toutes ces bulles, car nous les voyons saines et entieres et aussy belles qu'elles estoient le jour que chacune ont estez données. Mais cela seroit trop long : c'est pourquoi nous nous contenterons d'en faire un abregé [1].

Eugène troisiesme, l'an de l'incarnation nostre seigneur, mil cent cinquante, le sixiesme de son pontificat, le dix huictiesme devant les calendes de janvier (15 Xbre) indiction quatorziesme, donna une fort belle

---

[1] B. F. 9. 13 14 20 Les evesques tant en cette bulle qu'és autres suivantes ont signé devant les cardinaux.

bulle à ce monastere laquelle outre le sceau de plomb est signée de sa Saincteté, d'Imare evesque de Tusculane, de Nicolas evesque d'Albe, de quatre cardinaux prestres et de six diacres. Et en icelle (outre l'election de l'abbé de laquelle il est parlé comme aussy ès autres bulles suivantes et que ne mettons icy, eyant desja parlé aillieurs) il nomme par leurs noms les terres, eglises et aultres droicts appartenant à cette eglise et les confirme de son authorité apostolique. Adrien quatriesme, l'an de l'incarnation de Notre Seigneur mil cent cinquante cinq, le second de son pontificat, ès ides de fevrier indiction quatriesme, donna une bulle presque semblable à celle d'Eugene troisiesme. Et outre le sceau de plomb est signée de sa Saincteté, d'Imare evesque de Tusculane, d'Encius evesque de Portuense et Saincte Rufine, de quatre cardinaux prestres et d'un cardinal diacre.

Alexandre troisiesme, l'an de l'incarnation de Nostre Seigneur mil cent soixante neuf, le onziesme de son pontificat, le cinquiesme des ides de novembre, indiction seconde (9 9bre.) donna une bulle presque semblable aux deux precedentes. Et outre le sceau de plomb est signée de sa Saincteté, d'Hubald evesque d'Hostie de quatre cardinaux prestres et de cinq cardinaux diacres. Le mesme Alexandre troisiesme l'an de l'incarnation Nostre Seigneur mil cent septante huict, le vingtiesme de son pontificat le sixiesme devant les calendes de fevrier (27 janvier) indiction douziesme, en donna une beaucoup plus ample que les precedentes où il prend ce monastere et toutes ses dependances sous la protection de St. Pierre et la sienne, comme avoyent faict les papes precedents, nomme les eglises et terres d'iceluy par leurs noms et y octroye beaucoup de privileges de son authorité apostolique. Il faict aussy mention des pelerins selon que nous dirons plus bas; et cette bulle outre le sceau de plomb est signée de sa Saincteté, d'Hubald evesque d'Hostie, de huict cardinaux prestres et de sept cardinaux diacres.

Alexandre quatriesme, l'an de l'incarnation Nostre Seigneur mil deux cent cinquante sept, le troisiesme de son pontificat, le quatorziesme jour devant les calendes de juillet, (18 juin) indiction quinziesme, en donna une confirmation de toutes les precedentes et bien ample où il exprime aussy par nom les possessions de ce monastere et adjouste plusieurs choses qui n'avoyent encore esté exprimées ès bulles de ses predecesseurs. Et outre le sceau de plomb cette bulle est signée de sa Saincteté, d'Odo evesque de Tusculane et d'Estienne evesque de Preneste, de deux cardinaux prestres et de quatre cardinaux diacres.

Or bien que depuis que ces bulles ont esté données cette abbaye ait perdu beaucoup de ses biens et privileges, néantmoins elles n'ont esté revoquées (que nous sçachions) et leurs clauses demeurent tousjours entieres lesquelles sont semblables et exprimées en mesmes termes. C'est pourquoy il suffira d'en rapporter une pour toutes : « Decrevimus ergo ut nulli ommino hominum fas sit præfatum monasterium temere perturbare aut ejus possessiones auferre vel ablatas retinere, minuere vel quibuslibet vexationibus fatigare ;

sed omnia integra conserventur eorum pro quorum gubernatione et sustentatione concessa sunt usibus omnimodis profutura, salva Apostolicæ Sedis et diœcesanorum episcoporum canonica justitia. Si quœ igitur in futurum, ecclesiastica sœcularisve persona hanc nostrœ constitutionis paginam sciens, contra eam temere venire tentaverit, secundo tertiove commonita, nisi reatum suum digna satisfactione correxerit, potestatis honorisque sui dignitate careat, reamque se divino judicio existere de perpetrata iniquitate cognoscat, et a sacratissimo corporeac sanguine Dei et domini redemptoris nostri Jesu-Christi aliena fiat atque in extremo examine divinœ ultioni subjaceat. Cnnctis autem eidem loco jura sua servantibus sit pax domini nostri Jesu-Christi quatenus et hic fructum bonœ actionis et apud districtum judicem prœmia æternœ pacis inveniat. Amen. »

CHAPITRE DOUZIESME.

Confirmation des bulles précédentes.

Honoré troisiesme, l'an huictiesme de son pontificat, donna une bulle à ce monastère en laquelle il dit cecy[1] :

[1] Tous les originaux de ces bulles sont en ce Mont.

Dilecti in Domino filii, vestris justis supplicationibus grato animo concurrentes adesse, personas vestras et locum in quo divino estis obsequio mancipati cum omnibus bonis quœ in præsentiarum rationabiliter possidetis aut in posterum justis modis, prœstante Domino, poteritis adipisci sub beati Petri et nostra protectione suscipimus. Specialiter autem possessiones et redditus, libertates et immunitates necnon rationabiles et approbatas consuetudines monasterii vestri, sicut ea omnia juste, canonice ac pacifice obtinetis, authoritate vobis apostolica confirmamus et prœsentis scripti patrocinio communimus. » Et le reste.

Gregoire neufiesme, l'an septiesme de son Pontificat, en donne une toute semblable à la precedente excepté le nom et la date.

Nous avons rapporté au traicté des abbez une bulle d'Alexandre quatriesme laquelle convient assez avec celles cy.

Martin quatriesme, l'an premier de son pontificat, donna une autre bulle et parle ainsi : « Omnes libertates et immunitates a predecessoribus nostris, Romanis Pontificibus, sive per privilegia val alias indulgentias vobis et monasterio vestro concessas, necnon libertates et exemptiones sœcularium exactionum a Regibus et Principibus et aliis Christi fidelibus rationabiliter vobis indultas, sicut eas juste et pacifice obtinetis, vobis et per vos monasterio vestro, authoritate apostolica, confirmamus et proœsentis scripti patrocinio communimus. »

Nicolas quatriesme, l'an de son pontificat : Boniface

huistiesme, l'an quatriesme de son pontificat ; Clement cinquiesme, ès années première et seconde de son pontificat ; Jean vingt-deuxiesme, le seiziesme de son pontificat; Clement sixiesme, l'an sixiesme de son pontificat; Urbain cinquiesme, l'an premier de son pontificat et Gregoire onziesme, l'an quatriesme de son pontificat, ont donné des bulles à ce monastere semblables en tout à celles de Martin quatriesme excepté ès noms et dattes. Et tous concluent en cette sorte : « Nulli ergo omnino hominum liceat hanc paginam nostram concessionis infragare vel ex ausu temerario contra ire. Si quis autem hoc attentari prœsumpserit indignationem omnipotentis Dei et beatorum Petri et Pauli apostolorum ejus se noverit incursurum. »

Que cela suffise d'estre dit des bulles des papes touchant les biens et droits de ce monastere. Il n'y a personne sinon les heretiques, infidelles ou impies qui doute de leur puissance et partant que personne ne contrevienne à leurs volontez s'il ne veut encourir la disgrace du tout-puissant.

CHAPITRE TREIZIESME.

De quelques offrandes faictes en divers temps à cette église.

Louys, duc de Bourbonnais, y a offert trois chandeliers d'argent dont nous en voyons encore deux et sur un d'iceux sont ces mots gravés : « Loys duc de Bourbonnois, comte de Clermont, de la Marche, chamberier de France, donna ces trois chandeliers l'an MCCCXXIX. » Sur l'autre presque les mesmes y sont.

Jean Gillain, habitant la ville de ce Mont, donna l'Aigle qu'on voit dans le chœur et sur icelle sont ces mots gravez : « En l'an mil quatre cent quatre vingt et huict fut donné à Monsieur sainct Michiel pour le service et usage de cette son eglise cestuy Aigle par Jean Gillain l'aisné lors procureur de cette abbeie. Dieu luy face pardon. Amen. »

L'an mil cinq cent vingt quatre mourut Gabriel Du Puy sieur du Murmays lequel, durant qu'il fut lieutenant en cette place pour le Roy, sous la charge du sr de Boschage capitaine, donna la grille qui est entre les chaires du chœur et le grand autel.

Monsieur le duc de Nevers vint en pelerinage en cette eglise vers l'an mil six cent vingt quatre et y estant promit d'y donner un tableau où le combat des bons et des mauvais anges seroit représenté. Ce tableau est fort beau et se voit dans le chœur du costé du septentrion.

Madame Marie de Bourbon, duchesse de Montpensier, fille unique d'Henry de Bourbon duc de Montpensier, sœur de mere de messire Henry de Lorraine abbé de ce moustier, au chasteau de Gaillon en Normandie, le 15 d'octobre 1606, donna à cette eglise un chasuble fort riche, l'an mil six cent vingt cinq, sur lequel sainct Michel est excellemment bien representé. Icelle fust mariée dans le chasteau de Nantes en Bretaigne, en presence du roy Loys treiziesme du nom et de la reyne, à Monsieur frere unique de nostre roy et mourut l'année d'après en vendredi quatriesme jour de juin, ayant mis au monde le 29e jour du moys de may de l'an 1627 Anne Marie Louyse d'Orleans.

Finalement Monsieur de Mesgrigny maistre des requestes a donné une coquille d'argent vermeil doré du pois de deux marcs ou environ, en action de grace pour avoir obtenu de Dieu un enfant par les merites et intercession de sainct Michel auquel il en avait faict vœu. Sur cette coquille sont ces mots gravez : « Votum pro Joanne Francisco de Mesgrygny 1635. »

CHAPITRE QUATORZIESME.

Abregé des reliques des saincts dont ce monastere est enrichy selon l'ordre et la disposition des vases dans lesquels elles reposent [1].

1. Dans le premier vase sont les corps des Saincts Valentin et Gulbert frères martyrs [2].

2. Le chef Sainct Innocent, compagnon de St Maurice de la legion des Thebains.

3. Deux espines de la couronne de Nostre Seigneur données l'an mil trois cent onze par Philippe le Bel roy de France.

4. Un morceau très apparent de l'adorable croix de Nostre Seigneur donné par le susdit roy Philippe le Bel.

5. Une chase dans laquelle sont plusieurs reliques de plusieurs saincts les noms desquels sont connus à Dieu seul.

6. Le corps de St Aubert evesque d'Avranches, premier fondateur de cette église. Ce sainct fut enterré en ce Mont après sa mort.

7. Son chef auquel on voit le trou que l'Archange

---

[1] Il est parlé des sainctes Reliques bien au long aux mss. RR. Fol. 154 et ⋏ Fol. 165.

[2] Tout cecy sont les titres et escritures qui sont sur chaque reliquaire.

St Michel luy fit, luy apparoissant pour la troisiesme fois. Nous avons parlé de cela au premier traicté de cette histoire. Ce trou est bien avéré par les manuscripts de ce Mont. Et de plus sur le vase dans lequel ce sainct chef repose cela y est gravé.

8. Le corps de Ste Celumne, une des onze mille vierges.

9. Une partie du voile que laissa l'archange St Michel sur l'autel du Mont-Gargan s'y apparoissant.

10. Une partie du marbre sur lequel le mesme archange s'apparut au Mont-Gargan. Nous avons parlé de ces deux dernières reliques au traicté premier de cette histoire.

11. Une part très apparente de l'adorable croix de Nostre Seigneur, donnée à l'abbé Pierre Le Roy par le roy Charles VI l'an 1395 avec le vase qui la contient, sur lequel sont quelques mots grecs.

12. Deux costes de St Agapit martyr couvertes encore de sa chair. Les febricitans ont recours à ce sainct comme aussi à St Hubert, et souvent recouvrent leur pristine santé.

13. Une coste de St Yves, prestre confesseur et advocat des pauvres, donnée l'an mil trois cent soixante trois par Charles de Chastillon duc de Bloys, comte de Pentevre, lequel apporta cette relique nuds pieds depuis Rennes jusques en cette eglise.

14. Des Stes Opportune et Euphrosine, vierges.

15. De St Thomas apostre et de St Luc evangeliste.

16. Un bras d'argent doré, dans lequel est un grand ossement du bras de Ste Agnès. Cette relique fut ap-

portée de la chapelle du roy de Sicile par Thomas Bruny, chancellier dudit roy, l'an mil cent quatre vingt quatre. Dans ce reliquaire il y a aussy du bras de Ste Agathe.

17. D'un bras de St Laurent, levite et martyr. Cette relique, avec celle de St Agapit et le chef St Innocent de la legion des Thebains, fut apportée du monastere St-Benin de Fructuariensi, en Lombardie, diocese de Verseille, par Suppo septiesme abbé de ce Mont.

18. Un bras de St Aubert evesque d'Avranche, duquel nous avons parlé cy dessus.

19. Du bois de la croix de Nostre Seigneur, de l'esponge et de sa couronne, de ses vestements et de son berceau; du voile et des cheveux de la Vierge mère de Dieu; de saincte Anne mere de la Vierge; de de la verge et des reliques d'Aaron prophète, de St Simon le Juste, des apostres St Pierre et St Paul, André, Jacques le Mineur, Thomas, Philippe, Barthelemy, Simon, Thadée et Luc; du vestement de St Jean l'evangeliste, des reliques des Saincts Innocents; des Sts martyrs Estienne, Laurent, Vincent, Anastase, Adrien, Hyppolite, Marcel, Blaise, Christophe, Justin prestre, Marin, Marthe, Cosme et Damien, Nerée, Achillée, des trois enfants, des quarante martyrs, des confesseurs Damase et Nicolas, de Ste Marie Magdelene, des sainctes vierges Agnès, Agathe, Luce, Praxede, Helene, Restitue, Candide et Bibiane. Ces reliques furent envoyées en ce Mont par un Pape au commencement de la fondation de cette eglise.

20. De St Martin evesque de Tours, confesseur.

21. De St Eustache

22. De Ste Agathe vierge et martyre, de St Cassian martyr, de St Malo, de Ste Petronille, de St Apollinaire des vestements de St Jean l'Evangeliste, du sepulchre de Nostre Seigneur, un doigt de St Pair evesque et confesseur.

23. Des dents de St Nicolas evesque de Mire, confesseur.

24. De St Barthelemy apostre et de St Sebastien.

25. Du berceau de Nostre Seigneur et des reliques des Innocents.

26. De St Marchel pape et martyr, et de St Marcial fils de Ste Felicité.
De St Olave, roy et martyr.

27. De St Exupere.

28. De St Gildas.

29. Des cheveux de la glorieuse Vierge mere de Nostre Seigneur.

30. De St Estienne, premier martyr.

31. Des Sts Felix et Felician : Hyppolite, Saturnin, de Ste Marie Ægyptienne, de Ste Constance, du berceau et de la robbe de pourpre de Nostre Seigneur, de la table sur laquelle il celebra la Cene.

32. De la croix de Nostre Seigneur, de son sepulcre, de la creche, du sepulcre de la vierge Marie; des reliques de St Pierre et de St Paul apostre, des Sts Cosme et Damian, des Stes Marie Magdelene et Marie Ægyptienne, des Sts Hyppolite, Felix, Felician et Saturnin, des Stes Agnès et Constance.

33. Des Sts Fabien et Sebastien.

34. Un doigt de St Jean-Baptiste, precurseur de Nostre Seigneur.

35. Une dent du mesme sainct.

36. De St Maur, abbé disciple de St Benoist patriarche des moynes.

37. De St George martyr.

38. De la columne à laquelle Nostre Seigneur fut attaché pour estre flagellé.

39. De saint Christophe martyr; de Ste Hilarie et Jason son fils.

40. Un ossement du bras de St Eustache.

41. Du charbon dont St Laurent estendu sur le gril fut rosty.

42. Les chefs Saincte Suzanne et d'une des onze mille vierges.

43. De la croix de Nostre Seigneur, de la tunique de la vierge Marie, des cheveux de Ste Marie Magdeleine, de St Francois patriarche des mineurs, des reliques de St Germain, de St Ouen, de St Vaast, de St Amand, de St Basile, de St Sulpice, de St Jacques, de St Thimothée, de St Eusebe evesque et confesseur, de St Maurice, de St Triphon, de St Antigone, de St Rustique, de St Eleuthere, de St Richard roy d'Angleterre, des vestements sacerdotaux de St Anselme, des reliques de Ste Tecle, de Ste Colombe, de Ste Félicité et de plusieurs autres saincts ainsy qu'il appert en un billet qui est dans le vase.

47. [1] Deux costes de Sainct Eleuther et de Sainct

---

[1] Dans le reliquaire qui est sur l'autel.

Loup, evesque de Bayeux ; des trois enfans qui furent jettez dans la fournayse de Babilonne, de la croix de Nostre Seigneur, de sa crèche, de son sepulcre, du sepulcre de la Vierge mere de Nostre Seigneur ; de l'infule de Sainct Jean l'Evangeliste ; de l'huyle de Sainct Nicolas, de l'huyle de Ste Catherine ; du baulme de Nostre Seigneur, des reliques de St Godebert, de Ste Perpetue, de St Guillaume, de St Hippolyte, de Ste Anxie, martyre ; de St Eleuther, de St Jean et St Paul, de St Martin, confesseurs ; de St Christophe, martyr ; de St Leon, pape ; des vestements de Nostre Seigneur Jesus-Christ, des trois fontaynes de St Paul, à Rome ; des Sts Gervais et Prothais, martyrs ; de la chaire de Nostre Seigneur, de la colonne à laquelle il fut flagellé ; de St Eleuther, pape et martyr ; de St Eustache, de St Boniface, pape ; d'une pierre sur laquelle il est tombé du sang de Nostre Seigneur ; d'une pierre sur laquelle Jesus-Christ s'appuya en priant ; des cendres de Sainct Rustique, prestre ; des Sts Martyrs Pontian, Nerée, Achille et Pancrace. (Dans le reliquaire qui est sur l'autel.)

48. L'estolle et manipule de St Eloy, evesque de Noyon. On tient par tradition que ces reliques ont esté deux cens ans en terre sans corruption. De ces ornemens de Sainct Eloy comme aussy de touttes les reliques susdittes, il en fut faict un très exact memoire l'an mil trois cens nonante six par plusieurs personnes dignes de foy. Et ces reliques ont tousjours esté conservées soigneusement sur cette saincte Montagne contre la rage et fureur des Huguenots qui se bandent

contre l'honneur que les catholiques rendent aux saincts amys de Dieu et à leurs sainctes reliques.

Dans les vases susdits qui sont denotez par le chyphre, souvent en plusieurs il y a des reliques d'un mesme Sainct, et ce n'est de merveille car on les a laissé selon qu'on les trouvait lors qu'en divers temps ce monastere en a esté enrichy. Que cela suffise d'estre dit des sainctes reliques en forme d'abregé. Car qui les voudroit descrire bien au long il en faudroit composer exprès un gros livre.

CHAPITRE QUINZIESME.

De ceux qui ont faicts enchasser richement les sainctes Reliques nommées au chapitre précédent.

1. Le vase dans lequel est le chef Sainct Innocent pese seize marcs d'argent et fut faict faire tel qu'on le voit par Oudin Bouette, natif de Rouen, religieux de ce Mont depuis l'an quatre cent cinquante quatre. Iceluy en son temps fut sous prieur et thresorier de cette abbaye, et après la mort du cardinal Guillaume d'Estouteville, prieur du prieuré de Sainct Victeur ès faulxbourgs de la ville du Mans. Il mourut l'an mil cinq cent un [1].

[1] λ Fol. 197, R. 7, R. 8, θ, le 7 septembre.

2. L'ange d'argent doré qui soustient les deux espines de la couronne de Nostre Seigneur fut faict faire par Radulphe Prious, religieux de ce Mont et prieur du prieuré de St Victeur du Mans. Sur cet ange sont gravez ces mots: « *Radulphe Prious, Priour du Mans, me fit faire et donna ceans l'an mil quatre cent vingt-sept.* »

3. Le susdit Radulphe Prious fit faire aussi l'image de Ste Helene qui tient un morceau de la croix de Nostre Seigneur donné par le roy Philippe le Bel. Cette image est d'argent doré et pese douze marcs d'argent [1].

4. La chasse dans laquelle reposent les ossements de Sainct Aubert est grandement bien elabourée. Oudin Bouette cy dessus nommé la fit commencer l'an mil quatre cent septante et fut achevée l'an mil quatre cent septante quatre. Elle pese quatre vingt huict marcs d'argent. Sa façon represente le dessein et modelle pour achever l'eglise de la mesme structure qu'elle est autour du grand autel [2].

5. Le vase dans lequel repose le corps de St Aubert est fort riche. Bernard qui commenca d'estre abbé de ce Mont l'an mil cent trente et un le fit faire et y fit graver dessus les mots suivants que nous y lisons encore: « *Caput beati Auberti hujus loci fundatoris anno Dei incarnati septem centum illis horis et octavo, Abri, censis episcopi. Foramen, sis certus revelatione*

---

[1] R. θ le 25 novembre.
[2] ✧ Fol. 39.

angelica, rei bonæ. » C'est-à-dire : Icy repose la teste de Sainct Aubert, evesque d'Avranches et fondateur par la revelation angelique de l'eglise de ce lieu l'an sept cent huict de l'incarnation de Nostre Seigneur. Sois certain que ce trou est un signe d'une bonne chose.

6. L'ange d'argent doré qui soustient la partie du voille apportée du Mont Gargan fut faict faire par Nicolas Guernon, religieux de ce Mont, et dessus y fit graver ces mots : « Anno domini millesimo quadringentesimo decimo tertio, frater Nicolaus Guernonis Prior claustralis Montis fecit hoc fieri. »

7. L'ange d'argent doré qui soustient la partie du marbre sur lequel le susdit archange s'apparut fut faict faire par Pierre Toustain, religieux de ce Mont, et dessus y fit graver ces mots : « Pars marmoris super quod Beatus Michael stetit in Monte Gargano adportata ad istum Montem Tumbam. » Et plus loin : « Anno Domini millesimo quadringentesimo nono, Frater Petrus Toustain Prior Prioratus de Villamaris fecit hoc fieri. »

8. L'image d'argent doré qui soustient les reliques de St Yves fut donnée par Charles de Blois qui donna aussy la relique. Et sur cette image sont ces mots gravez : « *C'est la coste Saint Yves que Monsieur Charles de Blois cy donna.* »

10. Le bras doré dans lequel est un ossement du bras de Ste Agnès fut faict faire par le commandement de l'abbé Robert du Mont et y fit graver ces mots que nous y lisons encore : « Anno Dominicæ incarnationis millesimo centesimo octogesimo quarto, Robertus

abbas hanc dexteram fecit componi auro et argento et lapidibus pretiosis in qua reposuit grande os de brachio Sanctœ Agnesis virginis et martyris quod translatum fuit apud nos de capella Rogerii regis Siciliœ per manus Thomæ Bruni qui fuerat cancellarius prœdicti regis. »

11. Quant est du bras d'argent dans lequel sont des reliques de sainct Laurent, les religieux de la congregasion Sainct-Maur demeurant en ce monastere le firent faire l'an mil six cent vingt trois. Ledit Robert du Mont l'avoit faict accomoder de son temps selon qu'il est dit en son supplement l'an mil cent soixante cinq en ces termes : « Robertus abbas Montis in quodam brachio auro et argento optime parato jussit reponi reliquias sancti Laurencii scilicet os brachii quod eschinum vocatur et alia quatuor minora ossa ejusdem martyris, sicuti antea reposuerat in quadam cuppa intus et extra deaurata caput sancti Innocentii socii sancti Mauritii. Prœdictas reliquias et partem corporis sancti Agapiti martyris, scilicet carnem cum costis quatuor, Suppo abbas Sancti Michaelis in periculo maris a monasterio sancti Benigni Fructuarensis, ubi prius fuerat abbas, et prece et precio, ad monasterium Sancti Michaelis adportavit. Est autem Fructuariense monasterium in Langobardia in episcopatu Vercellensi. »

12. Oudin Bouette susdit fit faire le bras d'argent doré et orné de plusieurs pierreries dans lequel sont des reliques du bras de sainct Aubert. Nous lisons qu'auparavant il y en avait un fort beau et ne sçavons ce qu'on en fit [1].

13. Le mesme Oudin Bouette fit enchasser les reliques qu'un pape envoya au commencement de la fondation de cette eglise et fit graver sur le vase le nom des reliques selon que s'ensuit : « In hoc altari continentur istœ reliquiœ, in primis de ligno Domini ; de spongia et corona Christi; de vestimento et de cunabulis ejusdem; de velo et de capillis beatœ Mariœ virginis et de reliquiis beatœ Annœ matris ejus; de Virga et de reliquiis Aaron prophetœ, Simeonis justi, apostolorum Petri et Pauli et Andreœ, Jacobi minoris, Thomœ, Philippi, Bartholomœi, Simonis, Thadæi, Lucœ; de vestimento Joannis evangelistœ ; de reliquiis sanctorum Innocentium ; sanctorum martyrum Stephani, Laurentii, Vincentii, Anastasii, Adriani, Hyppoliti. Marcelli, Blasii, Christophori, Justini presbiteri, Marini, Marthæ, Cosmœ et Damiani, Neræi, Achillæi, trium puerorum, quadraginta martyrum, confessorum Damasii, Nicolai et sanctarum Mariœ Magdalenœ, virginum Agnetis, Agathœ, Luciœ, Praxedis, Helenæ, Candidœ, Bibianæ. »

Lorsque nous disons qu'Oudin Bouette fit enchasser les reliques susdittes nous n'entendons dire qu'elles n'eussent esté enchassées auparavant, mais peut estre

---

[1] ⁜ Folio 39. Les Religieux ont donné l'autre bras aux chanoines d'Avranches. Nos manuscripts tesmoignent qu'anciennement on faisoit jurer en mettant la main sur ce bras quand on vouloit s'assurer de quelque chose d'importance.
Addition de Dom de Camps.

qu'elles ne l'estoient point si richement ou le vase avait esté aliéné. Ce que nous pouvons vrayement dire de plusieurs autres. Car nous lisons que l'abbé Geffroy de Servon avoit grandement enrichi d'or et d'argent la chasse de St Aubert; et auparavant luy nous trouvons que l'abbé Robert du Mont avait orné la mesme chasse par ces paroles qu'il dit en son supplement à Sigibert l'an mil cent cinquante huit : « Robertus abbas sancti Michaelis in periculo maris meliorans auro et argento quædam antiqua in capsa sancti Auberti episcopi, invenit in ea ossa ipsius sancti, excepto capite quod per se reservatur in eadem ecclesia in vase argenteo. Invenit etiam cum eodem litteras testificantes id ipsum et quamdam tabulam viridis marmoris. Reposuit iterum corpus beati confessoris et episcopi Auberti in eadem capsa in tribus ligaturis et marmor et vetus breve cum novo, in quo indicatur sub quo anno Dominicæ incarnationis et quo abbate repositum fuit tunc idem corpus. » Or nonobstant tout cela la chasse qu'on voit maintenant a esté faicte par le commandement d'Oudin Bouette cy dessus nommé.

12. Nicolas Guernon dont nous avons desjà parlé fit faire l'image d'argent doré qui tient des dents de St Nicolas et dessus sont gravez ces mots : « Frater Nicolaus Guernonis prior claustralis Montis fecit hoc fieri. » Il fit faire aussy le grand crucifix de bois, qui est au milieu de l'église et les images de Nostre Dame et de St Jean qui sont à costé [1].

[1] R. 7 et θ, le si ·esme de decembre.

CHAPITRE SEIZIESME.

Denombrement de quelques signalez personnages qui sont venus par devotion visiter cette eglise et les saintes Reliques susdittes [1].

Ce seroit chose impossible de faire icy un denombrement de toutes les personnes de remarque qui sont venues visiter cette eglise depuis sa fondation jusques à present. Et chose admirable en un lieu tant escarté du monde si on vouloit commencer de mettre sur le registre les evesques, abbez, comtes, marquis ou autres semblables personnages qui y viennent, je m'asseure qu'en peu de temps on en auroit un beau catalogue. Et de plus si nos ancestres eussent remarquez les legats du saint siége, les cardinaux et archevesques, les roys, reines, princes et ducs qui y sont venus nous nous contenterions de les nommer en general tant y en auroit et de dire que plusieurs roys et reines de France d'Angleterre et de Sicile y sont venus et ainsi des autres. Mais pour parler certainement, mettons seulement icy ceux qu'ils ont soigneusement remarquez.

Childebert second, roi de France, vint au commencement de la fondation de cette église.

---

[1] Touchant la reception des signalés personnages il en est parlé au R. 8, p. 253.

Richard premier, duc de Normandie, y est venu plusieurs fois.

Richard second, duc de Normandie, y vint et voulut que la cérémonie de ses noces avec Judith sœur de Geffroy premier, duc de Bretagne, s'y fissent. Ce qui se passa en présence des deux ducs et de presque toute la noblesse des deux provinces.

Le duc de Bretagne Alain troisiesme y vint l'an mil trente accompagné de sa mere Havoise, de l'archevesque de Dol et de plusieurs autres.

Hugues comte du Maine, Rodolphe vicomte du Mans y veinrent vers le mesme temps.

Robert duc de Normandie, premier du nom, y vint, où Alain troisiesme duc de Bretagne le vint trouver et Hugues archevesque de Rouen estoit avec eux.

Les trois fils de Guillaume le Conquerrant asçavoir Robert duc de Normandie, Guillaume le Roux roy d'Angleterre et Henry premier, roy d'Angleterre et duc de Normandie, y vinrent chacun durant leur regne.

Henry second, roy d'Angleterre, y vint l'an mil cent cinquante huict et de ce Mont s'en estant allé prendre possession du comté de Nantes, ayant appris là que le roy de France Louys septiesme y venoit par devotion il se mit aussy tost en chemin pour l'aller recevoir avec toutes sortes d'honneurs sur les frontieres de Normandie. Puis veinrent tous deux ensemble en ce Mont. Un archevesque, un evesque, cinq abbez et tous les religieux receurent processionnellement et solennellement ces deux monarques un dimanche jour de sainct Clément pape.

Roland, chancellier et cardinal, prestre du titre de St-Marc, estoit avec ces monarques. Il fut créé pape peu après et nommé Alexandre troisiesme.

Octavian, aussy cardinal, s'y trouva, lequel n'est louable pour avoir esté antipape sous le nom de Victor troisiesme.

Henry second, roy d'Angleterre, y vint encore, l'an mil cent soixante six.

L'an mil cent cinquante six, Hugues, archevesque de Rouen, vint avec Robert, evesque d'Evreux; Richard, evesque de Constance et Herbert, evesque d'Avranches. Le vendredy Herbert consacra un autel et l'archevesque Hugues consacra le samedy l'autel de Nostre Dame sous Terre.

Estienne, abbé de Cluny, et Benoist, abbé de St Michel de Cluse, y sont venus l'an mil cent septante deux et contracterent une société spirituelle entre ce monastere et les leurs [1].

---

[1] Du Roy Philippe surnommé Auguste.

Philippus, cum Fallesiam atque Donfrontem recepisset, ad divi Michaelis promontorium quod in periculo maris ab incolis dicitur pervadens, suæ omnia ditioni subjecit. Quod videntes Normanni, ne Philippi fortunæ temere obsisterent, Abrincas, Baiocum, Constantiam atque Lexovium urbes dedunt. Hæc Robertus Gaguinus in Anualibus impressis anno 1528, Parisiis, apud Joannem Lepetit.

Iceluy Roy Philippe second dit Auguste ou Dieu-Donné, l'an 1210 fonda la confrairie de St Michel l'Ange, du Mont de la mer, en l'eglise St Michel près le palais à Paris pour les pelerins et pelerines qui ont faict le sainct voyage. Au *theatre des Antiques de Paris* imprimé l'an 1639 et composé par Frere Jacques du Breul moyne de St Germain des Prez lez Paris, page 101.

Addition folio 165.

Le roy de France, Philippe quatriesme, dit Le Bel, y vint l'an mil trois cent onze[1].

Tiphaine de Raguenel, fille du vicomte de la Belliere et femme de Bertrand du Guesclin, connestable de France, vint demeurer en la ville de ce Mont durant le temps que son mari s'en alla faire la guerre en Espagne, jaçoit que cette dame eut plusieurs beaux chasteaux tant en Bretagne qu'ailleurs. Et, ce qui est de remarque, est que, durant ce temps là, elle departit en ausmones à plusieurs soldats mal fortunez qui passerent par ce Mont cent mille florins[2].

Le roy de France, Charles sixième, y vint l'an mil trois cent nonante trois[3].

Marie reine de France, femme de Charles septiesme, y vint l'an mil quatre cent quarante sept le vintiesme de juin, y demeura depuis le lundy jusques au dimanche suivant, accompagnée de plusieurs ducs et duchesses et de la troisiesme fille du roy d'Ecosse[4].

Louys onziesme, roy de France, y vint l'an mil quatre cent soixante douze[5]. François premier, roi de France, y vint l'an mil cinq cent dix huict au moys d'octobre[6]. Il y revint l'an mil cinq cent trente deux, le septiesme du moys de may, avec son fils François, dauphin et duc de Bretagne.

---

[1] R 8 p. 336 et λ Fol. 151.
[2] D'Argentré l. 7 ch. 12 b. 519.
[3] λ Fol. 164.
[4] R₇ λ Fol 179.
[5] λ Fol. 181.
[6] λ Fol. 189.

Anthoine du Prat, legat du sainct Siege, y vint la mesme année mil cinq cent trente deux le huictiesme de may [1].

Charles neufiesme, roy de France, y vint une fois durant son regne [2].

Le lundy, dix huictiesme jour de juin l'an mil cinq cent septante six, l'illustre princesse Marie de Bourbon dame d'Estouteville y vint par devotion avec ses enfants, sçavoir trois fils et quatre filles ayant environ trois cens hommes à sa suite [3].

L'an mil six cent trente et un le second jour de juin Henry de Bourbon, prince de Condé, lors la première personne de ce royaume de France après le roy et Monsieur frere unique de Sa Majesté, y vint et s'en retourna le lendemain apres avoir entendu la messe.

Francois premier, duc de Bretagne, y vint l'an mil quatre cent cinquante le dernier jour du mois de mai et y demeura huict jours pendant lesquels il fit dire des messes [4] pour le repos de son feu frere Gille, et sortant de ce Mont fut assigné par quelque personne revestue en cordelier de comparoir devant Dieu au bout de quarante jours pour rendre raison des injures faictes à son frere Gille, à quoy il ne manqua mourant au bout dudit temps.

---

[1] λ Fol. 191.

[2] λ Fol. 191.

[3] Lemansel.

[4] Albert Legrand, breton jacobin, en la vie de la bienheureuse Françoise d'Amboise, p. 279.

Francois second, duc de Bretagne, y vint l'an mil quatre cent soixante le vingt sixiesme d'octobre, jour de dimanche [1].

Hector d'Ouvrier, evesque de Dol, y est venu l'an mil six cens trente quatre le vingt huictiesme jour de septembre, y dit la grand'messe, dina au refectoir et s'en retourna après midy.

Francois de Pericard, evesque d'Avranche, y est venu six fois depuis que les Peres de la congregation de Saint-Maur ont estez introduits en cette abbaye. Il y etoit venu auparavant desja plusieurs fois.

Henry de Boyvin, evesque de Tarse, suffragant dudit evesque d'Avranches, y vint l'an mil six cent trente le seizieme may, jour de dimanche de la sainte Trinité.

Nous pourrions mettre icy tous ceux qui ont estez evesques d'Avranches, mais d'autant qu'ils ne sont gueres esloignez du Mont, cela n'est tant digne de remarque. Plusieurs autres de semblable qualité y sont venus souvent et y viennent encore. Quant aux personnes de moindre condition, nous en voyons assez tous les jours, et nous lisons ès escritures de ce monastere qui souvent on a veu une si grande quantité de pelerins que quelques uns estoient estouffez en la presse. Souvent, particulierement depuis Pasques jusques à la Toussaincts, on voit des pelerins venir par bandes, marchants en rang quatre à quatre, le tambour bastand et l'enseigne desployée. La plus belle que j'ay veu, depuis l'an mil six cent trente trois au mois d'octobre que je

---

[1] λ Fol. 81.

vins demeurer en ce Mont, ce fut une composée pour le moins de trois cens personnes des premiers habitans de la ville de Lizieux, lesquels vinrent l'an mil six cent trente quatre au mois de juillet, avec plusieurs gens d'eglise qui chanterent la messe solennellement au grand autel avec bonne musique. J'ay plusieurs fois veu d'autres compagnies composées de vingt, trente ou quarante personnes et des paroisses y venir processionnellement de dix, quinze et vingt lieues.

[Dom de Camps ajoute les indications suivantes (Ms. d'Avranches, n° 209, p. 175) :

L'an 1644 il arriva une compagnie d'Argentan, composée de 120 hommes, avec 4 bons tambours, et firent la mesme chose.

L'an 1646, environ la Pentecoste, vint en ce Mont par la ville de Baugé en Anjou une compagnie de trente-cinq fames, une desquelles marchant la premiere portoit d'une main un guidon et de l'autre un chappelet, et un petit garcon de 10 à 12 ans leur battoit la caisse; elles marcherent et entrerent en cette eglise deux à deux et apres s'y estre confessé et communié et fait leurs autres devotions, elles s'en retournerent de mesme jusques sur les greves ou elles rencontrerent une compagnie de la mesme ville de Baugé de 120 homes entre lesquels estoient les maris desdites fames, lesquelles ils firent passer au milieu d'eux, et firent leur voiage et devotions à leur tour.

L'an 1647 arriva en ce Mont, la feste de St Michel du 8 de may, une compagnie de 50 jeunes homes, dont le capiteine, le lieutenant et le porte-enseigne estoient de fort honnestes gentilshomes, tous de la paroisse de Regmalard en l'evesché de Saye. Le mesme jour en arriva une autre compagnie de 40 homes de la paroisse de Coursemont, en l'evesché du Mans, avec enseigne desploiée et tambour battant comme la précédente. Le lendemain il en vint une autre de 55 jeunes homes de la paroisse de Sarcé, aussy de l'evesché du Mans, qui ne cedoit en rien aux deux autres.

La mesme année au mois de juillet il vint en ce Mont, de la ville de Vire, une compagnie de 120 jeunes homes fort lestes avec enseigne et tambour, selon la coustume ; leur capiteine et lieutenant estoient personnes de qualité; ils avoient quatorze chevaux de bagages pour toutte la bande. Environ le mesme temps il vint une autre compagnie de 85 jeunes homes dont la pluspart estoient gentilshomes avec tambour, enseigne et les officiers ordinaires. Ils avoient 11 prestres en leur compagnie et venoient de la ville de Bayeux.

Ce peu que j'ay rapporté poura suffire pour monstrer combien la devotion au Mont St Michel a esté grande de tout temps; j'adiouteray seulement que l'an passé 1663 nous avons veu aussy grande quantité de pelerins que l'on ait remarqué dans les siècles passés. En une sebmaine nous avons veu deux compagnies dont la moindre estoit de plus de 600 personnes. En l'une il y avait plus de 400 chevaux, chacun experimentant les faveurs continuels du glorieux archange selon sa devotion.

Dom Estienne Jobart nous fournit encore des détails

assez curieux sur deux autres visites (Ms. d'Avranches, n° 209, p. 176) :

Item le 15 septembre 1665 M. le duc de Mazarin, grand maistre de l'artillerie de France et lieutenant general du Roy en Bretaigne, sortant de Vitray où il avoit presidé aux Estats de Bretaigne pour le Roy avec Mons. Colbert, frere de M. Colbert du conseil du Roy, lequel l'avoit associé audit seigneur Mazarin pour les affaires du Roy, est venu icy faire ses devotions, et a esté receu au bas de l'escalier du Sault-Gaultier de toute la communauté revestue en froc, et le R. Pere Prieur avec deux chantres revestus en chappe et deux acolittes en aube au milieu de la croix, et le R. P. Prieur leur donnant de l'eau beniste luy a fait une harangue apprès laquelle on luy a presenté le baldachin porté par quatre religieux revestus en diacre. Mais la modestie dudit seigneur Mazarin luy a fait refuser cest honneur. Aussi c'estoit luy en presenter trop, car ce baldaquin, avec toutes ces appareilles susdittes, ne sont deues qu'à Dieu et au Saint Sacrement de l'autel pour lequel exterieurement on n'en pourroit pas faire davantage. C'est donc une flaterie pure qui sent trop le monde de traiter les hommes exterieurement à l'esgal de Dieu, aussy en punition de ces excez nous n'avons receu de ces honeurs offerts que de l'ingratitude et froideur dans les occasions de nous servir. Enfin led. seigneur Mazarin, ayant fait ses devotions, se confessé et communié et disné ceans à la chambre des hostes avec ledit sieur Colbert et autres gentilshommes s'en est allé.

Item le 9 novembre 1663 Monsieur de Montausier,

gouverneur de Normandie, est aussi venu en ce Mont faire ses devotions, et on lui a presenté les mesmes honneurs que dessus à M. Mazarin, lesquels il a receu fort franchement et hardiment et le disner qu'on luy a presenté, et pour recompense de tant d'honeur il ne nous a payé que d'ingratitude et mauvais offices, supportant nostre gouverneur contre nous dans les occasions, et tout cela par punition de Dieu sur nous qui en faisons souvent trop pour les hommes.

Si le Roy de France venoit icy en personne ce seroit assez de luy présenter le baldaquin porté par 4 religieux seulement en froc, avec les autres cérémonies cy dessus. Car il faut réserver pour Dieu quelque chose de particulier.

CHAPITRE DIX SEPTIESME.

Des indulgences concedées par le souverain pontife à tous ceux qui visitent l'eglise de ce monastère [1].

La devotion des peuples ayant esté grande de tout temps envers St Michel, reclamé en cette eglise du Mont de Tombe depuis que ce glorieux Arcange eut commandé à St Aubert de luy bastir un temple

---

[1] Les bulles sont en ce Mont et sont transcriptes au Δ Fol. 54 et 57.

sur le haut de cette montagne, pour cette cause les vicaires souverains de Jesus Christ en terre voulants de plus en plus exciter les fideles à un tant devot pelerinage, ont donné plusieurs indulgences à perpétuité pour ceux qui y viendroient, et ont excommunié et anathematizé ceux qui presumeroient de faire quelque tort que ce soit à ceux qui viendroient en pelerinage selon que nous lisons en la bulle d'Alexandre troisiesme donnée à ce monastère l'an mil cent septante huict en ces termes : « Sub interminatione anathematis prohibemus ne quis peregrinos qui orationis causa ad vestrum monasterium veniunt deprædari aut aliam molestiam seu gravamen ipsis irrogare prœsumat. » Quant à ce qui touche les indulgences, Alexandre quatriesme, l'an premier de son pontificat, donna à perpetuité cent jours d'indulgence à ceux qui visiteroient cette eglise depuis Pasques jusques aux Octaves de Pentecostes.

Jean vingt deuxiesme, le seiziesme de son pontificat, donna aussy à perpetuité cent jours d'indulgences à tous ceux qui visiteroient cette eglise les jours de la Nativité Nostre Seigneur; Resurrection ; Ascension et Pentecoste et aux quatre festes principales de la Vierge, qui sont la Purification, Annonciation, Assomption et Nativité de cette reine du ciel. Il donna aussy quarante jours pour ceux qui y viendroient pendant les Octaves des susdittes festes.

Innocent seiziesme, l'an huictiesme de son pontificat, donna à perpétuité à ceux qui visiteroient cette eglise le vingt neufiesme de septembre et le seiziesme d'octobre cent quarante jours d'indulgences.

Urbain cinquiesme, l'an premier de son pontificat, en donna à perpétuité cent quarante jours aux susdits pelerins ès festes de la Nativité de Nostre Seigneur, Circoncision, Epiphanie, Resurrection, Ascension, Pentecostes, Corps de Nostre Seigneur, et quatre principales festes de Nostre Dame, Sainct Jean Baptiste et Toussaincts.

Nicolas cinquiesme, l'an mil quatre cent cinquante le dix septiesme de septembre, l'an quatriesme de son pontificat, octroya aux trois festes de sainct Michel à sçavoir le huictiesme jour de may, le vingt neufiesme de septembre et le seiziesme d'octobre sept ans et quarante jours d'indulgence à perpetuité.

L'an mil quatre cent cinquante deux le vingt quatriesme d'apvril, Guillaume d'Estouteville, cardinal et legat *a latere* en France pour le Sainct Siege estant en ce monastere dont il estoit commendataire, donna un an et quarante jours d'indulgences à perpetuité, suivant la permission qu'il en avoit du Pape.

Pie second, l'an mil quatre cent cinquante-neuf, le septiesme de janvier, donna trois ans et trois quarantines d'indulgences chacun jour depuis la Purification de Nostre-Dame jusques à la solemnité de Toussaincts. Toutes les indulgences susdittes ont esté données à perpetuité à ceux qui visiteroient devotement cette eglise ; qui auront repentance de leurs pechez et s'en confesseront deüement et non à ceux qui y viennent seulement par pourmenade pour voir les bastiments et autres choses semblables ou pour monter au plus haut du clocher. Et pour preuve de cela, comme aussy pour monstrer que les motifs qu'ont eu les souverains pontifes à donner telles indulgences ont esté tels que nous avons dit au commencement de ce chapitre, nous mettrons icy ce qu'en dit Pie second en sa bulle sus alleguée : « Cum itaque, sicut accepimus, nonnulli ex Romanis Pontificibus prœdecessoribus nostris et Sedis Apostolicœ legatis, archiepiscopis, episcopis, pia consideratione animadvertentes quod ex diversis mundi partibus ad ecclesiam Montis sancti Michaeli in periculo maris de Monte Tumba nuncupati, per crebra miracula quœ Altissimus, intercessione sanctissimi ac victoriosissimi Principis militiœ cœlestis, hujus modi in eadem ecclesia ostendere dignatur, Christi fidelium causa peregrinationis ac devotionis ad illum peregre venientium, magnus erat, prout hodie existit, concursus, dictis fidelibus peregrinis eandem ecclesiam visitantibus nonnulla indulgentiarum munera concesserint, cupientes igitur ut dicta ecclesia congruis honoribus frequentetur, de omnipotentis Dei misericordia et beatorum Petri et Pauli apostolorum ejus authoritate confisi, omnibus vere pœnitentibus et confessis utriusque sexus singulis diebus eandem ecclesiam, a festo Purificationis beatœ Maria virginis usque ad celebritatem Omnium Sanctorum inclusive, devote causa peregrinationis et aliis visitantibus tres annos et totidem quadraginas de injunctis eis pœnitentiis in Domino misericorditer relaxamus. Prœsentibus perpetuis futuris temporibus duraturis non obstantibus constitutionibus, ordinationibus apostolicis cœterisque contrariis quibuscunque. Datum Mantuœ. »

Outre les indulgences susdittes, nous voyons encore des bulles saines et entieres par lesquelles il nous apparoit que plusieurs autres papes ont concédé des indulgences pour certain temps seulement en faveur des pelerins. Jean vingt-troisiesme octroya dix ans d'indulgences pour dix ans seulement. Martin cinquiesme octroya sept ans et quarante jours et ce pour cinq ans seulement. Eugene quatriesme octroya indulgences plenières la veille et le jour sainct Michel, en may et en octobre, et ce pour deux ans seulement. Bref, Nicolas cinquiesme donna indulgences plenières en forme de jubilé à ceux qui visiteroient cette eglise comme s'ils visitoient les églises sainct Pierre et sainct Paul de Rome, et ce depuis le premier jour de juin jusqu'au premier jour de novembre de l'an mil quatre cent cinquante et un.

CHAPITRE DIX HUICTIESME.

Des chevaliers de l'ordre Sainct Michel [1].

Le roy de France, Charles septiesme, estant mort l'an mil quatre cent soixante et un, Louys onziesme, son fils,

---

[1] És remarques de cette abbaye. Scipion Dupleix en Louis onziesme Les grandes ordonnances, t. 3. Les Basiliques au code d'Henry, livre 18. — En la conférence des ordonnances et édits royaux, p. 901.

luy succeda à la couronne, lequel n'ignorant les singulières faveurs que son père avoit receu de l'archange Sainct Michel et que luy mesme avoit experimenté, lors particulierement qu'il fut exilé de la cour de son seigneur et pere par l'envye de quelques malveillans, voulut en reconnoistre ce sainct archange et l'en remercier. A cet effet, l'an mil quatre cent soixante-deux, il vint accompagné des premiers de son royaume en pellerinage en ce Mont-Sainct-Michel (qui par une prerogative speciale du Ciel ne fut jamais sous la puissance des ennemys de la France) où il donna six cens escus d'or pour son offrande, et y envoya la mesme année, le vingt-troisiesme de novembre, une image du mesme archange qu'il avoit toujours porté sur soy estant disgracié du roy son père. (Au moys d'aoust l'an 1473 iceluy roi, Louys onziesme, fut prendre possession du duché d'Alençon, arriva en la ville le samedy 7 du moys et le lendemain, accompagné de grande seigneurie, ouit messe en l'eglise Nostre-Dame, et après disner fut visiter le chasteau avec le parc, et à son retour, comme il entroit dudit parc au chasteau, tomba sur luy une pierre laquelle ne le blaissa pas, mais luy rompit une partie de la robe qui estoit de camelot tanné, dont il fut fort effrayé, se prosterna en terre, y fit le signe de la croix et la baisa, emporta la pierre en son logis et le lendemain partit pour aller au Mont-Sainct-Michel, faisant porter avec luy laditte pierre, laquelle avec la pièce de sa robbe il fit pendre à une chaisne de fer en laditte eglise. On fit enqueste du faict et fut trouvé que sur les murailles du chasteau estoit un page ayant une paillarde laquelle avoit desir de voir le roy, et comme il courut sur laditte muraille avet faict cheoir laditte pierre avec le bas de sa robbe. Le roy fut content de cette information et le page et la paillarde n'eurent autre punition qu'une longue prison.

(En l'histoire des pays et Comté du Perche et du duché d'Alencon par M. Gilles Bry, sieur de la Clergerie, imprimée à Paris l'an 1620.)

Ce monarque ne se contentant de cette reconnaissance en adjousta une autre bien plus signalée, l'an mil quatre cent soixante-neuf, par l'institution qu'il fit de l'ordre des chevaliers de Sainct-Michel. Les causes qui le meurent à establir cet ordre sont déclarées tout au beau commencement des lettres patentes qu'il fit depescher sur ce sujet où il parle ainsy : « Nous à la gloire et louange de Dieu, nostre createur tout puissant, et reverence de la glorieuse Vierge Marie et à l'honneur et reverence de Monseigneur Sainct-Michel premier chevalier qui pour la querelle de Dieu victorieusement batailla contre l'ancien ennemi de l'humain lignage et le trébucha du Ciel et qui son lieu et oratoire appelé le Mont-Sainct-Michel a toujours seurement gardé, préservé et deffendu sans estre subjugué ny mis ès mains des anciens ennemys de nostre royaume; et afin que tous bons, hauts et nobles courages soient excitez et plus esmeus à toutes vertueuses œuvres, le premier jour d'aoust mil quatre cent soixante neuf en notre chasteau d'Amboise avons constitué, créé et ordonné et par ces presentes créons, constituons et ordonnons un ordre de fraternité ou amiable compagnie de certain nombre de chevaliers jusques à trente six lequel nous voulons estre nommé l'ordre de St Michel sous la forme ci-après descrite. »

Ces articles sont soixante six en nombre : au premier le roy se declare et ses successeurs roys de France chef et souverain de cet ordre et ordonne que les chevaliers seront gentilshommes de nom et d'armes sans reproche.

Au second il est faict denomination de quinze seigneurs de royaume choysis et premierement instituez chevaliers dudit ordre Sainct Michel dont voicy les noms : Charles, duc de Guennes, frere du roy, auparavant duc de Normandie ; Jean, duc de Bourbonnais et d'Auvergne, qualifié frere et cousin du roy ; Louys de Luxembourg, comte de Sainct Pol, qualifié de mesme et connestable de France ; André de Laval, seigneur de Lohéac, mareschal de France ; Jean, comte de Sancerre, seigneur de Bueil ; Louis de Beaunings, seigneur de la Forest et du Plessis ; messire Louys d'Estouteville, seigneur de Torcy (ce n'est celuy qui fut capitaine de ce mont, car il mourut l'an mil quatre cens soixante quatre) ; Louys de Laval, seigneur de Chastillon ; Louys, bastard de Bourbon, comte de Rossillon, amiral de France ; Anthoine de Chabannes, comte de Dampmartin, grand maistre d'hostel de France ; Jean, bastard d'Armagnac, comte de Comminges, mareschal de France, gouverneur du Dauphiné ; Georges de la Trimouille, seigneur de Craon ; Gilbert de Chabannes, seigneur de Curton, seneschal de Guyenne ; Charles, seigneur de Crussol, seneschal de Poictou ; Taneguy du Chastel, gouverneur des pays de Rossillon et de Sardaigne. Il fut ordonné que le surplus pour parfaire le nombre de trente six chevaliers dudit ordre serait choisy au premier chapitre.

Au troisiesme article il est dit que pour donner connaissance dudit ordre et des chevaliers qui en seront, sera donné par le Roy à chacun d'un pour une fois un collier d'or faict à coquilles lacées l'une avec l'autre d'un double lacs, assises sur chainettes ou mailles d'or au milieu duquel sur un roc y aura une image d'or de Sainct Michel qui viendra pendant sur la poitrine avec ce dicton inscript dessus :

IMMENSI TREMOR OCEANI.... [1].

Au quatriesme que ledit collier sera du poids de deux ceus escus d'or.

Au dix neufiesme que les ceremonies se feront en ce Mont-Sainct-Michel.

Au vingtiesme qu'il y aura sièges au chœur de cette eglise abbatiale du Mont, pour les chevaliers.

Au trente uniesme et ès quatre suivants que le jour

---

[1] Dicton de Louys onziesme :
Pour dompter la terreur des démons et de l'onde,
Qui nous peut plus ayder que cet archange au monde ?
Son père, Charles VII, disoit :
Fugal angelus Anglos.
L'ange vous bat, que tardez-vous, Anglois ?
Fuyez bien loin des murs Orléanois.
(*Abrégé de l'Histoire des Roys de France*, imprimé à Rouen, chez Jean Petit, l'an 1611.

Sainct Michel, vingt neufiesme de septembre, sera tenue assemblée générale de l'ordre; que les chevaliers seront tenus aller se presenter audit souverain la vigile de ladite feste pour venir en ordre et en habits en cette eglise à vespres; que le jour ils viendront en ordre et habits à la messe et allant à l'offertoire, offriront une pièce d'or de la valeur que voudra le chevalier; qu'ils viendront à vespres, comme la veille dudit jour, et le lendemain viendront ouyr la messe des trespassez, y offriront chacun un cierge armoyé des armes de celuy qui le portera; et que le jour ensuivant la ditte feste, ils viendront vestus comme bon leur semblera ouyr la messe Nostre Dame et commenceront, si bon leur semble, leur chapitre le mesme jour. « L'habit des
« chevaliers estoit un manteau de toile d'argent et à
« certaines ceremonies de damas blanc, long jusques à
« terre, bordé de coquilles semées en lacqs et la bor-
« dure fourrée d'ermines; le chapperon de velours
« cramoisy à longues cornettes, et celuy du chef de
« l'ordre estoit d'escarlatte brune morée. Leur serment
« estoit de garder, soustenir et deffendre de tout leur
« pouvoir les hautesses et droicts de la couronne et
« Majesté royale et l'authorité du souverain de l'ordre
« et de ses successeurs souverains, de maintenir
« l'ordre en sa splendeur et honneur, de comparoir
« aux chapitres et assemblées de l'ordre et à ses com-
« mis en toutes choses, qui regarderoient le mesme
« ordre. Les officiers d'iceluy estoient un chancellier,
« un greffier, un thresorier et un heraut d'armes. Le
« chancellier avait la garde du scel de l'ordre, la

« charge de faire les promotions aux chapitres, les
« remonstrances et corrections, de recueillir les voix
« et elections et de faire les preuves de l'extraction
« noble de ceux qui estoient nommez pour prendre
« l'ordre; les genereux exploits des chevaliers comme
« aussy leurs fautes, justifications, corrections et
« punitions. Le thresorier avait la garde des titres,
« reliques et ornements de l'ordre. Le heraut d'armes,
« nommé Sainct Michel, portoit les lettres et com-
« mandements de l'ordre et avoit charge de s'in-
« former de leurs hauts faits d'armes et d'en faire le
« rapport.

« Les chevaliers estoient degradez et privez de
« l'ordre pour trois sortes de crimes, à scavoir
« d'heresie ou erreur contre la foy catholique, de
« trahison et pour avoir fuy en un jour de bataille. »

Cet ordre ainsy establi fut envoyé incontinent aux princes voisins alliez et confederez de la France, lesquels pour la pluspart le receurent s'en tenants grandement honorez.

Cela meut le mesme roy Louys onziesme, l'an mil quatre cent septante six, le vingt deuxiesme decembre, sejournant lors au Plessis lès Tours, de creer un prevost et maistre de ceremonies pour le bien et seur entretenement des statuts, constitutions, louables ceremonies et generales observances de toutes choses, touchant et regardant cet ordre Sainct Michel, et fit pour ce sujet encore trente et un articles, lesquels sont mis consecutivement aux premiers dans les grandes ordonnances, dans le code d'Henry et en la conference des ordonnances aux lieux cy dessus alleguez.

Par tels statuts, cet ordre dura longtemps en sa splendeur, et l'an mil cinq cens vingt-sept, le roy François premier, le fit porter au Roy d'Angleterre, Henry huictiesme, par messire Anne de Montmorency, mareschal de France, accompagné de cinq cents chevaux, et fut bien receu avec une magnificence extraordinaire, et tant de courtoisie, que le Roy anglois voulut que sa fille Marie jouast ordinairement son personnage ès commédies, qui furent représentées devant l'ambassadeur françois. Neantmoins, avec le temps, cet Henry en fut retranché, s'en rendant indigne, se séparant du giron de l'Eglise romaine pour jouir à son plaisir des voluptez qui sont communes plus aux bestes qu'aux hommes. Et tant à cause de sa maudite secte qu'à cause de celle de Calvin et autres semblables, que plusieurs vaux-riens excitent en France et aillieurs, cet ordre fut quelque peu négligé comme aussy par la promotion de personnes de bas lieu, et encore davantage par l'institution de l'ordre du Saint-Esprit, créé par Henry troisième, Roy de France, à Paris, l'an mil cinq cens septante huict, au mois de décembre, à cause que Dieu l'avait honoré de deux royaumes ès jours de Pentecostes, à sçavoir de Pologne et de France, les ans mil cinq cens septante trois et septante quatre, tellement que la nouveauté de l'un a faict mettre comme en oubli l'antiquité de l'autre, jaçoit que les roys de France et les chevaliers se nomment encore chevaliers des deux ordres, sçavoir est du Sainct-Esprit et de Sainct-Michel, et qu'Henry troisiesme ès statuz qu'il fit pour l'institution de l'ordre du Sainct-Esprit mette les mots suivants : « Nous avons avisé, avec nostre très honorée dame et mère, à laquelle nous reconnaissons avoir, après Dieu, nostre principale et entière obligation, les princes de notre sang, et autres princes et officiers de nostre couronne et les seigneurs de nostre conseil estant près de nous, d'eriger un ordre militaire en cestuy nostre dit royaume, outre celuy de Monsieur Sainct-Michel, lequel nous voulons et entendons demeurer en sa force et vigueur, et estre observé tout ainsy qu'il a esté depuis sa première institution jusques à present. » De faict, toutes quantes fois que le roy faict des chevaliers de l'ordre du Sainct-Esprit, il les faict aussy préalablement chevaliers de l'ordre Sainct-Michel. C'est pourquoy ils en portent le double collier en leurs armes, et ne se qualifient point chevaliers de l'ordre du roy, mais des ordres du roy, d'où vient que cette abbaye du Mont-Sainct-Michel a cet honneur par préciput et avantage primitivement à tout autre que les roys de leur grace daignent porter ses armes, qui sont l'image Sainct-Michel, avec des coquilles dans le collier de chevalerie et manteau royal, et luy ont aussy permis par spécial privilége de porter trois fleurs de lys dans son escusson. De plus les susdits chevaliers qui sont des plus illustres nobles et anciennes familles du royaume portent aussy dans leurs colliers les susdites armes de cette abbaye.

CATALOGUE

Des prieurez de cette abbaye du Mont-Saint-Michel.

Au diocèse d'Avranches, 1. — Ste-Marie de Tombelaine; 2. — Ste-Marie-de-Pontorson.

Au diocèse de Coustances, 3. — Saint-Germain-sur-Eu.

Au diocèse de Dol, 4. — St-Brolade, a deux lieux de ce Mont, 5. — Le Mont-Dol, à deux lieues de Dol.

Au diocèse de Rennes, 6. — St-Martin-de-Villamer, distant du Mont-Saint-Michel cinq lieues.

Au diocèse de Cornuailles St-Michel-de-Roquillats, dit autrement Treverez, en la paroisse d'Ely.

Au diocèse du Mans, 9. — St-Victeur ès faulx-bourgs de la ville; 10. — L'abbaiette en la paroisse de la Dorée, dit aussi Villarenton.

Au diocèse de Chartres; 11.—St-Michel-de-Gohery; 12. — Hansfains.

Au diocèse d'Angers; 13. — Creant-St-Symphorian ou St-Pierre à demy lieue de la Flesche.

En l'Evesché de Saint-Malo, 14. — La chapelle ou prieuré St-Yger, en la paroisse de Menéauc. Quelques-uns l'appellent de Roquiliats, distant neuf lieues de Dinard.

En l'Archidiaconé de Becherel, 15. — Le prieuré St-Liger.

Ès isles de l'Evesché de Coustances en l'isle de Chausay, 16. — Prieuré de Chausay.

En l'isle de Gerzay, 17.—Le prieuré St-Clément; 18. —Le prieuré de la Hay ou de Lay. —En l'Isle de Greneze, 19. — Les prieurez de la Vallée; 20, et de Lihon.

CATALOGUE

Des cures dépendantes de cette abbaye, lesquelles sè présentent et donnent dans la chapelle de ladite abbaye par la pluralité des voix de l'abbé ou son vicaire, en son absence, et des Religieux [1].

1. La vicarie ou cure de Sainct-Pierre-du-Mont, présentation et collation, institution de libre disposition.
2. St-Pierre de Huynes.
3. St-Michel de Beauvoir.
4. St-Martin d'Espas.
5. St-Martin de Servon.
6. Ste-Marie de Pontorson
7. Ste-Marie d'Ardevon.
8. St-Martin de Curey.
9. St-Pierre de Boucey.
10. St-Martin de la Chapelle-Hamelin.
11. St-Sulpice de Macey. (Il est parlé de cette cure dans l'arrest donné l'an 1614 contre l'abbé pour la presentation en faveur des religieux.)

---

[1] La forme du jurement que doivent faire devant le couvent ceux à qui on donne des cures est en R⁸ p. 76.

12. L'église de Calgey.

Dans le doyenné de Genest :

13. St-Estienne de Bacilly alternative entre ceste eglise et l'Evesque d'Avranches.
14. Ste-Marie de Genest.
15. St-Médard de Dragey.
16. St-Michel des Loups.
17. St-Pair de Sartilly.

En l'evesché de Coustances :

18. St-Pair.
19. St-Planchers.
20. St-Aubin des Preaux.
21. St-Jean des Champs.
22. St-Georges de Coudeville.
23. St-Germain-sur-E.
24. St-Martin de Lingreville.
25. La cure d'Erenguerville ou Erengarville.
26. St-Pierre d'Argouges.
27. St-Germain de Carteret. (En l'adveu rendu au roy par Arthur de Cossé de la Baronnie St-Pair et aux archives.)
28. La cure de Longueville au susdict aveu rendu au Roy.
29. Ste-Marie de Breville.
30. La cure de Mesnildrey.

Au mesme Evesché de Coustances ès Isles :

31. St-Ouen-en-l'Isle de Gerzay.
32. En l'Isle de Grenezé St-Michel de la Vallée.

33. Ste-Marie du Chasteau.
34. St-Sauveur.
35. St-Pierre-du-Bois.

Au diocese de Sainct-Malo :

36. St-Meloir.
37. St-Benoist-des-Ondes ou de la Marine.
38. St-Meen de Cancale.

Au diocese de Dol :

39. St-Pierre de St-Brolade.

Au diocese de Rennes :

40. St-Martin de Villamer donné par Meen evesque de Rennes.

41. St-Martin de Poilley donné par le mesme, distant demy-lieue de Villamers.

Au diocese du Mans :

42. St-Jean de la Chevrerie vel Chevrie (de Capraria).

43. Ste-Marie de Estival (de Estivallo).

44. St-Berthevin. Au martyrologe de ce monastere il est dit de ce sainct le onziésme de juillet : « In territorio cenomanico apud Vallem Guidonis, sancti Bertivini, levitæ et martyris.

45. St-Victeur de Livaré (de Livareio).

46. La cure de Fulgerolles (de Fulgerollis). « Hœc tres posteriores sunt in decanatu de Erneya. »

Au diocese d'Angers :

47. St-Pierre de Creant.

Au diocese de Chartres :

48. St-Michel de Goheré.

Au diocese de Bayeux :

49. Ste-Marie de Bretheville.
50. Ste-Marie de Evrecy.
51. Ste-Marie de Escay.
52. St-Jean de Domjam.
53. St-Jean des Fourneaux.

Au diocese de Rouen :

54. St-Michel au Vieux-Marché en la ville de Rouen.

55. Outre les susdittes cures, St-Aubin-des-Bois, au diocese de Coustances appartient aussy à cette abbaye à raison des messes qu'on dit pour Catherine de Tienville dame de Thorigni. Les lettres sont en ce Mont.

Item appartient aux religieux conjoinctement avec l'abbé de presenter, selon qu'il est parlé dans l'ancien martyrologe : 1° la chapelle de Sainct-Gilles de la Leproserie d'Ardevon. 2° La chapelle de Saincte-Catherine ditte la Leproserie du Mont-Connin à Genest. 3° L'Hostel-Dieu de Genest. 4° D'instituer et destituer librement l'administrateur de Notre-Dame du petit monastere de Sainct-Paer [1].

FIN DU QUATRIESME TAICTÉ DE L'HISTOIRE DU MONT-SAINCT-MICHEL.

[1] Toutes ces cures et autres benefices se trouvent dans l'ancien martyrologe dit autrement R^8. p. 341. 342, 343, dans le livre blanc en divers endroicts; ès adveus generaux rendus au roy tant de la baronnie St-Pair que des aultres qui sont dans les archives. Ce qui ne se trouve dans l'un se trouve dans l'autre.

ADDITION

DE DOM DE CAMPS.

Manuscrit d'Avranches, n° 209.

Dom de Camps, qui, en général, a donné plus de développement à tous les chapitres précédents, y ajoute les deux chapitres suivants :

Ch. XI. Des cures qui nous sont contestées ou ostées (p. 194.).
Ch. XII. Des chapellenies dépendantes de ceste abbaye (p. 195).

Nous croyons devoir en extraire les passages suivants :

CHAPITRE XI.

La cure de Cancalle en l'evesché de St-Malo, a demeuré plusieurs siecles en nostre possession et depuis le commandataire Jean d'Annebault elle fut abandonnée à l'evesché de St-Malo. Argentré, historien de Bretagne, et plusieurs de nos bulles et titres la mettent en la presentation du chapitre de ceste abbaye.

La cure de Mesnildray a esté eschangée avec l'evesque de Coustance au diocese duquel elle est contre une autre.

La cure de Montenay en l'evesché du Mans est douteuse quoique nous en ayons la donation en bonne forme.

La cure de Longueville est pareillement douteuse ; de l'evesché de Coustances.

La cure de Breville ne l'est pas moins ; du mesme evesché.

La cure de Calgey est aussy douteuse ; de l'evesché d'Avranches.

La cure de St-Pierre-Langer nous fut ostée l'an 1640 par Catherine de Thieuville dame de Thorigny, et donna au lieu le patronage de la cure de St-Aubin-du-Bois en l'evesché de Coustance, avec ses appartenances à laquelle nous presentons maintenant.

La cure d'Argouges en l'evesché de Coutance est usurpée par l'abbé de Marmoutier sans alternative pour ce monastère.

La cure de St-Benoist-des-Ondes en l'evesché de St-Malo est fort douteuse.

La cure de St-Ouen de Gerzay est perdue pour cette abbaye ; toutte l'isle estant possedée par les heretiques puritains.

La cure de St-Michel de la Vallée-en-l'Isle-de-Grenezé est de mesme.

La cure de Ste-Marie du Chastel en la mesme Isle et deroute.

La cure de St-Sauveur de Grenezé est en pareille ruine.

La cure de St-Pierre du Bois-en-Grenezé est pareillement perdue et occupée comme les autres par les Anglois.

CHAPITRE XII.

La chapelle de St-Gilles ditte la Leproserie d'Ardevon est en la presentation de ce chapitre. Celuy qui en jouit doit estre prestre et desservir avec quatre paroisses voisines et leur administrer les sacrements, leur dire messe à deffaut d'autres prestres.

La chapelle de Ste-Catherine ditte la Leproserie-du-Mont-Couvin en la paroisse de Genest; elle est alternative entre ce chapitre et les paroissiens dudict Genest, en sorte pourtant que lesdits paroissiens ne la peuvent présenter à d'autre qu'audit chapitre qui la presente à qui luy plaist.

L'hôtel Dieu de Genest ou la chapelle de Ste-Anne est maintenant jointe avec la precedente.

La chapelle de Ste-Anne en la paroisse de St-Paër est tolerée en la jouissance du curé dudit lieu à cause de la modicité de son benefice. L'on l'appelloit enciennement la libre institution et destitution de l'eglise de Nostre-Dame-du-Petit-Monastere en la paroisse de St-Paër.

La chapelle de Maugaret et de St-Yguel en l'evesché de Triguier et de St-Malo dépendantes du prieuré de Roquillats au diocese de Cornuaille en basse Bretaigne.

Toutes ces chapelles sont de peu de revenu et outre ces benefices susnommés il s'en trouve plusieurs autres dans les archives de ce monastere qui dependent de cette abbaye. Mais voilà ceux que j'ai peu tirer au vray. Plusieurs tittres, privileges et donations touchant cette matiere ayant esté sequestrés de nos chartes du temps d'Artur Cossé, evesque de Coustances et abbé commendataire de ce Mont, sans l'appuy desquels papiers l'on n'a peu se maintenir dans une entiere possession de ces droits.

Tout ce que dessus est tiré de l'ancien martirologe de ce monastere, du *livre blanc* qui fut composé par l'abbé Pierre le Roy, environ l'an 1388, et est le plus authentique pour tous les tittres et droits de l'abbaye, de divers vieux registres et des bulles des souverains pontifies qui confirment les biens de ce lieu.

ADDITION

DE DOM ESTIENNE JOBART

Manuscrit d'Avranches n° 209.

Cahier interfolié entre les pages 156 et 157.

L'an 1664, 11 novembre, messire Eustache Lesseville, evesque de Coustance, a faict l'elevation du corps de saint Gaud, evesque d'Evreux, lequel après avoir mis son diocese en bon ordre s'estoit rendu religieux en l'abbaye de de Sciscy (c'est maintenant la paroisse de St-Pair) sous la conduitte de St-Pair pour lors abbé, et du depuis esleu evesque d'Avranges, ledit St-Gaud, ayant vescu douze ans avec ces bons religieux en grande sainteté avec plusieurs miracles, puis estant mort et enterré dans l'eglise avec ses confreres selon sa demande, Dieu l'a rendu illustre par les miracles et veneration des peuples. Mais le monastere ayant esté ruiné et demoli par l'incursion des Anglois durant leurs guerres contre la France, les religieux abandonnant ce lieu se retirerent en ce monastere du Mont-St-Michel, annexant et unissant aussi le lieu de ce monastere de Scissy ruiné à cette abbaye de St-Michel, et ladite eglise du monastere de Scissy fut reduite en paroisse que l'on appelle la paroisse de St-Pair, qui est une bonne et riche baronnie que possède l'abbé commandataire du Mont-St-Michel.

Donc environ l'an 1132, un bon curé de la paroisse de St-Pair estant en peine comme il pourrait faire rebastir la tour et clocher de la paroisse de St-Pair qui estoit tombé, eut une revelation en songe qui l'advertit de faire fouiller et creuser dans un certain endroit de son eglise à luy designé, et qu'il y trouveroit le corps de St-Gaud et luy fit un sepulchre honeste et decent et moyennant cela la devotion des fideles luy apporteroit assez de quoy pour orner son eglise et rebastir la tour et clocher d'icelle. Le bon curé executa le commandement de Dieu, trouva le corps saint, luy fit faire un plus honorable sepulchre elevé de terre de quatre à cinq pieds dans son eglise, et Dieu honorant ce saint de plusieurs miracles, le concours du peuple, sa devotion et liberalité furent si grands par leurs offrandes aux pieds de saint Gaud, qu'en peu de temps le curé eut de quoy pour embellir son eglise qui est fort belle et pour relever et bastir une tour de pierre faite en piramide, laquelle est une des plus belles de Normandie et particulierement du diocèze de Coustance.

Cette devotion des temples envers saint Gaud dura fort longtemps Mais enfin comme il n'y a rien de stable en ce monde, et que toutes choses, voire même les plus saintes, sont sujettes au changement, peu à peu cette devotion et libéralité des peuples envers saint Gaud, se ralentit et ne restait qu'une faible mémoire dans l'esprit des peuples qu'il y avait dans l'eglise de St-Pair un saint de grand merite appelé Gaud, dont le petit mausolée (duquel j'ai parlé ci-dessus) estoit couvert et caché d'une quantité de terre et pierre sur laquelle place un ancien curé avait mis un vieil buffet ou armoire affin de conserver la memoire du lieu ou estoit le corps de saint Gaud, que plusieurs villageois de père en fils visitoient encor pour y faire leurs devotions et obtenir des graces de Dieu, lequel voulant renouveller la memoire de l'ancienne gloire de saint Gaud, presque oubliée, a fait paraître ces années dernières dans l'église de St-Pair des flambeaux et cierges miraculeux, les nuits, avec plusieurs autres merveilles vues de plusieurs personnes et du curé du lieu, qui en advertit mondit seigneur de Lesseville, evesque de Coustance, lequel, apprès quelques voyages à St-Pair et vérifications et procès verbaux de ces merveilles, resolut et indiqua l'elevation et la translation du corps de saint Gaud pour le 11 novembre 1664.

Le reverend pere Dom Arsene Mancel, prieur de cette abbaye, s'y transporta avec un religieux de ceans, Dom Rupert Beslin, et assista à cette ceremonie pour maintenir les droits du monastere du Mont-St-Michel, duquel la baronnie de l'eglise de St-Pair despend, et parce que saint Gaud avoit esté religieux de nostre ordre. Cette sainte cérémonie dura plusieurs jours avec une très grande affluence de monde de toute condition, aage et sexe, qui y accoururent, et le propre jour de l'eslevation du corps saint il y avoit, dit-on, plus de trente ou quarante mille hommes.

Mondit seigneur evesque ayant donc fait creuser et oster la terre du lieu où l'on asseuroit que le corps du saint estoit soubs la susdite armoire, on trouva un beau sepulchre de pierre, comme j'ai dit cy dessus, long de six à sept pieds, dans lequel on trouva ledit corps tout de son long et tous les ossements rangés à leur place, fort vermeilles et frians, n'y ayant que la chair de consommée. Le susdit evesque les prit et transporta avec respect dans une châsse de bois qu'il a mis au costé du grand autel de l'église, du costé de l'epistre, en attendant qu'on ait moyen de luy faire une plus honorable châsse. Ledit seigneur evesque en prit plusieurs belles reliques et pour soy et pour donner à d'autres personnes comme aux chanoines de l'église d'Evreux, auxquels il donna un grand ossement du bras ou de la jambe, parce qu'il avoit esté leur compatriotte et leur evesque, et en donna aussi à la Reine Mere, Anne d'Autriche, et principalement en a donné à son eglise de Coustance (et donna d'autres parcelles à plusieurs autres). Mais comme Monseigneur l'evesque de Coustance ne s'est pas oublié de se garnir et s'enrichir des reliques de saint Gaud, aussi le R. P. prieur de ceans, dom Arsene Mancel, assistant à ceste ceremonie, ne s'oublia pas d'en prendre aussi pour augmenter et enrichir nostre tresor. Il prit l'os fémur en sa plus grande partie, avec le coccis ou os sacrum avec sa vertèbre tout entière et quelques autres parcelles, et apprès avoir fermé la nouvelle châsse à trois clefs, dont le curé en conserve une, les paroissiens une autre, et la troisieme retenue pour ledit prieur, il s'en revint et partit le 16 du même mois de novembre 1664, et s'estant arresté entre Brionne et Genest, Monsieur le curé dudit Genest, avec ses prestres et parroissiens le sont venus recepvoir processionnellement et l'ont conduit revestu en chappe, portant les saintes reliques à l'église paroissiale, où il les a exposées et fait baiser, et ayant fait l'eau bénite et chanté la grande messe, lesdits curés et prestres estant à cheval et les parroissiens en procession l'ont conduit estant aussi à cheval, revestu seulement d'aube, d'estolle, et de la belle escharpe portant les sainctes reliques, chantant les litanies, et jusqu'au bord de la rivière de Seleune, pour lors proche du Mont, et ledit pere prieur ayant passé la riviere avec son religieux aussi à cheval, et revestu d'aube a esté receu au bord de deça par les religieux prestres du Mont, et par monsieur le gouverneur et habitans en armes, lesquels ont fait une décharge de mousqueterie à l'entrée de la ville, puis fut conduit en procession jusque dans l'église de la parroisse, où ayant fait une station et après commencé la procession, le clergé chantant, et l'artillerie résonnant à l'entrée du corps de garde, ils arriverent dans nostre eglise, où dès l'entrée le dit R. P. prieur entonna le *Te Deum laudamus*, qu'on acheva entièrement dans la nef, puis fut conduit au grand autel, sur lequel il deposa les saintes reliques, puis les ayant nommées et specifiées au peuple, les fit baiser à tout le monde, et le lendemain matin, lundi, on chanta solemnellement la messe de St Gaud, apprès laquelle on fit la procession dans l'eglise qu'on a terminée à la chapelle du tresor, où on les y a mis dans une simple caisse de sapin, couverte d'une echarpe violet jusqu'à ce qu'avec permission du très R. P. superieur general on ayt fait une châsse honeste pour les mettre. Fait le 17 novembre 1664.

M. Jean L'hoste, curé de Genest, avec ses prestres et parroissiens, ayant notamment supplié le R. P. prieur et Dom Ruper Beslin, reposant à Genest, de leur donner pour leur eglise quelques notables reliques de St Gaud, ils enterinèrent leur requeste à condition qu'un reliquaire seroit fait auparavant pour les mettre, ce qu'estant fait, ledit sieur curé et les prestres avec les parroissiens sont venus processionnellement jusque dans notre eglise où estant arrivez avec ledit reliquaire, N. R P. prieur le benist et enchâssa dedans une partie notable d'une coste de St Gaud en deux morceaux à cause de la petitesse du reliquaire, lequel avec sa relique estant posé sur l'autel, ledit P. prieur celebra la messe solemnelle à l'accoustumée, apprès laquelle on a porté ladite saincte relique en procession à l'entour de l'eglise, puis l'ayant deposée sur le grand autel de St-Michel dans la nef, Dom Léandre, à présent religieux et procureur, a fait une belle predication à la louange du saint et veneration de la sainte coste, apprès quoy ledit R. P. prieur donna la sainte relique entre les mains dudit sieur curé de Genest, lequel avec ses prestres et paroissiens, l'emporta solemnellement en procession jusqu'à sa parroisse, où, estant arrivés, il la deposa dans leur eglise où elle est conservée et venerée de ces peuples à la gloire de Dieu et du saint. Tout cecy arriva le 24 aoust 1665.

Quelque temps s'estant escoulé depuis l'arrivée des saintes reliques de St Gaud en ce monastere, le susdit R. P. prieur Dom Arsene Mansel demanda permission à nostre T. R. P. superieur general de faire faire une châsse honeste pour y deposer lesdittes saintes reliques de saint Gaud et pour faire aussi une autre châsse à peu près semblable pour colloquer plus honnestement les reliques notables des saints martys Gudbert et Valentin, chevaliers, qui reposoient dans nostre eglise avec d'autres reliques dans une châsse de bois peint qui est tout en hault de l'armoire du costé du chœur. Et ledit pere ayant obtenu ceste permission susditte il en fit faire le dessein par un de nos confreres, Dom Henri Sergelit, et suivant ce dessein nostre menuisier, nommé Follain, fit les deux châsses de bois de poirier noircy en façon d'ebene et sont ainsy demeurées longtemps enfermées dans une chambre en attendant l'occasion, le temps et le moyen de faire orner lesdittes châsses d'argenterie et autres embellissements pour y mettre lesdittes reliques.

Enfin le R. P. Dom Mayeul Gazon, ayant succedé en la charge de prieur de ce monastere au R. P. Dom Arsène Mansel, de l'advis de ses senieurs, veu la permission du T. R. P. superieur general, se resolut de faire une depense de faire orner lesdittes châsses, avec la permission du R. P. Dom Philippe Leroy, visiteur de nostre congregation en la province de Bretaigne, fit porter lesdittes châsses à Rennes, chez un orfevre pour travailler selon le dessein à l'orfevrerie et embellissements desdittes châsses, lesquelles estants achevées et ornées d'argenteries ont esté apportées de Rennes par le sieur Bonnemaire, orphevre, qui les a ornées vers les festes de la Pentecoste ; le poids de l'argenterie des deux châsses sçavoir de saint Gaud et des saints martirs Gudbert et Valentin est de 16 marcs 10 onces à quarante sept livres le marc, à cause de la cizelure et de l'image de saint Gaud et autres ornements et reviennent à 800 l.

Donc le R. P. Dom Philippe Le Roy, visiteur de ceste province de Bretaigne, s'estant rendu en ce monastere apprès la diette annuelle avec permission du T. R. P. superieur general, choisit le jour de la translation de saint Aubert (18 juin), patron de ce monastere, pour faire laditte translation des susdittes reliques de saint Gaud et des saints martyrs Gudbert et Valentin, comme il fit ledit jour 18 juin 1668 avant vespres, revestu en chappe, avec deux chantres, deux ceroferaires et un thuriferaire, les religieux chantant durant ceste solemnité un respons de saint Gaud et des saints Martirs, et après avoir benist les susdittes deux châsses et fait baiser les saintes reliques à tous, il les enferma dans lesdittes châsses avec les procès-verbaux et permissions.

CINQUIESME TRAICTÉ

DE

L'HISTOIRE DU MONT-S^T-MICHEL

DES SOLDATS ET DE LA CONSERVATION DE CETTE ABBAYE
CONTRE SES ENNEMIS.

CHAPITRE PREMIER.

Que cette abbaye est inexpugnable.

Que cette abbaye soit forte et inexpugnable tant pour sa situation que pour ses bastiments, il n'y a personne de bon jugement qui l'ait veue qui ne le confesse ingenument et ne dise que jamais nul ne s'en pourroit rendre maistre, sinon par famine ou trahison, bien qu'il soit fort difficile de la prendre par famine, si ceux de dedans ne sont abandonnez de tout le monde; encore pourroyent ils sortir pour se ravitailler, les ennemys ne pouvants camper un siege permanent autour de ce rocher, à cause du mouvement des greves et du flux et reflux de la mer. Tout ce que dessus se peut facilement conjecturer par la description de ce lieu faicte par nous au commencement de cette histoire. De là vient qu'on appelle quelquefois cette abbaye chasteau, bien qu'il n'y ait aucun bastiment qui n'ait été construit par l'abbé et ses religieux, excepté la porte que les abbez, estans cappitaines, ont faict faire pour les portiers et soldats qui estoient sous leur charge. Tout cela neantmoins serait peu pour conserver ce lieu si l'arcange St Michel n'en estoit le fidele protecteur, selon qu'il promit à St Aubert, de sorte que nous pourrions vraymant dire qu'en vain y ferait on le guet si St Michel ne nous y gardoit et conservoit ainsi qu'il a tousjours faict ceux qui ont demeuré en ce Mont depuis la fondation et premiere erection de son sacré temple.

CHAPITRE SECOND.

Le duc de Normandie et le roy d'Angleterre, fils de Guillaume-le-Conquérant assiegent leur frere Henry en ce Mont qui leur resiste virilement.

L'an mil quatre vingt sept, Guillaume septiesme, duc de Normandie, surnommé le Conquérant, mourut et laissa à Robert, son fils aisné, le duché de Normandie; au second, nommé Guillaume, le royaume d'Angleterre, et au troisiesme, nommé Henry, une partie de ses thresors, ce qui estoit peu pour ce dernier, n'ayant aucun lieu pour se retirer ny pour conserver son argent. Estant neantmoins fort prudent, il la sçeut bien menager et achepta de son frere Robert le Costentin et l'Avranchin, tellement que ce Mont par cet achapt et toutes les fortes places d'icy autour demeurerent sous sa puissance, avec condition qu'Henry en rendroit hommage au duc de Normandie. Ce marché ainsy faict, Henry se retira en ces quartiers, et l'an mil nonante estant tombé en la disgrace de ses deux freres, il se refugia en ce Mont par le conseil d'Alain Sergent, duc de Bretagne, son beau frere [1], ayant avec soy plusieurs Normants et Bretons qui le voulurent servir. Ce que sçachant ses freres, ils le vinrent assieger, le duc se logeant à Genest et le roy à Avranches. Cependant le prince Henry faisoit plusieurs sorties sur leurs armées, renversant par terre tous ceux qui luy estoient contraires. Et un jour le roy d'Angleterre, monté sur un cheval qu'il venoit d'achepter quinze marcs d'argent, se trouvant à la meslée, fut en danger de sa vie, son cheval ayant esté tué sous luy, et luy mesme ayant receu quelques coups sur sa cotte de mailles et sur la celle de son cheval dont il s'estoit couvert. Et y eut perdu la vie si voyant que le soldat qui l'avoit abattu haussoit son bras pour le tuer, il ne se fut escrié : Ne me tue point, je suis le roy d'Angleterre [2]. » Tandis que par ces actes genereux, Henry se

---

[1] Z Fol. 16. ʌ Fol. 47.

[2] Gabriel du Moulin en son Histoire de Normandie, p. 259.

deffendoit vaillamment, au bout de quarante jours de siege, il se trouva en necessité d'eau douce et en cecy arriva une chose digne d'admiration. Car s'estant pleint à son frere Robert de ce qu'il luy empeschoit de jouir de ce que la nature rend commun à tous, ce frere touché de compassion ne luy donna point seulement l'eau douce et à tous les assiegez, mais, qui plus est, lui envoya plusieurs pièces de vin. Ce que sçachant le roy d'Angleterre il se mocqua de son frere Robert et dit : *Ce n'est pas à vous, mon frere, à faire la guerre puisque vous fournissez vos ennemys de pain et de boire.* A quoy il respondit : *Ho! ho! voudriez-vous laisser mourir nostre frere de soif? Si nous l'avions perdu où en aurions nous un autre?* Cette simplicité du duc estant ridicule au roy, il abandonna le siege et s'en retourna en Angleterre. Quant au duc, s'estant moderé encore davantage, il fit la paix avec son frere Henry et leva le siége, laissant ce Mont libre comme auparavant. D'autres disent qu'Henry sortit furtivement de ce Mont et s'enfuit en Bretagne puis au pays Vexin [1].

[1] D'Argentré en son histoire de Bretagne, livre 4, chapitre 41.

CHAPITRE TROISIESME.

De l'introduction de la garnison en ce Mont et comment les abbez Jean et Nicolas se deffendirent de ne payer aucune chose à icelle tant pour eux que pour leurs successeurs [1].

Bien que dès le temps des premiers ducs de Normandie cette abbaye parut desjà inexpugnable, et qu'il y eut eu du depuis plusieurs guerres en ce pays, neantmoins il n'y avoit icy aucune garnison, les abbez se contentant de la garder et faire garder par leurs serviteurs domestiques selon qu'ils jugeoient expedient, ce que trouverent bon et suffisant les ducs de Normandie et par après les roys de France jusques à qu'environ l'an mil trois cens vingt-quatre, Guillaume de Merle, capitaine des ports et frontieres de Normandie, y envoya demeurer un soldat et cinq serviteurs pour la garder sous l'obéissance des rois de France, comme si les abbez n'eussent pas aussy bien continuez de la garder sans reproche qu'ils avoyent faict jusques alors. Le soldat susdit et ses cinq serviteurs venant au nom du roy, furent receus par l'abbé Jean de la Porte et ses religieux comme de raison; et peut estre Jean de Merle n'eut commencé d'envoyer icy des soldats s'il eut sçeu

---

[1] B. Fol. 55, 73, 61. Toutes les lettres sur ce sujet et les suivants sont en ce Mont.

ce qui luy devoit arriver. Car s'attendant que cette nouvelle garnison seroit payée des deniers de l'abbaye et en ayant parlé à l'abbé Jean de la Porte, iceluy repondit qu'il n'y estoit obligé, mais bien luy qui les y avoit envoyé, et pour ne luy donner pied sur le temporel de ce monastere, cet abbé eut recours au roy Charles quatriesme, lequel l'an mil trois cent vingt six, le vingt septiesme de janvier, fit expedier une lettre adressante à maistre Bertrand Bonifait et Pierre de Marcery, ses conseillers et reformateurs des Estats de Normandie, leur commandant de vuider cette question. Iceux ayant faict citer ledit Guillaume de Merle à ce qu'il vint deffendre le droict du roy (ainsy qu'il disoit) contre l'abbé, il respondit par lettres qu'il n'entendoit s'entremesler de cela, ni pour soy ni pour le roy. Ce qu'entendant les commissaires, après une diligente perquisition sur ce poinct, ils jugerent que cette abbaye ne devoit ny estoit obligée de payer ou entretenir des soldats en ce Mont, ny de leur donner aucune chose, ce qu'ils firent seigner par les premiers du pays. Et cet acte fut confirmé l'an mil trois cent trente quatre au bois de Vincennes, par le roy Philippe sixiesme. Or, nonobstant tout ce que dessus, l'an mil trois cent quarante sept, du temps de l'abbé Nicolas le Vitrier, Guillaume Paisnel, chevalier, sire de Hambuye, estant lors capitaine des ports et frontières de cette province, voulut aller au contraire et dit à Robert de Brée et aux soldats qui estoyent sous sa charge en ce Mont, qu'ils se fissent payer des deniers de l'abbaye. A quoy obvia de rechef le roy Philippe sixiesme, commandant à ce capitaine et à ses justiciers qu'ils n'eussent à inquiéter cette abbaye ; qu'ils ne princent aucune chose du bien du monastere et s'ils en avoyent pris qu'ils le rendissent Sur ce poinct le roy en donna des lettres à Paris le second jour de juillet de l'an mil trois cent quarante sept, et d'autres encore la même année, le vingt cinquiesme d'aoust. Robert Bertrand, sire de Briquebec, capitaine, commis et establi de par le roy sur les frontières de la mer, au pays de Normandie, depuis Honnefleur jusqu'en Bretagne, en donna aussy sur le mesme sujet l'an mil trois cent quarante huict, le vingt neufiesme de novembre. Bref, l'an mil trois cent cinquante, Jean, archevesque de Rouen, lieutenant de cette province pour le duc de Normandie, confirma tout ce que dessus, et ce pour faire taire Jean Paisnel, chevalier, sire de Marcé, lequel faisant l'ignorant de tout ce que dessus, vouloit encore contraindre les abbez de ce Mont de payer les soldats. Mais ce venerable archevesque s'y estant opposé, le même Jean Paisnel fut aussy contrainct par justice de confirmer le droict des abbez. Tellement que depuis ce temps là jusques à present, nul des cappitaines ou gouverneurs qui ont esté instituez en ce Mont n'ont esté au contraire. Ains ont tousjours payé les soldats qu'ils y ont mis, ainsy qu'ils font encore à présent, des deniers du roy ou des leurs propres. De quoy si quelqu'un desire en voir plus ample preuve qu'il en face recherche depuis le susdit temps jusques à present, dans l'estat ou roolle des garnisons royales entretenües aux despens de Sa Majesté dans l'estendue de la generalité de Caen, province de

Normandie, et il y verra celle du Mont-Sainct-Michel avec sa solde et le nombre des officiers qui y doivent faire actuellement garde avec leur capitaine.

CHAPITRE QUATRIESME.

L'abbé Nicolas le Vitrier, est ordonné du roi premier capitaine de ce Mont, et quatre paroisses y doivent venir faire le guet.

L'abbé Nicolas le Vitrier estant venu à bout de la difficulté touchant le payement des soldats, sa vigilance ne s'arresta point là, car voyant toute sa chere patrie oppressée des misères et calamitez procedentes des malheureuses guerres qu'Edouard troisiesme du nom, roy d'Angleterre allumoit en France contre Philippe sixiesme dit de Vallois, successeur légitime de Philippe quatriesme dit Le Bel, il prit luy mesme le soin de maintenir cette place en l'obeissance des rois de France et ne se fiant nullement à quelques externes qui disoient avoir commission du roy Philippe de la garder il les mit hors, du consentement du roi, et fit garder cette abbaye par ses hommes et serviteurs, faisant luy-mesme un tel guet autour de ce rocher que jamais nul Anglois durant ces troubles n'y mit le pied. Cette grandeur de courage fit que par après plusieurs roys de France deffendirent par leurs patentes que nul fut capitaine de ce Mont sinon l'abbé ou celui qu'il plairoit à l'abbé. Et le roy Charles cinquiesme n'estant encore que duc de Normandie en donna des lettres à cet abbé Nicolas le Vitrier, le vingt-septiesme de janvier mil trois cent cinquante-six, et d'autres le vingt-deuxiesme decembre de l'an mil trois cent cinquante-sept. Et par plusieurs autres lettres, tant luy que ses successeurs ordonnèrent que les habitants des paroisses de Huynes Beauvoir, Espas et Ardevon viendroient faire le guet en cette place sans pouvoir estre contraincts par les capitaines ou gouverneurs de Pontorson, Beuvon ou autres d'aller autre part faire le guet. Ce que mesme les capitaines desdittes places ont reconnu et advoué par leurs lettres.

CHAPITRE CINQUIESME.

L'abbé Geffroy de Servon est faict capitaine de la garnison de ce Mont; obtient du roy que nul ne le puisse estre que les abbez, et que nul entre en la ville ny abbaye avec armes et cousteaux [1].

Après la mort de l'abbé Nicolas le Vitrier, son successeur en la dignité abbatiale, Geoffroy de Servon luy succeda aussy à la charge de capitaine, et Charles cin-

---

[1] Ch. 3. Geoffroy de Servon, 23ᵉ abbé et 3ᵉ capitaine. — Ce fut à la vérité un trait de prudence à nos religieux d'avoir fait choix d'une

quiesme cy dessus nommé ayant succedé à la couronne de Jean son père, donna des lettres ordonnant de rechef que nul fut capitaine de ce Mont, sinon celui qui en seroit abbé, et dit les paroles suivantes en ses patentes datées du dix huictiesme d'octobre mil trois cent soixante quatre : « Nous, considerant la grande loyauté, vraye amour et parfaicte obeyssance que ont toujours eu, et à nos predecesseurs et à la couronne de France en toutes manières, nos chiers et bien amez les religieux, abbé et couvent du monastere du Mont-Sainct-Michel au peril de la mer, et par special considerant la grant et bonne diligence que lesdits religieux, en demonstrant l'amour et loyauté dessus dits, ont eue par tout le temps des guerres, et encore ont continuellement chacun jour, de garder et en la garde de laditte eglise et fort d'icelle, à leurs propres coups, frais et despens contre tous les adversaires et ennemys de nostre royaume sans avoir eu par tout le temps dessus dit aultre capitaine que l'abbé d'icelle eglise si et en tant

---

telle personne pour leur abbé, lorsque l'on n'entendoit de tous costés que des cliquetis d'armes et des horreurs d'une guerre sanglante entre les deux couronnes de France et d'Angleterre, que l'on n'entendoit parler que de prises de villes, de provinces et d'un roy mesme de France qui recevant loy du victorieux, sembloit devoir perdre toutes ses places, spécialement dans la Normandie ou toutes les villes, à la reserve de la notre ploioient soubs le joug et l'enseigne des Leoparts et du prince de Galles. Dans tous ces desordres, nostre abbé sçavoit par sa valeur, courage et generosité qu'il avoit tirée de la noblesse de ses encestres aussy bien commander à des soldats mercenaires et fougueux sur des murailles, en qualité de capitaine de ville, qu'à des enfants d'obedience en leurs clouestres.

Ms. d'Avranches, n° 209, p. 120.

que nul desdits ennemys, par force, malice ou subtilité quelconque n'y ont pu entrer ny faire grevance à iceux religieux, à ce que de bien en mieux ils soient diligens et curieux de bien et diligemment gouverner et garder leur dit monastère et fort d'iceluy, avons octroyé et avec ce voulons et leur octroyons de nostre grace especial et certaine science et authorité royal que en laditte eglise et fort d'icelle n'ait et ne soit autre capitaine ne gouverneur que l'abbé d'icelle eglise se il ne plaisoit et plaist audit abbé et couvent. Et s'il avenoit que par nous ou aucun aultre nostre lieutenant ou capitaine general ou par aultres, de quelconque pouvoir que ils usassent ou fussent fondez, fut par importunité ou autrement, aucun autre ou autres capitaines ou gouverneurs y fussent ordenez ou establis, et il ne plaisoit et ne procedoit de la volonté desdits abbé et couvent, nous voulons, ordenons et nous plaist que ils le refusent et n'y soient tenus obeyr par quelque maniere que ce soit. »

Par ces patentes, l'abbé Geoffroy de Servon demeura paisible et absolu capitaine de ce Mont, et durant le temps qu'il exerça cette charge obtint plusieurs autres privileges de Sa Majesté pour la seureté de cette place. Entre autres la mesme année mil trois cens soixante quatre, le vingt septiesme decembre, il obtint que personne n'entrast en la ville ou abbaye de ce Mont, avec espées ou autres armes quelconques. « Nous vous mandons estroitement (dit le roy parlant à l'abbé et aux religieux) et deffendons que vous ny souffriez et laissiez entrer aucunes personnes, soit de près ou de loin, de quelque condition que eulx soient, portant cuteaux poinctus, espées ou autres armures quelles qu'elles soient, nobles ou autres, s'ils ne sont nos frères ou s'ils n'ont de nous especial commandement duquel ils soient tenus vous ensaigner. » Bertrand du Gueslin, lieutenant du roy en cette province, avoit dès auparavant donné des lettres à ce monastère sur ce sujet. Et le mesme roy, le dix-septiesme de janvier de la mesme année mil trois cent soixante quatre, (maintenant qu'on commence l'année par le premier jour de janvier il faut dire mil trois cent soixante cinq) donna encore d'autres lettres sur le mesme sujet contre Jean Bonnaut, vicomte d'Avranches, ville lors Navarroise et ennemye, lequel (est-il dit en cette lettre) portant un grand cutel à poincte nez, de sa volenté par force et puissance, s'est naguère efforcé d'entrer en laditte abbaye avecques plusieurs autres compagnons. Le roy Charles sixiesme, l'an mil trois cent quatre vingt sept fit la mesme deffence touchant ces armes : « s'ils ne sont, dit-il, nos oncles ou freres, ou s'ils n'ont de nous special commandement duquel ils soient tenus vous enseigner. »

CHAPITRE SIXIESME.

Des abbez Pierre Le Roy et Robert Jolivet, capitaines de ce Mont.

Après la mort de Geffroy de Servon, abbé et capitaine de ce Mont, Pierre Le Roy fut esleu abbé en sa place et luy succeda aussy en la capitainerie. Et de ce en obtint des lettres confirmatives du roy Charles sixiesme le seiziesme jour de juin de l'an mil trois cent quatre vingt six. Et l'an mil quatre cent huict, allant pour le roy au Concile general de Pise, il obtint d'autres lettres de Sa Majesté par lesquelles il estoit deffendu, qu'excepté cet abbé personne ne se dit capitaine de ce Mont durant son absence. Nous avons rapporté, parlant de luy au traicté des abbez, les bastiments qu'il fit faire pour la commodité de ses soldats. Estant mort à Boulongne-la-Grasse, Robert Jolivet, son successeur en la dignité abbatiale luy succeda aussy à la capitainerie, et de ce en obtint des patentes du roy Charles sixiesme, le dix huictiesme jour de juin mil quatre cent onze, et exerça cet office jusques en l'an mil quatre cent vingt, auquel temps il s'absenta de ce Mont.

ADDITION DE DE CAMPS.

Manuscrit d'Avranches, n° 209.

Cet abbé ayant depuis son institution à la dignité abbatiale tousjours sejourné à Paris, sçachant que son abbaye souffroit beaucoup des attaques des Anglois soubs Henri V, s'y transporta en diligence pour la deffendre par sa valeur et obvier par sa prudence à tous les maux que pourroient causer les violences de ces insulaires. La première chose qu'il y fit fut de se disposer à soutenir un long siége au cas qu'il arriva et pour ce subjet il fournit abondamment le chasteau de munitions tant de bouche que de guerre et, quoyque la nature rende cette place presque inexpugnable à une armée, neantmoins il la fortifia encore et y fit bastir les murs et quelques tours qui ferment la ville comme ils se voient encore aujourd'huy au lieu des pallis de bois qui y estoient auparavant pour servir d'enceinte à la ville. Ses armes qu'il fit apposer à ces hautes et fortes murailles font foy qu'il en est l'autheur.

Or, comme il luy estoit assez difficile, pour ne dire impossible, de subvenir à de si grands frais tant pour la construction de ces fortifications que pour l'entretien d'une grosse et puissante garnizon, il supplia le roy Charles VI par quelques siens amis qu'il avoit à Paris de considérer sa nécessité. Incontinent, Sa Majesté luy despescha lettres patentes par lesquelles il luy donna ordre de prendre la somme de 1,400 liv. sur le revenu des aides de la vicomté d'Avranches. Un autre temps il luy donna encore à prendre quelque argent sur le maistre de la monnoye de Saint-Lô. Mais l'Anglois s'estant emparé presque de toute la Normandie, l'abbé et les moynes de ce Mont se trouvèrent en grande necessité, d'autant plus qu'ils recevoient fort peu de chose de leurs fermiers. Ce qu'ayant remontré au roy qui d'ailleurs se trouvoit bien empesché ne leur put faire aucune gratification, sinon de leur permettre de tirer un certain impot sur le vin et cidre qui se vendoit en la ville et autres cabarets circonvoisins. Ce qui n'empêcha pas que cet abbé et ses moynes, avec leur garnizon, ne conservassent toujours cette place au service du roy, et ne rendissent tous les efforts et attaques des Anglois inutiles l'espace de 9 ans, au bout desquels ledit abbé ne pouvant plus supporter les tintamarres d'une guerre continuelle, et preferant le repos de la solitude à la gloire qu'il meritoit de bien defendre sa forteresse ; l'an 1429 il sortit de son plain gré de la place, après l'avoir pourvue de toutte sorte de munitions et de vivres pour plus de 7 ans, laissant ses soldats sans chef et ses moynes à en faire à leur discretion, il passa le reste de ses jours en divers lieux de cette province, sans plus revenir en son abbaye et enfin alla mourir à Rouen l'an 1444 où il est enterré.

CHAPITRE SEPTIESME.

Des troubles arrivez en France, du regne de Charles sixiesme et de Jean de Harcourt, capitaine de ce Mont.

Quiconque desire sçavoir bien au long les causes des guerres des Anglois contre Charles septiesme, soit du temps qu'il n'estoit encore que Dauphin de Vienne, où après qu'il fut parvenu à la couronne, qu'il lise l'histoire de nostre France, composée par Scipion Dupleix. Là il verra comment Henry quatriesme parvint au throsne du royaume d'Angleterre : pourquoy il exigea une grande somme de deniers des Orleannois; quelle estoit la maladie du roy de France, Charles sixiesme; lequel estoit le sujet des dissentions entre les maisons d'Orleans et de Bourgogne. Là il verra quel pretexte Henry cinquiesme, roy d'Angleterre, prit pour faire la guerre aux François; combien il en tua; combien de provinces il gasta; pour quel sujet le Bourguignon et luy firent desheriter le Dauphin Charles par son pere Charles sixiesme. Bref il lira comment ce Dauphin reconquist, à force d'armes, aydé du Ciel, presque tout ce royaume sur Henri sixiesme, roy d'Angleterre, qui, dans Paris et Londres, avoit esté proclamé roy des deux royaumes. Il nous suffit de dire ce qui se passa en ce Mout pour resister à ces furies.

Les guerres s'allumants de plus en plus entre les

François et les Anglois, tous ceux de cette province de Normandie commencèrent à fortifier leurs villes. Et ceux de ce Mont, jaçoit que placez en un lieu que la nature a rendu de difficile accès, se fortifierent aussy et bastirent les murs d'autour de la ville jusques alors close de bois, lesquels furent fortifiez encore davantage par Louys d'Estouteville, qui fut par après capitaine de cette place. Tous estants ainsy sur leur garde, neantmoins en peu de temps les Anglois se rendirent maistres de toute cette province, excepté de ce Mont, ce qui estoit quelque soulas aux religieux, entre tant de misères, bien qu'ils ne laissèrent de s'attrister l'an mil quatre cent vingt, leur abbé Robert Jolivet les abandonnant et s'en allant demeurer le reste de sa vie en divers quartiers de cette province.

Se voyant lors sans chef, ils eurent recours au fils du roy de France Dauphin de Vienne, lequel dès aussitost envoya Jean de Harcourt, comte d'Aumale [1], pour y estre capitaine et luy garder cette place contre ses ennemys. Iceluy à son arrivée fut receu à bras ouverts des religieux, car outre qu'il venoit pour seconder leur intention, de plus il leur promit que cela ne préjudiciroit nullement aux droicts de ce monastere et que les troubles passez, l'abbé Robert Jolivet et ses successeurs abbés continueroient à estre capitaines et de ce leur donna des patentes le vingt septiesme de may de l'an mil quatre cent vingt. Il leur en fit aussy obtenir du Dauphin le vingt et uniesme jour de juin, la mesme

[1] Le comté d'Aumale est maintenant duché.

année èsquelles sont les paroles suivantes[1] : « Nos
« bien amez les religieux, prieur et convent de l'ab-
« baye du Mont-Sainct-Michiel nous ont humblement
« exposé comme de tout temps, au droict de leur
« eglise et monastere, et par les lettres de commission
« de mondit seigneur et père, laditte abbaye avecque
« la ville dudit lieu ait tousjours esté en la garde des-
« dits exposants et de leur abbé sans que mondit
« seigneur et nous y ayons mis ni accousteumé mettre
« aucun autre capitaine, laquelle abbaye et ville ils
« ont tousjours bien et loyalement gardée en bonne et
« vraye obeyssance de mondit seigneur et nous. Et il
« soit ainsy que du present, pour cause de divisions
« qui ont esté et sont en ce royaume, les Anglois an-
« ciens ennemys de mondit seigneur, voyant lesdittes
« divisions et que bonnement, pour cause d'icelles, on
« ne povoit pas resister à leur entreprise, sont descen-
« dus à grand effort et à toute puissance au pays de
« Normandie et ont tant faict qu'ils occupent presque
« tout iceluy et se sont mis en peine par plusieurs ma-
« nières de vouloir avoir la seigneurie de laditte place
« et ville du Mont-Sainct-Michiel. A quoy lesdits ex-
« posants comme bons, vrays et loyaux subjets de
« mondit seigneur, combien que les dits ennemys oc-
« cupent leur revenu, ont à ce obvié et ont tousjours
« gardée icelle abbaye et ville en la bonne obeissance
« de mondit seigneur et la nostre. Toutevoyes pour
« cause d'aucunes divisions qui ont esté entre aucuns

---

[1] Les originaux sont en ce Mont.

« estant en icelle abbaye elle a esté en peril d'estre
« perdue. Et afin qu'elle soit mieux gardée lesdits
« suppliants ont esté et sont d'accord que pour cette
« fois nous mettions de par mondit seigneur et de par
« nous, aucun seigneur qui ait la garde de gouverner,
« en manière de capitaine, d'icelle abbaye, pourveu que
« pour le temps aduenir ce ne leur puisse prejudicier
« ni estre attribué à consequence que y puissions
« mettre capitaine autre que leur dit abbé. Et pour ce
« que nous y avons mis et ordonné par la maniere
« dessus ditte notre très chier et amé cousin Jehan de
« Harcourt, comte d'Aumalle, nous ont requis ces
« lettres que nous leur avons liberalement octroyées
« par lesquelles voulons et nous plaist que pour cause
« de ce que nous avons mis et ordonné nostre dit
« cousin garde et capitaine d'icelle abbaye et ville, ce
« ne leur puisse prejudicier ni au temps à venir tour-
« ner à consequence que y puissions mettre austre
« sans leur dit consentement et leur avons octroyé et
« octroyons par ces presentes que de leurs droicts,
« franchisses et libertés, possessions et saisines, ils
« jouissent et puissent jouir, cette presente guerre
« passée, selon le contenu de leurs chartres. »

CHAPITRE HUICTIESME.

De plusieurs efforts faicts en vain par les Anglois contre ce rocher et de la mort de Jean de Harcourt, capitaine de cette place.

Les religieux, bien contents de l'institution du comte d'Aumalle faicte en la maniere susditte, contribuerent tout ce qu'ils purent des biens de cette abbaye pour ayder à repousser les ennemys lesquels tenoient ce Mont assiégé de tous costez. Et pour l'incommoder davantage avoyent mis une garnison sur le roc de Tombelaine fortifié par eux l'année precedente à la faveur du fleuve de Couesnon lequel changea durant plusieurs moys son cours ordinaire passant au-dessus de ce Mont allant joindre les fleuves de Scée et Seleune et par après passant ensemble entre ce Mont et le roc de Tombelaine tellement que ce grand cours d'eau empeschoit ceux de ce Mont de passer et d'aller donner l'assaut à ceux qui à leur veue se fortifioient pour les bastre ainsi qu'ils s'efforcerent de faire, la rivière de Couesnon ayant repris son cours ordinaire [1]. Neantmoins tous leurs efforts furent vains et n'y

---

[1] Il n'y avoit encore qu'une eglise sur ce rocher et 2 ou 3 petits logis que l'abbé Bernard y avoit fait bastir l'an 1337; les Anglois fortifièrent ce rocher de hautes et fortes murailles et de plusieurs tours sans que la garnison de ce Mont les en put empescher.
Ms. d'Avranches, p. 128.

eurent jamais que de la perte, ce qui les fit resoudre à redoubler leurs forces. A celle fin l'an mil quatre cent vingt-trois ils s'assemblerent en bon nombre et veinrent poser le siége tant par mer que par terre, le roy d'Angleterre y ayant envoyé un grand nombre de vaisseaux tous chargés d'hommes d'armes et de munitions avec force artillerie pour bastre cette place à bon escient [1]. Du costé de la greve, ils bastirent plusieurs forts èsquels ils mirent grand nombre de soldats tellement qu'on ne pouvoit entrer ny sortir de ce Mont ny moins l'avitailler. Mais le duc de Bretagne, Jean cinquième du nom, prevoiant que si les Anglois devenoient maistres de ce Mont si voisin de ses marches, ceux de la garnison viendroient d'heure à autres fourrager et gaster les frontières de son duché comme desjà commençoient à faire ceux qui estoient au siege, ne voulant point avoir tels voisins, il se delibera d'y pourvoir et d'empescher qu'il ne tombast ès mains des ennemis encore bien qu'il n'eut guerre ouverte contre eux. Pour cet effet il fit secrettement armer quelques vaisseaux à Saint-Malo par le sieur de Beaufort, son admiral, et à cette entreprise se joignirent Guillaume de Montfort, cardinal et evesque de Saint-Malo, le sieur de Combourg, de Montauban, de Coetquen et plusieurs autres, lesquels tous ensemble delibererent d'assaillir les vaisseaux anglais qui estoient à la rade du costé de la mer. Estant donc bien equippez ils se mirent à voguer et en moins de rien veinrent serrer par derrière ces vaisseaux tenant à

[1] D'Argentré, l. 11 ch. 7.

l'ancre. De quoy les Anglois ne s'estonnerent mais se mirent en bataille, rangerent leurs vaisseaux et se deffendirent vaillamment. Neantmoins les Bretons cramponnerent les vaisseaux anglais sur lesquels ils monterent par force avec le cordage et, venus au combat mains à mains, en tuerent plusieurs, de sorte que partie des ennemis commencerent à perdre cœur et prendre le large pour se sauver à la voille. Ce que voyant les autres Anglois qui estoient sur les greves du costé de la rive d'Ardevon, ils commencerent d'abandonner leurs bastions en terre et à s'enfuir sans attendre la descente de ceux des vaisseaux. Ainsi le siege fut levé et n'y demeura homme[1]. Et ceux de ce Mont à la faveur de ces bons Bretons eurent commodité de sortir et de rafraichir cette place. Les Anglois nonobstant esperant toujours de s'en rendre maistre s'aviserent, après que ce siege fut levé, de faire une forte bastille vers la rive d'Ardevon et le dix-septième de septembre de la susditte année mil quatre cent vingt-trois y firent entrer une garnison qui allait ordinairement courant et rodant par les greves pour escarmoucher ceux qui sortoient ou entroient en ce Mont et empescher qu'on y apportast des vivres. De quoy les habitants de ce rocher se sentants grandement incommodez eurent recours à messire Jean de la Haye, capitaine de la ville du Maine auquel ils firent entendre leur affliction, le priant de les venir secourir; ce qu'il fit en arrivant un jour avec

---

[1] De cette deffaicte, Robert Gaguin en parle de la sorte en Charles septiesme : « In Normannia vero cum Sancti Michaelis Montem qui in

sa compagnie sur les deux heures après midy pendant que les Anglois couroient sur les greves d'entre ce Mont et leur bastille; il les surprit et en tua pour le moins deux cents, entre autres Nicolas Bourdet fort estimé entre eux. Or jaçoit qu'ils eussent esté vaincus encore cette fois là, ceux qui resterent n'abandonnerent point neantmoins cette bastille jusques à ce qu'ils la brulerent l'an mil quatre cent vingt sept, le vingt quatriesme de febvrier auparavant que d'en sortir [1].

Par tels exploits de guerre, ce Mont estant couronné tous les jours de victoires, il n'en alloit point de mesme partout pour les François, car l'an mil quatre cent vingt quatre, ils furent deffaicts près Vernueil par le duc de Bethfort, Anglois, où entre autres personnes

œstuario est, Britanniam versus, circumvallaret turriculi sex materia ad militis stationem per Montis ambitum extructis, magnis que navibus et milite commeatu instructis, ne quid ad obsessos importari posset, mirabili rerum penuria incolas affecit, donec comparata apud Sanctum Malum classe, Belliforus Britonum admiraldus Anglos invadere fœliciter tentavit, nam ita navali prœlio superior extitit, ut Anglis copioso numero occisis obsidionem dissoluerit. Ab obsidione dimoti Angli Ardonem tribus passuum millibus distantem fugientes in eo loco propugnaculum quod Bastildam vulgus appellat extruunt ex quo in arenas frequentes progressi levia cum iis qui in prœsidio apud Sanctum Michaelem erant prœlia committebant donec Joannes Coloncius (Jean de la Haye Baron de Coulonce) normannus eques sicut inter eum et Michelianos convenerat, statuto die adveniens repertos in arena Anglos ad ducentos occidit, capto Nicolao Bourdeto anglo, opulento homine. »

[1] Quant à Tombelaine, le susdit Robert Gaguin adiouste : « Tumbellanam prœterea arcem non longe divi Michaelis jugo distantem in rupe extructam Britonum Dux, Anglis (quamquam frequentes essent) parvo negotio exclusis, Caroli nomine recepit anno 1450.

Hœc ille in Carolo septimo rege Francorum.

qui y furent tuées on trouva Jean de Harcourt, comte d'Aumalle et capitaine de ce Mont, au grand regret de Charles septiesme, roy de France, et de ceux de ce Mont qui desploieroient grandement la mort d'un tel personnage.

CHAPITRE NEUFIESME.

De Jean bastard d'Orleans, capitaine de ce Mont.

L'abbé Robert Jolivet, continuant ses absences, les religieux de ceans obtindrent du pape permission d'eslire un vicaire general pour l'abbé qui eut tout pouvoir sur le spirituel et temporel de cette abbaye, jusques à ce que l'abbé seroit de retour, et eslurent un d'entre eux nommé Jean Gonault pour l'estre. Lequel sçachant que le roy Charles septiesme avoit donné la capitainerie de ce Mont, après la mort du comte d'Aumalle, à Jean bastard d'Orleans, comte de Mortain, vicomte de Saint-Sauveur, seigneur de Valbonnois et grand chambelan de France, supplia ce nouveau capitaine de luy donner des lettres par lesquelles il apparut que cela ne prejudiciroit aux droicts des abbez de ce Mont les guerres finies. Ce qu'il fit volontiers le vingt huictiesme jour de mars, l'an mil quatre cent vingt quatre avant Pasques.

CHAPITRE DIXIESME.

De l'institution de Louys d'Estouteville, pour estre capitaine de cette place, et des lettres de privileges que le roy et luy donnerent à ce monastère.

Jean bastard d'Orleans, ayant esté deschargé de la capitainerie de cette place par le roy, l'an mil quatre cent vingt cinq, Sa Majesté establit en sa place la mesme année, le second jour de septembre, Louys d'Estouteville, sire d'Auseboc et de Moyon, lequel fut receu en ce Mont avec les mesmes conditions et conservations des privileges de ce monastère. Et de ce le roy Charles septiesme en donna des lettres le vingt sixiesme d'octobre de la mesme année. Et le dix septiesme de novembre ensuivant, ce capitaine, à la supplication des religieux, deffendit qu'aucune femme ne demeurast en l'enclos de cette abbaye, et nul n'y fut mis prisonnier en temps de guerre ou de paix, si ce n'estoit pour quelque grande cause et moyennant le consentement des religieux. Et de plus donna des patentes le vingt et uniesme du mesme moys, par lesquelles il declaroit encore que la capitainerie de ce Mont appartenoit à l'abbé et qu'on ne pourroit tirer à consequence d'en mettre un autre, la guerre finie. Pour confirmer tout ce que dessus, le roy la mesme année, le troisiesme decembre, en donna une ample declaration où il met plusieurs choses dignes de remarque touchant ce Mont

selon que s'ensuit : « Charles, par la grace de Dieu, roy
« de France, à tous ceux qui ces presentes lettres ver-
« ront, salut. Receue avons humble supplication des
« religieux et honnestes hommes, les vicaire aposto-
« lique et convent de nostre moustier du Mont-Sainct-
« Michel, contenant comme iceluy moustier ait esté
« premierement fondé par la revelation et commande-
« ment du benoist archange monsieur sainct Michiel,
« et par luy dedié, consacré et du tout appliqué aux
« usages divins et la religion ordonnée en iceluy pour
« y servir à Dieu, et afin que iceluy très sainct lieu
« fust plus reveremment maintenu et gardé, et le divin
« service à l'honneur de Dieu et du benoist archange
« en iceluy pust estre faict et continué en plus grande
« paix et tranquillité, et aussy en consideration de ce
« que les abbez et religieux dudit lieu qui ont esté fon-
« dez en partie et augmentez par nos predecesseurs, et
« ont eu en tout temps l'honneur et renommée d'a-
« voir esté preudhommes, devots et religieux à Dieu,
« bien obeyssants et d'entiere et parfaicte subjection
« et loyauté à nos dits predecesseurs comme leurs
« princes, avoyent toujours ès temps passez bien et
« loyalement gardée et tenue laditte place en l'obeys-
« sance et seigneurie de France. »

Après tout ce que dessus, il est faict en ces patentes une recapitulation assez longue de tous les privileges donnez par ses predecesseurs en cette abbaye, touchant le droict de capitainerie appartenant à l'abbé, selon que nous avons monstré cy dessus ; puis met comme les religieux le prient qu'en l'enclos de cette abbaye qui est estroit ne soiçt faicte aucune chose durant la tolerance desdits capitaines, contraire à l'honneur de Dieu et à la religion ; que nulle femme y ait logis pour y demeurer et qu'on n'y mette aucun prisonnier. Et après tout cela dit ces mots : « Pourquoy nous, ces choses bien considerées, bien cognoissans que par leur bonne industrie, grant loyauté et diligence, ladite place a esté preservée des ennemys et gardée à nous, seule à present au pays de Normandie par cette guerre et que à ce faire ont mis et exposé corps, biens et quanques Dieu leur avoit presté en grant patience, dont ils sont et seront recommandables à toujours et dignes de nostre grace et remuneration, laquelle et leurs droicts voulons et voudrons plus amplement et liberalement augmenter et accroistre envers eulx et ledit moustier, comme le plus deservent vers nous, et pour la parfaicte devotion et singulière fiance que nous avons au benoist archange saint Michel et son eglise, et à ce que lesdits religieux soient plus inclins et obligez en iceluy moustier pour nous et les nostres, voulons et ordonnons et de especial grace octroyons auxdits religieux presents et avenir, etc. »

Après ce que dessus il s'adresse à tous ses justiciers, lieutenants, capitaines et autres, et leur commande de n'aller au contraire et finallement au bout desdittes patentes, sont ces mots : « Par le roy en son conseil auquiel la royne de Cicile, messieurs les comtes de Foix et de Vendosme, mons. l'archevesque de Toulouze, l'evesque de Laon et autres estoient. Signé : Allain avec

un paraphe et le grand sceau du roi à double queue[1].
Le mesme roy, le dix-neufiesme febvrier ensuivant,
donna de rechef des patentes à ce monastere approuvant par icelles tout ce que dessus et commandant à tous ses subjets de n'y contrevenir.

[1] Les moynes ayants tiré une bonne somme de deniers de cet engagement, se joignirent avec leur capitaine Louys d'Estouteville pour fortifier la ville de nouveau. Robert Jolivet, abbé, avec ses religieux, avoit fait faire les murailles et clostures d'icelle avec quelques tours. Mais elle fut totalement renforcée cette année 1425 : on y adjousta encore des tours entre les autres, des demi lunes, des parapets et marches-coulis ou massacres; l'on fit aussy la porte de la ville, ainsy qu'elle est à present avec son pont-levis et le logis du dessus et une grande grille où herse. Ce que sçachant Charles septiesme, d'ailleurs bien empesché, tascha d'ayder les moines en ces grandes depenses, mais ne pouvant rien contribuer de ses finances pour la necessité où il estoit reduit, se contenta de donner quelque taxe à prendre sur le pays circonvoisin qui estant subjugé n'apportoit point ou peu de profit à l'abbaye. C'est pourquoy les moynes presenterent une nouvelle requeste par laquelle après luy avoir remonstré les incommoditez qu'ils recevoient de la garnison de Tombelaine et la grande depense qu'il leur convenoit faire pour la conservation de cette place, ils le supplioient de leur permettre de battre toute sorte de monnoye en ce Mont, qui eut cours par toutte sa domination. Le roy leur accorda amplement pour l'espace seulement de trois ans, sans quoy il estoit comme impossible aux moynes de subsister ny entretenir leur garnison. Les actes de concession sont ès archives dattées de l'an 1426 avec plusieurs autres lettres du mesme roy, confirmatives des droits du monastère, touchant la capitainerie de ce Mont, declarant n'entendre tenir aucun autre capitaine en cette place sinon durant les guerres des Anglois.
Ms. d'Avranches, n° 209, p. 133-134.

CHAPITRE ONZIESME.

La garnison de ce Mont deffaict la garnison de Tombelaine.

Tandis que le roy de France donnoit plusieurs beaux privileges à ce monastere, les Anglois tachoient de le surprendre et s'en rendre maistres. Nous avons desjà dit qu'ils avoient faict reparer et fortifier le roc de Tombelaine et mis sur iceluy une forte garnison. Icelle estoit tous les jours aux attaques et escarmouches contre ceux de ce Mont lesquels à la verité en estoient grandement incommodez, particulierement lors que ces ennemys se faisoient assister des autres garnisons d'autour de ce Mont. Mais un jour ils laisserent tous leurs carcasses sur les greves. Car ceux de ce Mont s'estant resolus de les poursuivre et charger à toute outrance, ils le firent si brusquement et courageusement l'an mil quatre cent vingt-cinq vers la Toussaincts qu'ils les laisserent presque tous occis et estendus sur les greves. Ce qui fachoit grandement tous les autres Anglois qui maudissoient tous ceux de ce Mont, tandis que le roy de France les benissoit. Et ce à bon droict, car, outre la valeur des soldats qui y estoient à son service, les religieux n'espargnoient rien pour se maintenir sous son obeissance jusques là que non contents d'employer toutes les provisions de ce monastere et ltout'argent monoyé qui y estoit engaigerent au duh cé de Bretagne à Dol et à Sainct-Malo les croix, calices, chappes, mîtres, baston pastoral et toutes autres choses pour ayder à sustenter, de leur bon gré, la garnison qui estoit en ce Mont et ayder à plusieurs gentils hommes qui aussy les aydoient à deffendre cette place contre les Anglois.

CHAPITRE DOUZIESME.

Des noms des gentilshommes qui deffendirent cette place durant le regne de Charles septiesme, roy de France[1].

1. Charles septiesme, roy de France.
2. Louys d'Estouteville,
3. Des Pesneaux.
4. De Criquy (de Créquy).
5. S. de Guymyné.
6. De La Haye.
7. André du Pys
8. C. de Manneville.
9. De Briqueville,
10. De Biars.
11. De la Lucerne.
12. De Folligny.
13. R. de Brecé.

[1] Extrait des archives.

14. Le Bastard d'Aussebosc.
15. C. Hé.
16. R. Roussel.
17. De Colombières.
18. G. de Sainct Germain.
19. D'Aussays.
20. De Verdun.
21. G. de Helquilly.
22. De la Haye de Arru (De la Haye de Harra).
23. C. Pigace.
24. L. Pigace.
25. L. Desquilly.
26. R. du Homme.
27. T. de Percy.
28. Nel.
29. De Veyx (de Veyr).
30. De la Haye Hüe.
31. L. de Nocy.
32. Briqueville.
33. L. Despas.
34. G. de Prestel.
35. G. de Crus.
36. C. de la Mote.
37. L. de la Mote.
38. M. de Plom.
39. P. Le Grys.
40. L. de la Palluelle.
41. L. Guyton.
42. De Nantret.
43. H. Le Grys.

44. De Hally.
45. De Melle.
46. C. de Fontenay.
47. G. Le Viconte.
48. Tournebu.
49. R. Houel.
50. H. Thesart.
51. F. Herault.
52. L. de la Mote.
53. Le bastard Pigace.
54. A. de Longues.
55. L. de Longues.
56. De Folligny.
57. Aux Espaules.
58. Le Bastard de Crombœuf
59. R. de Briqueville.
60. G. Benoist.
61. P. de Viette.
62. C. Hamon.
63. L. Hartel.
64. R. de Clymchamp (de Clynchamp).
65. De Moutiers (des Moutiers).
66. G. Despas.
67. E. Auber.
68. F. de Marcillé.
69. E. d'Orgeval.
70. L. Masfire ou Masire.
71. De la Mare.
72. R. de Nantret.
73. P. Bascon.

74. Le Bastard de Thorigni.
75. L. de la Champaigne.
76. C. de Bruilly.
77. P. du Moulin.
78. L. Gouhier.
79. R. de Regnier.
80. R. Lambart ou Flambart.
81. R. de Baillieul.
82. P. Daulçays.
83. L. Guerin.
84. G. de la Bourgainolles.
85. Yves Prioux Vague de Mer.
86. De la Mare.
87. S. Flambart ou Lambart.
88. B. de Mons.
89. De Cruslé.
90. Le Bastard de Combre.
91. P. Allart.
92. R. du Homme.
93. S. de Sainct-Germain.
94. L. de Carpentier.
95. L. de Pont-Foul.
96. G. de Semilly.
97. R. de Semilly.
98. De la Mote Vigor (de la Motte Vigor).
99. L. Lebrun.

Fin.

Nota. Il est faict mention de vingt autres gentilshommes qui deffendirent avec ceux cy cette place, les noms desquels ne se peuvent lire.

Les noms des susdits gentilshommes et leurs armes se voyent en cette eglise de Sainct-Michel sur une muraille, vis à vis de l'autel St-Sauveur, avec le titre tel qu'il s'en suit :

« Suivent les noms et armes des gentils hommes, lesquels, avec le sieur d'Estouteville, capitaine de ce Mont Sainct-Michel, garderent laditte place contre la puissance des Anglois, qui pour lors occupoient toute la Normandie, hormis ce lieu, durant le regne de Charles septiesme, lesquels noms ont esté remys icy par les religieux de ce lieu, suivant l'ordre trouvé dans les archives de cette abbaye, le dixiesme mars mil six cent trente. »

Ces noms furent mis pour la premiere fois au lieu susdit, l'an mil quatre cent vingt sept, or bien que nous ayons leu des historiens qui les rapportent autrement ; toutefois, nous ne les croyons, et s'ils veulent dire la verité ils doivent les mettre selon l'ordre susdit, car les archives de cette abbaye sont plus veritables. Et Gabriel du Moulin, autheur recent, à la fin du catalogue qu'il a faict desdits seigneurs, met : *Ces noms et armes furent posez lors que les Anglois estoient devant Sainct-Sauveur*, au lieu qu'il devoit dire : Ces noms et armes furent posez par le commandement des susdits seigneurs, en un grand tableau, l'an mil quatre cent vingt, en l'eglise du Mont-Sainct-Michel, devant l'autel Sainct Sauveur, lors que les Anglois, occupoient toute la Normandie et tenoient assiegé le susdit Mont-Sainct-Michel¹.

CHAPITRE TREIZIESME.

De vingt mille hommes tuez devant ce rocher, et de la fuite des Anglois de toute la Normandie.

Les gentils hommes susdits, faisant peindre leurs noms sur la muraille susditte, n'estant encore parvenus au bout de leurs victoires, monstroient assez la bonne reso-

---

¹ Ce sont-là les noms de ces gentilshommes, lesquels sous la conduitte de Louys d'Estouteville, septiesme capitaine du Mont St-Michel, avec braves soldats tous défrayés des deniers de l'abbaye gardèrent laditte place contre la puissance des Anglois qui pour lors occupoient toute la Normandie hormis ce lieu soubs le reigne de Charles septiesme. Dans un vieux parchemin des Archives d'où j'ay tiré ceci, il est fait mention de vingt autres gentilshommes qui defendirent la place avec ceux-ci, les noms desquels ne se peuvent lire Ils furent tous depeints pour la première fois l'an 1427 par l'ordre des susdits seigneurs, et quoyque quelques historiens, comme Gabriel du Moulin en la fin de son histoire de Normandie, ne conviennent pas avec nous touchant quelques noms de ces nobles deffenseurs non plus qu'en quelques autres circonstances, touttefois, nous devons moins adjouster de foi à ce qu'ils en ont fait imprimer qu'à nos originaux, d'où ils l'ont voulu tirer. Ces gentils hommes y avoient tous fait depeindre leurs armes avec les noms, mais le temps a effacé la plus part des escussons. Les noms furent renouvellez par les religieux, avec environ 15 ou 16 armoiries qui paroissoient encore l'an 1630, au mesme endroit où ils estoient, sçavoir, sur la muraille de la croisée de l'église devant la

lution qu'ils avoyent de perseverer et resister jusques à la fin à tous ceux qui voudroient s'emparer de ce Mont au prejudice du roy de France, ce qu'ils tesmoignerent en effect, car les Anglois ayant sceu et veu que le feu avoit reduit en cendres par cas fortuit une bonne partie de la ville de ce Mont, le lundy de Quasimodo, en l'an mil quatre cent trente trois, de là ils conjecturerent qu'ils pourroient facilement se rendre maistres du reste du rocher. C'est pourquoy ils se preparerent d'executer leur dessein, et ayant bien consideré le flux et reflux de la mer, voulant jouer de leur reste, l'an mil quatre cent trente quatre, le dix septiesme de juin, ils veinrent environ vingt mille[1] sous la conduite du sieur d'Escailes, bien armez de pied en cap, menans quant et eux des machines espouvantables et plusieurs instruments de guerre avec lesquels ils assaillirent si furieusement les murailles de la ville qu'ils y firent une grande breche, de sorte qu'ils croyoient desjà ville gaignée, mais venants à l'assault, ils furent si vivement repoussez par les susdits seigneurs et leurs gens d'armes, que presque toute cette troupe angloise demeura morte et estendue sur les greves[2]. Quelques

---

chapelle de Nostre-Dame de Pitié, et l'an 1661, on les a fait de nouveau repeindre. Mais cela n'a pas bien réussi à cause de l'humidité de la muraille. Nous sommes sur le point de les faire remettre en leur premier lustre sur un grand quadre de bois ou de toile, quand il plaira à ceux qui descendent de ces nobles familles de nous en témoigner leur désir.

Ms. d'Avranches, n° 209, p. 136.

[1] Ce nombre semble incroyable à quesques uns. Le croira qui voudra. Je l'ay vu en Fol. 177.

[2] Ils furent receus et si vertement repoussés par ceux de ce Mont

uns qui en eschaperent se refugierent dans la bastille d'Ardevon, qu'ils firent reparer et fortifier pour, lors qu'ils pourroient, revenir chercher des coquilles en ce Mont et en achepter à meilleur marché. Toutefois ils n'y demeurerent que jusques au vingt et uniesme janvier de l'an mil quatre cent trente cinq, auquel temps ils en sortirent, l'ayant bruslée auparavant. Cette victoire fut grandement remarquable, et tout à faict miraculeuse [1]. Car, en cette grande deffecte des ennemys, de tous ceux qui deffendirent ce sainct lieu, il n'y en eut aucun tué ny mesme blessé. De quoy tous rendirent graces infinies après à la Vierge, au glorieux archange sainct Michiel, prince de la milice celeste, et à sainct Aubert, l'honneur et la gloire des prelats de ce diocese. Nous voyons encore aujourd'huy des marques de cette tant signalée victoire. Cette grosse piece d'artillerie, qui est entre les portes de la ville, celle qui est sur la terrasse appelée la Pilette, et plusieurs autres qui sont encore en ce Mont, sans compter ce qu'on en a autrefois vendu, sont des marques infaillibles de leur deroute. C'est ce que nous ont laissé ces ennemys qui ne cesserent d'envyer sur cette place jusques à ce que Charles septiesme, dans un an et vingt quatre jours à compter depuis la surprise de Vernueil qui fut le dix

---

conduits par Louys d'Estouteville, qu'il demeura presque deux mille Anglois de tués dans les murailles et sur les greves.

Ms. d'Avranches, p. 134.

[1] Et peut estre comparée à ces illustres batailles de Josué contre les ennemys du peuple de Dieu.

Ms. d'Avranches, p. 134.

neufiesme de juillet de l'an mil quatre cent quarante neuf jusques à la reddition de Cherbourg, qui fut le douziesme d'aoust de l'an mil quatre cent cinquante [1], reconquist toute cette grande province de Normandie et luy fit jouir de la profonde paix qu'elle desiroit il y avoit jà longtemps [2].

CHAPITRE QUATORZIESME.

Comment les abbez de ce Mont, les guerres finies, ne furent plus capitaines [3].

Les guerres finies, la capitainerie de ce Mont devoit retourner à l'abbé selon les privileges susdits. Neant-

---

[1] Mss. K 7 et Θ₁ le 12 d'aoust.

[2] Nous voions encore aujourd'huy des marques de cette signalée victoire. Cette grosse machine de fer qui est dans les boullevarts de la ville avec cette autre pièce d'artillerie qui est sur la terrasse au dessus de la porte et plusieurs autres qui sont encore en ce Mont sont des témoignages infaillibles de leur déroute qui n'obmirent aucun stratagème de guerre pour pouvoir jouir de cette sainte montagne depuis l'an 1420 jusqu'en 1449, auquel temps après plusieurs grandes et illustres victoires, Charles VII délivra son royaume en moins d'un an de toutte cette nation ennemie qui auparavant de quitter ce Mont, mit le feu à leurs forteresses d'Ardevon, d'Espas et à quelques autres pour donner à conoistre à la postérité que leurs grandes pretentions contre le royaume de France et particulèrement contre le Mont-St.-Michel se resoudoient en fumée.
Ms. d'Avranches, n° 209, p. 134.

[3] R 7 λ Fol. 182.

moins, soit de peur que les troubles ne recommençassent ou autrement, l'abbé Guillaume d'Estouteville lors commendataire de cette abbaye, qui demeura toujours hors de ce Mont la laissa à son frère Louys d'Estouteville, sieur d'Estouteville et de Hambye, à raison de sa femme, à quoy s'accorderent les religieux, tellement qu'il continua d'en estre capitaine jusques au vingt et uniesme d'aoust de l'an mil quatre cent soixante-quatre, jour qu'il mourut. Incontinant après Jean d'Estouteville, chevalier, sieur et baron de Briquebec postula au roy Louis onziesme cette charge, laquelle luy fut donnée et en eut des patentes [1] le vingt cinquiesme du susdit moys d'aoust, en vertu desquelles il donna commission à Robert Josel d'en venir prendre possession en son nom, ce qu'il fit la mesme année le penultiesme jour de septembre. A quoy s'opposa frere Jean d'Adam, vicaire temporel et spirituel de Guillaume d'Estouteville, abbé commendataire de ce nom, au nom du susdit abbé, à raison de privileges donnez à cette abbaye touchant ce droict et ainsy que nous avons faict veoir cy-dessus. Et en advertit cet abbé, lequel l'an mil quatre cent soixante cinq, le vingt-troisieme decembre, obtint des lettres du duc de Normandie, Charles frere du roy, confirmatives des privileges de ce monastere touchant le droict de capitainerie avec deffensse au dit sieur de Briquebec d'aller au contraire. Or, nonobstant tout cela, ledit Jean d'Estouteville demeura

---

[1] Les lettres sont en ce monastere.

capitaine de cette place. Et pour lors comme nous pouvons conjecturer, l'abbé et les religieux consentirent que doresnavant, pour une plus grande seureté de la place, le roy et ses successeurs y pourvoyroient d'un capitaine, lequel avec l'abbé et les religieux auroient soin de maintenir cette place sous l'obeissance de leurs majestez. Ce qui se praticque encore, les religieux ayants la moytiée des portes et des roues et de tous autres endroits par lesquels on pourroit entrer en cette abbaye et les gouverneurs l'autre moytiée; les gouverneurs payant des deniers du roy leur lieutenant et soldats qu'ils mettent pour garder cette place outre l'assistance qu'ils ont de certains morte-payes.

CHAPITRE QUINZIESME.

Des capitaines qui succederent à Jean d'Estouteville.

Depuis l'institution de Jean d'Estouteville pour estre capitaine de cette place jusques en l'an mil cinq cent septante cinq, nous ne trouvons presque rien touchant les soldats et ne sçavons combien de temps ledit Jean d'Estouteville fut capitaine ou ce qu'il y fit [1]. Après luy

---

[1] Le sieur d'Auzebots dixiesme capitaine.
Je collige pareillement des Archives que le sieur d'Auzebots de la

les sieurs de Boschage en eurent longtemps le gouvernement. L'an mil quatre cent septante, le comte de Boschage, capitaine de ce Mont, obtint une lettre du roy Louys onziesme pour contraindre au guet les habitants de cette ville tant nobles que roturiers [1]. Imbert de Baternay, comte de Boschage en estoit capitaine l'an mil quatre cent quatre vingt treize, René de Baternay, chevalier, comte de Boschage, baron d'Anthon et d'Auberrine, seigneur de Monthresor ou Bridore et Moulin en Berry, gentilhomme ordinaire de la chambre du roy, en estoit capitaine l'an mil cinq cent quarante huit, auquel temps le dixiesme jour de mars il declara par ses lettres que les femmes ne devoient demeurer dans cette abbaye [2]. Ce qui fut aussi declaré en justice la mesme année à la poursuite de Jean Danneville, religieux de ce Mont contre Renault Quintet, lieutenant en cette place sous la charge dudit Boschage qui voulait y tenir sa femme.

---

maison d'Estouteville estoit dixiesme capitaine de ce Mont. Il se trouve quelques lettres qui font mention de luy en ceste qualité l'an 1525 et 1526. Nous n'en sçavons rien autre chose.

Le Prince de Tende onziesme capitaine. Il appert par une plaque de cuivre affichée en la muraille de la chapelle de Sainte Anne du circuit de l'église de ce monastère que le seigneur prince de Tende estoit capitaine du Mont-St-Michel en l'an 1739. Nous ne trouvons rien de celuy ci non plus que de ses prédécesseurs en quoy il ait signalé sa mémoire.

Ms. d'Avranches, n° 209, p. 139.

[1] Nous avons veu et leu cette lettre.

[2] Les lettres sont dans les archives.

CHAPITRE SEIZIESME.

De la surprise de cette abbaye faict par les religionnayres et du sieur de Vicques gouverneur de cette place [1].

La France fut malheureuse au siècle dernier tant pour la secularisation de la plus part des biens ecclesiastiques que pour avoir engendré et nourri Jean Calvin lequel par sa detestable doctrine la mit toute en combustion, ses sectateurs s'elevants contre le catholicisme. Ces huguenots commencerent premierement par des conspirations occultes contre le roy François second. Puis durant le regne de Charles neufviesme, se jugeans assez forts, ils prirent publiquement les armes et se mirent en campagne contre la majesté royale, tuant et massacrant plusieurs personnes très dignes de remarques bruslant les reliques des saincts, pillant et renversant les eglises. Leurs meschancetez s'augmenterent encore davantage durant le regne d'Henry troisiesme, estant favorisez de plusieurs catholiques malcontens, tellement que tous les jours on n'entendoit que surprises de villes et chasteaux faictes par les heretiques [2]. Un

---

[1] Scipion Dupleix en Henry troisiesme met cette surprise l'an mil cinq cent septante cinq, mais il ne le faut suivre.

[2] Le Mont-Sainct-Michel se met de la ligue. L'an 1576, cette ville du Mont-Sainct-Michel qui a tousjours esté très fidelle aux roys de France prefera en cette occasion la cause de la sainte eglise, aux interests de Sa Majesté, et se declara pour la ligue et ne se fit pas moins admirer

d'entre eux, nommé Le Touchet, surprit cette abbaye en cette sorte.

L'an mil cinq cens septante sept, ce gentilhomme religionnaire ayant desein de se rendre maistre de cette abbaye, et prevoyant qu'il n'en pourroit venir à bout par force, se resolut d'user de ce stratageme. Estant environ à deux lieues de ce Mont, il choisit dix sept, ou selon les autres, vingt cinq de ses soldats, lesquels il fit habiller en marchands et sur leurs chevaux, au lieu d'y mettre des scelles, il y fit mettre des panneaux et fourer dextrement au dedans d'iceux des poignards. Ces marchands ainsy accomodez veinrent en pelerinage en ce Mont et quitterent leurs armes à la porte mais non pas celles qu'ils avoyent dans leurs panneaux. Arrivez à l'hostellerie comme gens fort curieux et soigneux du bon traictement de leurs chevaux, ils ne s'en voulurent fier aux serviteurs de l'hostellerie, ains eux mesmes retirerent leurs panneaux de dessus le dos, les agencerent tons proprement en un coin, froterent leurs chevaux et leur donnerent de l'avoine. Cela fait (c'estoit le dimanche veille de la Magdeleine, après midy) ils burent chacun un coup et monterent en cette eglise faisant semblants d'y honorer l'archange saint Michel; par après, ils s'introduisirent en la bienveillance des

---

en ces dernieres guerres que dans les plus grands efforts des Anglois, ainsi que nous allons voir aux capitaines suivants, au temps desquels on ne verra pas moins reluire la protection speciale du prince de la milice celeste pour cette saincte Montaigne contre les ennemys de nostre foy que par ci devant contre le roy insulaire.

Ms. d'Avranches, n° 209, p. 141.

soldats, envoyant querir du vin et burent ensemble avec toute sorte de resjouissance comme grands camarades. Et de là s'en retournerent coucher à leur hostellerie. Le lendemain, sur les sept ou huict heures du matin, ils tirerent de leurs panneaux les armes qui y estoient cachées, les mirent dextrement sous leurs habits et monterent en cette eglise pour entendre la saincte messe (selon qu'ils disoient). Leur arrivée fit resjouir les soldats, lesquels se souvenant du bon traictement qu'avoyent reçeut leurs compagnons qui estoient le jour precedent de garde, n'en esperoient point un moindre. Montez à l'eglise ils entendirent une haute messe qu'on chantoit lors ; firent dire plusieurs basses messes, visiterent Nostre-Dame-sous-Terre et les autres lieux de devotion. Ce faict, ils s'assemblerent sur le Sault-Gaultier où quelques uns demeurerent, les autres s'en allerent au corps de garde rire et boire avec les soldats et trois descendirent en ville pour recevoir Le Touchet quand il viendroit. Ainsy disposez ils s'apperceurent sur les huict heures et demye qu'un novice nommé Loucelles (ainsy qu'ils confesserent depuis) avoit descouvert leur entreprise. C'est pourquoy ils n'eurent patience d'attendre jusques à neuf heures, auquel temps Le Touchet devoit arriver, mais mirent soudain les armes au poinct, desarmerent les soldats, en tuerent un nommé Le Fort, qui ne vouloit quitter son espée et se saisirent de la porte ; fraperent et vulnererent les religieux et prestres et mesme les pelerins qui y estoient pour lors, tellement que les uns se jetterent par les fenestres, qui tous presque furent fort offensez, les autres se cacherent ès lieux plus secrets et maistre Jean Le Mansel, secretaire de cette abbaye pour lors et maistre des novices, qui nous a laissé par escript ce qui s'y passa, escrit qu'il eut le col presque à demy coupé par dessus la nucque. Cela faict, quelques uns d'iceux estant au Sault-Gautier, virent une procession arriver et Le Touchet qui venoit à grand galop avec onze autres cavaliers, et n'ayant la patience de les voir entrer dans la ville, cryerent à qui mieux mieux : Ville gaignée, ville gaignée. A ces crys toute la ville se mit en alarmes et empescha que la procession ny Le Touchet entrassent. Ce que voyant, les cavaliers, ils retournerent bride et s'enfuirent sans faire autres efforts. De quoy les marchands contrefaiz qui estoient en cette abbaye furent grandement marrys et, dès l'après midy du mesme jour, Louys de la Moriciere, chevalier de l'ordre du roy, gentilhomme ordinaire de la chambre, sieur de Vicques, enseigne du mareschal de Matignon, estant avolé autour de ce rocher, avec sa compagnie pour leur faire commandement de se rendre s'il n'y vouloient y perdre la vie, ils mirent les armes bas et sortirent le lendemain à huict heures, sans faire aucun tort, n'emportant aucune chose que du dommage et de la honte et quelque argent monoyé qu'on leur donna par composition[1] La reddition de ce Mont plust tant au roy Henry troisiesme, qu'il deposa celuy qui estoit

---

[1] Die lunœ vigesimœ secundœ mensis julii, hora octava septem, decim milites domini Le Touchet, nobilis viri, licet hæredici, dolo hanc abbatiam occupaverunt, occiso duntaxat uno milite. Postero die, eadem hora recesserunt nihil secum auferentes, meritis et interces-

lors capitaine en ce Mont, et y mit le sieur de Vicques
en sa place, où il se comporta genereusement jusques
à sa mort. Ce fut le premier qui se nomma gouverneur du Mont-Sainct-Michel, nom que ses successeurs
ont retenu. C'est pourquoy quand nous parlerons doresnavant des cappitaines de ce Mont nous les nommerons gouverneurs.

CHAPITRE DIX SEPTIESME.

Ce Mont tient pour la ligue et Monsieur de Vicques le deffend toujours contre les ennemys [1].

Un an auparavant la susditte surprise de ce Mont,
la ligue s'esleva en France et ce Mont y donna son
nom. Cause pourquoy les Huguenots s'efforcerent plusieurs fois de le ruiner, et particulierement le sieur de
Lorge et Gabriel son frere, marquis de Montgomery.
Quant est du sieur de Lorge, l'an mil cinq cent quatre
vingt neuf, tost après la mort du roy Henry troisiesme,
il vint accompagné de Corbosont et de la Coudraye,
ravager toute la ville de ce Mont, d'où il fut chassé

---

sione archangeli Michaelis et minacibus verbis nobilis viri Ludovici
de la Moriciere domini de Vicques postea capitanei ejusdem montis.
Fol. 154 v°.
Ex Joanne Le Mansel, qui tunc vivebat.
[1] Ms. II$_{10}$ à la fin.

quatre jours après par le gouverneur de Vicques. Et s'estant retiré à Pontorson, qui tenoit pour les Huguenots, il y fut assiégé par le duc de Mercœur, l'an mil cinq cent quatre vingt dix. En ce siege, la mesme année, le treiziesme de septembre[1], fut tué nostre gouverneur de Vicques, et son corps fut apporté en ce Mont et enterré dans la chapelle saincte Anne où on voit ses armes, son enseigne et son casque[2].

[1] En II₁₀ (ms.), il met le quatorziesme jour de septembre.
[2] Ch. XVIII, De Louys de la Moricière, 13ᵉ gouverneur.

. . . .
Enfin, l'an 1590, nostre bon et pieux gouverneur, estant au siége de Pontorson que le duc de Mercœur, chef de la ligue en Bretaigne tenoit assiégé, fut tué le 14 octobre, combattant pour la cause de l'eglise de Dieu. Il fut fort regretté de tous les gens de bien qui le connoissoient. Son corps fut apporté en ce Mont et fut enterré solennellement par les moynes dans la chapelle de Sainte-Anne, où l'on voit encore sa lance et son guidon : son casque et sa rondache sont aussy conservés en cette abbaye ; quelques années après, sa femme fut enterrée dans la mesme chapelle, laquelle veufve se nommoit Hester de Tessier. Leur fils Jacques de la Moricière, grand doyen de l'eglise cathedrale de Bayeux, a baillé l'an 1623 à ce monastere 45 ll. de rente pour y estre à perpetuité chanté et celebré une grande messe *de Angelis* au 23ᵉ de juillet de chacun an, avec la procession avant icelle chacun des Religieux portant un cierge blanc en action de grâce à Dieu et à la Vierge et à Saint Michel de ce que ledit gouverneur avoit repris ce chasteau sur les Huguenots le 22 juillet de l'an 1577. Il fonda de plus deux messes hautes des defunts pour ses père et mère.
Manuscrit d'Avranches, n° 209, p. 142.

CHAPITRE DIX HUICTIESME.

Comment quatre vingt dix huit Huguenots furent tuez en ce Mont.

Le gouverneur de Vicques estant mort, le sieur de Boissuzé fut instalé en sa place et l'an mil cinq cent nonante et un attrapa les ennemys dans le piége qu'ils avoyent dressé pour le perdre selon que s'ensuit. Les Huguenots, tenant une grande partie de cette province de Normandie sous leur puissance et particulièrement les villes et chasteaux des environs de ce Mont, dressoient tous les jours des embusches pour envahir ce sainct lieu. Et dès aussy tost qu'ils pouvoient attraper quelqu'un de cette place le tuoient sur le champ ou le reservoient pour le mener au gibet. Il arriva un jour entre autres qu'ils prirent un des soldats et luy ayant desjà mis la corde au col luy dirent que s'il vouloit sauver sa vie qu'il leur promit de leur livrer cette abbaye, et que de plus ils luy donneroient une bonne somme de deniers. Cet homme, bien content de ne finir si tost ses jours, et alléché de l'argent qu'ils luy promettoient, dit qu'il le feroit et convint avec eux des moyens de mettre cette promesse à exeçution, qui furent que le soldat reviendroit en ce Mont, espieroit sans faire semblant de rien la commodité de les introduire secrettement en cette abbaye et leur assigneroit le jour qu'il jugeroit plus commode pour cet effect. Le soldat leur ayant promis de n'y manquer, ils luy donnerent cent escus et, bien resolu de jouer son coup, revint où il fut receu du capitaine de ce Mont et des soldats, sans aucun soupçon, puis se mit en devoir d'executer sa promesse. Pour donc la mettre à chef il advertit quelques jours après ces Huguenots de venir le vingt neufiesme de septembre, à huict heures du soir, jour de dimanche et de la dedicace des esglises Sainct-Michel, qu'ils montassent le long des degrez de la Fontayne Sainct-Aubert; qu'estant là au pied de l'edifice il se trouveroit en la plus basse sale de dessous le cloistre, où se mettant dans la roue il en esleveroit quelques uns des leurs qui par après luy ayderoient en grand silence à monter les autres. Ainsi par cet artifice, ce Mont estoit vendu. Mais ce soldat, considerant le mal dont il alloit estre cause, fut marry de sa lascheté et advertit le capitaine de tout ce qui se passoit. Iceluy luy pardonna et se resolut avec tous ses soldats et autres aydes de passer tous ces ennemys par le fil de l'espée. Quant à eux, ne sçachant le changement de volonté de cet homme et se rejouissans de ce que le temps sembloit favoriser leur dessein, tout l'air estant ce jour là remply d'espaisses vapeurs (comme nous voyons arriver souvent), qui empeschoit qu'on les put veoir venants de Courteil jusques sur ce rocher, ne manquerent de se trouver au lieu assigné à l'heure prescrite. Alors le soldat faisant semblant qu'il estoit encore pour eux, se mit dans la roue et commença de les enlever l'un après l'autre, puis deux soldats de cette place les recevoient à bras ouverts, les conduisant jusques en la sale qui est dessous le refectoire, où ils leur faisoient boire plain un verre de vin pour leur donner bon courage, mais les menant par après dans le corps de garde, ils les transperçoient à jour, se comportans ainsy consecutivement envers tous [1]. Sourdeval, Montgomery et Chaseguey, conducteurs de cette canaille, s'esmerveillans de ce qu'ils n'entendoient aucun tumulte, y en ayant desjà tant de montez, demandoient impatiemment qu'on leur jettast un religieux par les fenestres afin de connoistre par ce signe si tout alloit bien pour eux, ce qui poussa les soldats de ceans desjà tout acharnez de tuer un prisonnier de guerre qu'ils avoient depuis quelques jours, lequel ils revestirent d'un habit de religieux, puis luy firent une couronne et le jetterent à ces ennemys. Mais entrant en soubçon si c'estoit un religieux, Montgomery voulant sçavoir la verité, donna le mot du guet à un de ses plus fidelles soldats et le fit monter devant luy; estant monté au haut et ne voyant personne des siens il ne manqua de s'escrier : trahison! trahison! et de ce cry les ennemys prenants l'espouvante descendirent au plus fort du rocher, se sauverent le mieux qu'ils purent, laissant quatre vingt dix huict soldats de leur compagnie, lesquels on enterra dans

---

[1] Nonaginta octo hœritici, cupientes dolo abbatiam Montis capere, die dominica, vigesima nona septembris, archangelo Michaeli et Angelis dicata, dolo occisi sunt in inferiori aula sub claustro, cœteris qui cum ipsis erant fugam arripientibus.
Folio 154 v°.
Ex cartis et ex iis qui viderunt.

les greves, à quinze pas des poulins. Quelques uns qui virent cette tragedie, vivent encore et d'autres qui sont morts nous l'ont laissé par escript [1].

CHAPITRE DIX NEUFIESME.

Les habitants de Pontorson : le marquis de Belle-Isle et le sieur de Boisuzé attentent chacun sur ce Mont [2].

Quelques jours apres la susditte tragedie, le duc de Mercœur, un des principaux chefs de la Ligue, mit pour gouverneur en ce Mont le sieur de Chenaye Vaulonnet et le gouverneur Boissuzé en fut mis hors. De quoy il fut fort marry et pour venger cet affront, l'an mil cinq cent nonante cinq, le septiesme de septembre, vint en ceste ville acçompagné de Goupigny [3] et ravagea tous les logis d'icelle, avec dessein d'en faire autant en l'abbaye si on luy eut laissé entrer. Pour cette cause les habitans de ce Mont le tuèrent quelque temps après.

[1] En II₁₀, Fol. dernier, il est dit qu'il n'y en eut de tuez que 78, mais de ceux qui vivoient lors nous ont dit qu'il y en eut 98.

[2] Ms. II₁₀, Fol. 14. Ce que nous disons en ce chapitre et au suivant des sieurs de Belle-Isle et Queroland, nous l'avons pris des procès-verbaux faicts au temps de leurs morts.

[3] Ce gouverneur, après avoir esté déposé de son gouvernement, s'unissant aux Huguenots, mit toute la ville à feu et à sang l'an 1595, accosté du capitaine Goupigny. (Alias Gaupigny). Le gouverneur de la Chenaye-Vaulonnet, est quelquefois appelé de la Chenaye-Valoüet.

Ms. Des Champs du Manoir, p. 17.

Le sieur de Chenaye Vaulonnet, gouverneur de ce Mont et de Fougeres, estant mort l'an mil cinq cent nonante six, le susdit duc de Mercœur donna ce gouvernement à Julien de la Touche sieur de Querolland, gentilhomme breton, de quoy plusieurs envyeux furent grandement marrys et particulièrement le marquis de Belle-Isle, gouverneur de la basse Normandie pour la Ligue jaçoit que ledit duc de Mercœur luy eut donné le gouvernement de Foulgeres et que tous fussent du party de la Ligue. Voulant donc debouter ledit sieur de Querolland de cette place, il vint en ce Mont le vingt deuxiesme de may la susditte année, la veille de l'Assomption, accompagné de cent maistres et se logea en la ville sans faire paroistre aucun mauvais dessein ains toute sorte de bienveillance envers le gouverneur et ceux de ce Mont. Et le lendemain, entre neuf et dix heures du matin, commenca à monter avec ses gens armez pour faire monstre, disoit-il, à la garnison en qualité de gouverneur de la basse Normandie et aussy pour prier l'Arcange Saint Michel. Mais d'autant qu'il estoit suivy de tous ses gens armez, Henry de la Touche escuyer, sieur de Campsguet, frère puisné et lieutenant du sieur Querolland en cette place, sortit du corps de garde et luy alla representer qu'il trouva bon que tous ses gens n'entrassent armez, crainte de desordre et suivant les droits de cette place. Que neantmoins ledit sieur marquis pourroit entrer avec ses armes et pour son respect partie de ses gens armez, pourveu qu'il luy plust en regler le nombre, ce qui fut trouvé bon et dit que six seulement le suiveroient. Lors Campsguet s'avanca vers le corps de garde et Belle-Isle le suiuant fut receu par le gouverneur Querolland avec tous les honneurs possibles. Cependant tous les gens du susdit marquis entroient avec leurs armes. Ce que voyant le corporal ferma la porte; de quoy s'appercevant ledit marquis, il dit au sieur Querolland qu'il desiroit que tous ses gens entrassent, qu'autrement il sortiroit. Et luy estant demandé quels des siens il desiroit faire entrer, ledit sieur Querolland fit ouvrir la porte. Ce que voyant ledit marquis fit geste de vouloir sortir et descendant jusques à la porte, mit la main à l'espée tua le corporal et, se tournant vers le sieur de Campsguet, luy fit la mesme chose. Incontinent ses gens mirent les mains aux espées et pistolets et attaquèrent ledit sieur Querolland et ses gens qui ne se deffiant d'une pareille action eurent du pis en ce premier combat et sept, outre les deux susdits, y perdirent la vie. Les autres, qui n'estoient encore que blessez, furent constraincts de se retirer. Cependant le marquis de Belle-Isle et ses gens se rendirent maistres du corps de garde, jusques à ce que ledit sieur Querolland, ayant rallié quelques uns des siens, retourna au combat ou le marquis de Belle-Isle fut tué et le sieur de Villebasse son confident, et plusieurs de ses gens blessez qui mirent les armes bas, voyant leur chef par terre [1]. Le gouverneur Querolland fut blessé de dix-huit coups tant d'espée que de pistolet.

---

[1] 1596. Die ascensionis Domini, post horam nonam matutinam, imminente decima marchisus de Bel-Isles inferioris normanniœ gu-

Ces deux adversaires Boisuzé et Belle-Isle estant en l'autre monde, les habitants de Pontorson qui tenaient le party des religionnaires et pretendus reformez restoient à surmonter. Iceux plusieurs fois attenterent contre ce Mont mais tousjours à leur confusion. Ils y estoient desja venu l'an mil cinq cent nonante et un, le dix neufiesme de juin environ demye-heure apres minuict, pour surprendre les gardes au despourveu, mais estant decouuerts ils s'enfuirent plus vite que le pas. Ils revinrent l'an mil cinq cent nonante quatre, le vingt septiesme de janvier, environ une heure apres minuict et attacherent un petard à la fenestre de l'escurie des Trois-Roys et y ayant faict une bresche entrerent environ une quinzaine qu'on repoussa incontinent et un d'entre eux fut tué sur la place. Or nonobstant ces deux efforts inutiles ils tenterent encore, l'an mil cinq cent nonante huict le second jour de febvrier à minuict, de le surprendre, mais estant montez par devers les poulins jusques au pied des bastiments et se voyant descouverts ils en descendirent si hastivement qu'un d'eux s'y rompit le col et fut trouvé mort le lendemain sur les greves.

---

bernator ad portam abbatiæ hujus occisus est una cum milite sibi proximiori, cœsis prius ab ipsis novem militibus montis prohibentibus ne milites Marchissi armati abbatiam intrarent, multis præterea hinc inde vulneratis.

Folio 155 r°.

Ex cartis et ab iis qui viderunt.

CHAPITRE VINGTIESME.

De la mort du gouverneur Querolland et de ceux qui luy ont succédé au gouvernement de cette place.

La femme du marquis de Belle-Isle, grandement marrye de sa mort et ne pouvant procéder en justice contre ceux qui l'avoyent tué, d'autant que luy seul estoit coupable, se resolut de faire mourir par trahison le sieur Querolland. A cet effet elle convint avec un certain vault-rien, nommé Nicolas Le Mocqueur, qui s'introduisit en l'amitié dudit Querolland et demeura plus de deux ans avec luy en ce Mont jusqu'à ce qu'un jour de mois de septembre l'an mil cinq cent nonante neuf, le sieur Querolland estant sorty seul de la place et monté à cheval pour aller conduire sur les greves un gentilhomme de ses amys, ledit Le Mocqueur prit ce temps pour executer son dessein et, montant sur un bon cheval dudit Querolland, feignit d'aller au devant de luy. L'ayant rencontré sur les greves, le sieur Querolland luy demanda où il alloit, il dit qu'il venoit au devant de luy et, l'ayant laissé passer deux ou trois pas devant, mit tout doucement un pistolet en la main, et s'approchant luy donna dans la teste et le tua à la veue de ceux de ce Mont, puis fit sa retraicte chez une personne de qualité ennemye dudit Querolland deffunct. Ainsy mourut le gouverneur Querolland, le corps duquel fut apporté en ce Mont et enterré en la chapelle

Saint-Roc, laissant un fils unique au monde lors âgé seulement de trois moys et demy lequel est à présent conseiller au parlement de Rennes. Quant audit Le Mocqueur il fut condamné d'estre roué et ne pouvant lors estre pris il fut mis en effigie sur la porte de la ville de ce Mont et sept ans après pris en la ville de Paris et amené à Coustances il fut executé le sixiesme de juillet mil six cent six. Pour la femme du marquis de Belle-Isle, elle se repentit de son péché, fit de son bon gré plusieurs pénitences, et ayant passé cinq ans de veufvage, s'en alla rendre religieuse aux Feuillantines de Tholose, et institua après la congregation du Calvaire [1].

Pierre de la Luserne, sieur de Brevant, succeda audit Querolland au gouvernement de cette place et en vint prendre possesion la mesme année le huitiesme jour de decembre où il se comporta tousjours fidellement au service du roy et au contentement des religieux de cette abbaye jusques vers l'an mil six cent vingt six auquel il mourut [2]. Durant sa vie, il fit condamner à Rouen les paroissiens d'Ardevon qui refusoient de venir faire le guet en cette place. Il obtint aussy du roy que son

---

[1] 1599. Mense septembris dolo occisus est Julianus de la Touche dominus de Querollant a quodam nequam, in arena, in prospectu hujus montis, impulsu uxoris Marchisi de Belisles quæ postea, pænitentiam agens, habitum religionis assumpsit et caluariæ congregationem instituit.

Folio 155 r°.

Ex processu et informationibus.

[2] Sos armes se voient en cette abbaye. B. Porte d'azur à une croix ancrée d'or chargée de 5 coquilles de sable.

Ms. Des Champs du Manoir, p. 17.

fils luy succedast au gouvernement de ce Mont, ce qui luy fut accordé. C'est pourquoy ledit Richard en vint prendre possession, l'an mil six cent vingt six, vers le moys de may, et l'a esté jusques à ce qu'il mourut en cet abbaye l'an mil six cent trente six, un vendredy le premier jour du moys d'aoust, à six heures et demye après midy. Le lendemain à pareille heure il fust enterré en la chapelle Nostre Dame derriere le chœur de cette eglise au regret des religieux et des habitants de la ville qui avoyent assez reconnu durant sa vie ses bonnes mœurs et vertus [1].

Quelques jours apres le Roy donna le gouvernement de ce Mont au sieur Henry de Briqueville, marquis de la Luzerne et d'Amanville lequel pour lors estoit en Picardie occupé à repousser les Hespagnols de Corbie et des autres endroicts de la province. C'est pourquoy monsieur son pere en vint prendre possession en son nom le dimanche vingt-huitiesme jour de septembre de la susditte année. Quant à luy il y vint le dimanche dix huitiesme janvier mil six cent trente sept et s'en retourna le mercredy d'après ayant mis ordre pour le bon gouvernement de cette place. Il y revint l'an mil six cent trente huict le lundy vingt deuxiesme du moys de

---

[1] Ses armoiries et ceinture de deuil furent appliquées dans ladite chapelle, ce qui fut toleré par les moynes jusqu'en l'an 1638 qu'ils furent effacées et biffées, les parents dudit gouverneur n'ayant aucun droit ny permission des moynes de ce faire. Les Religieux firent solennellement ses obseques pour raison de quoy les dits parents donnerent 300 ll. à l'eglise de ce Mont.

Ms. d'Avranches, p. 148.

mars et s'en retourna le lendemain de grand matin pour continuer à combattre pour le service du roy contre les Hespagnols [1].

[1] Ses armes se voient en cette eglise. B. Porte pallé d'or et de gueules en 6 pieces.
Ms. Des Champs du Manoir, p. 18.

FIN DU CINQUIESME TRAICTÉ DE L'HISTOIRE
DU MONT SAINCT MICHEL.

ADDITIONS

DE DOM LOUIS DE CAMPS.

Manuscrit d'Avranches n° 209.

CHAPITRE XX[1].

Du sieur de Chesnaye-Vaulonet, 15ᵉ gouverneur.

Ce gouvernement fut moins heureux que le precedent, d'autant que quelque temps après la susditte tragedie, le duc de Mercœur cassa le sieur de Boissuzé de sa charge sans que nous en sçachions la cause et y establit en sa place le sieur de Chesnaye Vaulonet, gentilhomme breton, de quoy Boissuzé s'irrita tellement qu'il se joignit aux religionnaires pour mieux faire sentir les esfests de sa rage à cette ville, ainsi que nous verrons. A peine le sieur Vaulonet avait pris possession de son gouvernement qu'il connut par experience que ce Mont avait besoing d'une bonne garde contre les factions, d'autant que peu après sa reception ils vinrent en ce Mont le 19ᵉ de juin à une heure après minuit (1592) pour tascher de surprendre la place. Mais le St Archange qui veilloit sur ce lieu pour lequel il avoit fait si manifestement

---

[1] Ces indications sont celles du ms. d'Avranches.

paroistre sa protection peu auparavant les fit descouvrir et furent contraints de se retirer sans rien effectuer. Leur entreprise de l'an 1594 contre ce Mont ne leur fut pas plus favorable. Estant venus cette année là autour de la ville, ils appliquerent un petard à une grille de fer de l'hostellerie des Trois Roys, qui donne sur les greves et ayant ainsy fait bresche y entrerent environ quinze qui furent vertement repoussez et leur chef, nommé le capitaine des Courtils, demeura sur la place d'un coup d'arquebuse à croc qui luy hascha les deux jambes.

L'année suivante, Boissuzé, autrefois gouverneur du Mont, cherchant tous les moyens possibles de descharges sa cholère et indignation d'avoir esté cassé de sa charge, n'en trouva pas de plus facile que de se joindre aux religionnaires, ainsi qu'il fit et s'en vint au Mont-St-Michel, accompagné du capitaine Goupigny avec beaucoup de soldats, et d'abord prit la ville par trahison et la ravagea entierement, mettant tout à feu et à sang et n'y laissa quasi que des masures et cadavres et en aurait fait autant contre l'abbaye s'il y eut pu entrer. Il monta jusqu'à la porte ou plus tost herse de fer du corps de garde, et y appliqua un petard qui n'eut point ou peu d'effet, l'artillerie d'en haut jouant sur luy et sur les siens en fit demeurer quelques uns et constraingnit les autres de quitter la place et tant qu'il vescut il ne cessa de faire tout le mal qu'il put à cette forteresse.

CHAPITRE XXI.

Du sieur de Queroland, 16e gouverneur.

Le sieur de la Chesnaye Vaulottet ou Vaulonet, gouverneur du Mont-St-Michel et de Foulgeres, estant décédé, Jehan de la Touche, esquier, sieur de Queroland, gentilhomme breton, fut pourveu par M. le duc de Mercœur de la charge de gouverneur de ce Mont, par lettres de provision expédiées à Nantes, en l'an 1596, et prit incontinent après possession de ce gouvernement qui estoit recherché et envié de plusieurs personnes de qualité du même parti de la Ligue, particulièrement par M. le marquis de Belle-Isle, gouverneur de la basse Normandie pour la Ligue, et qui avait succédé au gouvernement de Foulgeres et affectoit avec passion d'avoir aussi celuy du Mont-St-Michel par force ou par finesse. Le motif qu'il en avoit estoit que voulant faire sa paix avec Henry le Grand, passant de son parti fit entendre à Sa Majesté qu'il pretendoit au baston de marechal ou quelque autre recompense du roy, quittant la Ligue. A quoy Henry IV fit reponse que ledit marquis se devoit contenter d'estre receu en sa grace et puisqu'il ne luy apportoit rien il ne pouvoit rien esperer. Pour donc mestre en la puissance de Sa Majesté quelques places, il vint en ce Mont le 23e de may, veille de l'Ascension de la susditte année, à dessein de le surprendre, assisté d'environ cent maistres. Le sieur de Querolland qui ne se deffioit de rien, alla au devant dudit marquis, le croyant son amys, le receut avec tous les honneurs deubs à un seigneur de sa qualité ; il le fit loger avec tous ses gents dans la ville. Le lendemain ledit seigneur s'achemina avec sa troupe pour aller au chasteau, tant sous prétexte de visiter la place et faire faire monstre à la garnison en qualité de gouverneur de basse Normandie que de devotion qu'il disait avoir au St Archange.

Henry de la Touche, escuyer, seigneur du Campsguet, frère puisné et lieutenant dudit sieur de Queroland, voyant toutte cette compagnie bien armée preste à entrer, pria ledit marquis de Belle-Isle de trouver bon qu'il n'entrat que peu de gens avec luy, crainte de désordre entre les soldats, luy remonstant de plus que de tout temps la practique estoit que personne n'entroit dans le chasteau avec aucunes armes, que neantmoins ledit marquis y pouroit entrer avec ses armes et partie des siens aussy armés. Belle-Isle sembla approuver cela et convinrent qu'il n'entreroit que luy sisiesme. Alors ledit lieutenant fit ouvrir la porte du chasteau et donna ordre de ne laisser entrer que le marquis lui sisiesme. A l'entrée, il fut salué par les soldats de la garnison de toutte la mousqueterie et fut receu par le sieur de Querolland dans le chasteau avec tous les honneurs et les tesmoignages de bienveillance qui qui lui estoient possibles. Or, ledit Belle-Isle déjà assez avancé s'apperceut qu'un caporal de la garnison ferma la porte au reste de ses gents, dit au gouverneur que tous ses gens entreroient avec luy ou qu'il sortiroit, et quoyque ledit gouverneur luy eut accordé cela et mesme déjà fait rouvrir la porte, le marquis feignit de vouloir sortir et descendit jusqu'à la porte que le caporal tenait à demi-ouverte d'une main. Ledit Belle-Isle s'attaquant à luy le reprist fièrement d'avoir poussé sa porte contre luy et aussy disant avoir esté offencé, mit la main à l'espée, le tua, et se tournant en mesme temps vers le sieur de Campsguet, lieutenant, le perça aussy de son espée Alors tous les gens du marquis mirent aussy la main à l'espée et pistolets et s'attaquèrent au gouverneur et à ses soldats qui, ne se deffiants point d'une pareille surprise, demeurèrent tous esperdus en ce premier combat, quelques-uns desquels furent tués, Queroland mesme fut fort blessé et furent tous contraints de se retirer ; de sorte que ledit marquis demeura maistre du chasteau sans touttefois avoir monté jusques en l'église, d'autant que ledit sieur Queroland ayant rallié quelques-uns de ses gens assisté des domestiques des religieux (lesquels mesme y eurent bonne part) retourna au combat ou d'abort l'homme de chambre de Queroland tua le marquis d'un coup de pistolet, le sieur de Villebasse, son confident, qui estoit capitaine d'une compagnie de gens de pied fut aussy mis à mort avec quelques autres de ce parti, les autres voyant leur chef par terre prirent la fuite Le sieur gouverneur fut blessé de dix-huit coups tant d'espées que de pistolets, et de son costé, outre son lieutenant et caporal, furent tués le sieur de Villehallé, gentilhomme du païs de Dol, Jean Gaigne la Masure, son sergent-major, Michel l'Angevin, caporal, Guillaume Gesvrin, Richard Mahié, la Bellière, la Fontaine, breton, et autres soldats ; Jacques le Vicomte de la Vieuxville, Ville Valette[1], capitaine de Foulgeres, qui estoient du parti du marquis, furent pris prisonniers avec plusieurs autres, lesquels furent depuis mis en liberté et tout leur équipage rendu, mesme le corps dudit deffunt marquis, sur la prière qu'en fit le duc de Mercœur au sieur de Querolland par lettres, en date du 29 may, 18 juillet et 27 d'aoust de la mesme année 1596.

Le sieur de Queroland continua à conserver fidelement, cette place pour la Ligue jusqu'à ce que le duc de Mercœur ayant fait son traitté avec le roy, il fit aussi le sien qui luy fut fort honorable. Le roy le considérant comme un des plus braves chefs de ce parti, il luy en fit expedier lettres

---

[1] Le ms. de Thomas Leroy porte Ville-Violette.

en bonne et deue forme à Nantes, au mois d'avril de l'an 1598, lesquelles furent vérifiées et enregistrées au Parlement de Rouen, par arrest du 5 juin de la mesme année. Le roy voulant entièrement gratifier ledit sieur Queroland le laissa gouverneur dans cette place, pour la garder au service du roy qui lui en fit expédier lettres de provision en datte du 4 may de la mesme année.

Les huguenots de Pontorson continuèrent toujours de luy donner de l'exercice en cette mesme année 1598; ils vinrent sur le minuit et montèrent jusqu'au pied des bâtiments du clouestre, mais ayants esté descouverts ils se retirèrent si viste qu'un d'eux fut le lendemain trouvé mort entre les pieres du rocher.

Le gouverneur eut d'autres ennemis qui lui furent d'autant plus funestes qu'il s'en deffioit le moins. Les parents du deffunt marquis de Belle-Isle conjurèrent sa mort et practiquèrent un certain nommé Nicolas Le Mocqueur[1] sieur des Vallées, autrement dit Le Houx, avec lequel ils traitterent pour assassiner Queroland. L'assassin vint trouver ledit sieur gouverneur auquel il dit estre gentilhomme, que pendant les guerres civiles il avait comis quelque crime dont il estoit actuellement recherché de la justice, le suppliant de luy donner retraitte dans le chasteau et qu'il le serviroit fidèlement. Il sceut si adroitement se gouverner auprès dudit gouverneur qu'il avoit une entière confiance en luy, quoy que ses amis tachassent de l'en destourner. L'assassin vescut deux années entières avec ledit sieur, sans avoir pu trouver l'occasion favorable pour son pernicieux dessein. Enfin au mois de septembre de l'an 1599, le sieur de Queroland estant allé reconduire à cheval un gentilhomme de ses amis, ledit Le Mocqueur prit les pistolets et un excellent cheval de son maistre, et

---

[1] Le ms. de Thomas Leroy porte Thomas Le Mocqueur.

feignant d'aller au devant de luy sur les grèves, et l'ayant laissé passer à deux ou trois pas devant, il luy tira un de ses pistolets dans la teste par derrière, et le tua à la veue de toutte la place du Mont-St-Michel, et fit sa retraitte chez une personne de qualité des ennemis dudit sieur de Queroland. Son procès luy fut fait par contumace et fust condamné d'estre roué et fut mis en effigie sur la porte de cette ville. Enfin come Dieu ne laisse point tels crimes impunis, sept ans après, ledit assassin fust pris en la ville de Paris et amené à Coustances où il fut exécuté le 6 juillet 1606.

Le corps de Queroland fut enterré en une chapelle proche la tour de cette église, auprès de son frère de Campsguel. Il ne laissa qu'un seul fils nommé Pierre de la Touche, lors aagé seulement de trois mois et demi, lequel fut depuis conseiller au Parlement de Rennes. Lequel nous envoya en ce Mont-St-Michel toutte cette histoire bien au long, l'an 1639, qu'il a tirée des originaux et procez verbaux qu'il a chez luy.

CHAPITRE XXII.

Des sieurs de Brevent, de Richard son fils et de Henry de Bricqueville, 17e, 18e et 19e gouverneurs.

Henry de Bricqueville est venu plusieurs fois en ce Mont particulièrement l'an 1639, pour maintenir cette ville en l'obéissance du Roy contre une bande de mutins qui fesoient un corps d'armée d'environ dix mil homes autour d'Avranches et se nommoient les Nuds-Pieds ; il se disoient serviteurs du Roy et du seigneur Jean Nu-Pieds ; ils disoient n'en vouloir qu'aux maltoultiers dont ils en tuerent plusieurs. Il seroit long de déduire les maux et ravages que les séditieux causerent à dix lieues à la ronde, et furent enfin deffaits par le mareschal Gassion qui les vint trouver à Avranches avec huit cent chevaux. Un bon nombre de ses gents, entre autres son premier lieutenant, furent tués et sans doute seroit luy mesmo péri avec le reste de ses gens si lesdits Nuds-Pieds n'eussent esté trahis par le gouverneur et les habitants de la ville d'Avranches.

Ledit marquis de la Luzerne continuant à servir vaillamment le Roy en ses guerres contre les Espagnols après beaucoup de fatigues supportées au siége de Perpignan, il fut enfin assailli et emporté d'une fièvre chaude à 4 lieues du Mont-Sarrat où il fut porté et inhumé au mois de septembre 1642. Avant sa mort il avait fait renouveler par l'Eminentissime cardinal de Richelieu en l'an 1637, le commandement aux quatre paroisses de faire le guet en ce Mont et les fît pareillement exempter de rechef d'aller à d'autres forteresses et ce contre le sieur Mathan, capitaine de la coste de Genets qui prétendait les obliger à y faire la garde.

De Gabriel de Bricqueville, 20e gouverneur.

L'an 1642, le Roy étant à Chantilly, donna le placet de gouvernement de la ville et chasteau du Mont-St-Michel à Gabriel de Bricqueville marquis de la Luzerne et de Amanville, vacant par la mort de son père et luy en fit expédier lettres le 28e d'aoust de la mesme année ; il n'étoit âgé environ que de 13 ans et estudiait en seconde à Paris ; il prit le temps des vacances pour prendre possession de son gouvernement, il fut receu à la porte de la ville par le sieur Bernier et tous les habitants tant de cette ville que des quatre paroisses. Estant arrivé au corps de garde, dom Philibert, Tesson sous prieur, en l'absence du P. Prieur, l'alla recevoir avec une harengue qui fut réciproquée de plusieurs autres [1].

CHAPITRE XXIII.

De la marquise d'Alferac, du marquis de la Garde et de la Chastière, 21e, 22e et 23e gouverneur du Mont-St-Michel.

Jusques à ce temps ce gouvernement s'estoit presenté et donné gratis par les roys de France et autres, mais madame la marquise desirant avec une passion feminine d'estre saluée gouvernante du Mont-St-Michel, sous le nom de son fils âgé seulement de trois ou quatre ans, ayma mieux l'achepter à prix d'argent que de s'exposer à recevoir un refus de sa majesté. Elle en convint donc avec le marquis de la Luzerne et d'Amanville pour la somme de.... et y establit trois officiers, sçavoir un lieutenant, un major et un sergent, lesquels elle entretenoit comme aussy les autres soldats à ses depents et payoit fort liberalement. Quelque temps après, elle vint elle mesme en personne pour voir cette place dans laquelle elle fust receue en grande pompe et solennité par ses officiers et soldats et tous les bourgeois de cette ville et plusieurs habitants des villages d'alentour furent mis en armes; l'on tira toutte l'artillerie. De la part du monastere il ne luy fut point fait d'autre ceremonie sinon que le R. P. prieur l'alla saluer et luy envoya le pain et le vin qu'on a coustume d'envoyer par civilité aux personnes de qualité. Comme ce desir de fame estoit un peu

[1] Ms. d'Avranches, n° 209, p. 147.

violent, il ne fut pas de longue durée ; un an après elle fut bien aise de trouver l'occasion de se defaire de son gouvernement en recouvrant son argent, ce qu'elle fist entre les mains de monsieur le marquis de la Garde Fouquet, parent du sieur Fouquet surintendant des finances lequel vint luy mesme en ce lieu le 27 du mois de juin de l'an 1659 pour le voir et en prendre possession : il n'estoit accompagné que de deux cavaliers et quelques valets ; il fut receu honorablement par le major Bernier de la Lande et de tous les bourgeois et fust salué de l'artillerie tant de la ville que du chasteau où le R. P. prieur, suivi de deux ou trois religieux, l'alla saluer et recevoir, d'où ledit gouverneur tesmoigna de grands remerciments : il ne demeura en cette place que peu de jours et on ne l'y a pas reveu du depuis. De son temps les soldats n'ont receu aucune solde. L'an 1661, le sieur surintendant ayant esté disgracié du roy et arresté prisonnier à Nantes au mois de septembre et de là envoyé au chasteau d'Angers, peu de temps après Sa Majesté fit envoier en ceste place trente soldats sous la conduitte du sieur de Selorges, fort honneste gentilhomme lieutenant au regiment de Picardie qui pour lors estoient en garnizon au Havre de Grace. Ces soldats qui estoient ainsy envoié par ordre du roy, affin de s'asseurer de cette place et du fort de Tombelaine, attendu que le gouverneur de ce Mont et celui de Tombelaine, nommé le sieur du Fresne l'un pour estre parent dudit surintendant et l'autre pour avoir esté l'un de ses domestiques, et l'un et l'autre de ses creatures, quelques uns même ont voulu dire que le sieur Fouquet tenoit ces deux gouvernements en propre et que seulement il se servoit du nom de ces deux autres, tant i a que ces trente soldats furent receus dans cette ville et chasteau sans aucune difficulté, leur commandant estant venu un jour auparavant faire civilité au R. P. prieur et aux religieux auxquels il fit voir sa commission du roy pour garder cette place et casser tous les autres tant officiers que soldats, ce qui fut fait, et ayant pris possession de ce lieu il alla à Tombelaine où il entra aussy sans resistance et y laissa dix de ses soldats sous la charge d'un sergent qu'il nomma. Ces vingt soldats qui demeurerent à la garde du chasteau estoient extremement onereux à nos bourgeois lesquels ils obligeoient de les fournir des ustensiles et 40 ll. par moys. Mais le R. P. prieur dom Augustin Moynet, meu de compassion pour ces habitants qui pour la plupart n'ont pas de pain à manger, obtint du roy par l'entremise du sieur de Souvray, abbé de cette abbaye, le délogement de tous les soldats, de sorte qu'il n'en demeura que quatre avec un sergent qui devoient estre payés de leur capitaine estant censés de sa compagnie.

Sur la fin de cette année 1661, le marquis de la Garde ayant eu ordre de Sa Majesté de se defaire de son gouvernement du Mont-St-Michel pour les causes susdittes, il le vendit la somme de dix mille escus à monsieur de la Chastière, tourangeau, de la maison de Candé, lequel y envoya un major et vint faire son entrée le 20e jour de juin de l'an 1662. Il fut solennellement receu des bourgeois et des habitants des quatre paroisses et de toute l'artillerie. Le R. P. prieur dom Augustin Moynet descendit, jusques à la porte de la ville avec cinq ou six religieux dont j'en estois, et fit une fort belle harangue dans le boulevart au nom de toute la communauté des religieux et des bourgeois, à quoy ledit gouverneur respondit fort à propos sur le champ et ledit R. P. prieur le conduisit jusques au monastere où ayant fait sa prière devant le Saint-Sacrement il alla aux sainctes reliques que je luy monstray. Ensuitte fut conduit dans le monastere où on luy presenta une collation fort magnifique en la salle des hostes. Après son entrée, il vescut l'espace de deux ou trois mois en fort bonne intelligence avec les religieux, mais après il fit beaucoup de remuements sans qu'aucune de ses entreprises ayt reussi à son honneur et enfin après avoir demeuré en ce Mont environ un an, il s'en est retourné à Paris sans avoir acquis en ce lieu aucun profit ny honneur, ny amys, ny contentement [1].

[1] Ms. d'Avranches, n. 209, p. 149.

ADDITIONS

DE DOM ESTIENNE JOBART.

Cahier de 16 pages, interfolié entre les 150 et 151.

Manuscrit d'Avranches, n° 209.

Puis apprès, ledit sieur de la Chastière, environ un an apprès, retourna de Paris avec sa femme en son gouvernement du Mont-Saint-Michel pour obéir au roy (disait-il) qui avoit fait commandement à tous les gouverneurs de ses places de se rendre ès lieux de leur gouvernement. Etant donc arrivé au Mont-Saint-Michel, avec sa femme et enfans, sur la fin de l'été de l'année 1664, il vescut avec les religieux quelques mois assez paisiblement, mais voyant que la France s'alloit brouiller avec l'Angleterre et que le roy de France prenoit le parti des Hollandois contre les Anglais, et que la guerre s'alloit eschauffer contre lesdits Anglais ledit sieur de la Chastière, pensa qu'il alloit monter sur la roue de la fortune, et que le Mont Saint-Michel estant frontière d'Angleterre et assez proche de la mer qui poussoit son flux et reflux jusqu'au pied des murailles et par de là, son gouvernement en seroit plus illustre et sa personne plus considérable ayant une place si importante à garder contre l'insulte des Anglois. C'est pourquoi il commença à lever le masque, à faire du suffisant et à nous faire mille querelles d'Allemands, querelles et entreprises, mais comme il vit qu'il n'estoit pas assez fort n'ayant à soy que trois ou quatre soldats qui gardoient le chasteau, les habitants faisant la garde à la porte de la ville dont il estoit hai et méprisé, ledit sieur de la Chastière jugea que la guerre des Anglois luy estoit un beau prétexte pour demander en cour quelque garnison de soldats pour luy aider à garder cette place. En effet, il escrivit en cour et demanda deux compagnies de soldats pour garder le Mont-St-Michel, feignant qu'il avoit en advis de bonne part que l'Anglois avoit envie et muguettoit de venir par mer pour se saisir à l'improviste du Mont-St-Michel. Mais son intention estoit qu'ayant sa garnison et les officiers et les soldats sous son commandement, il en serait plus considéré et se rendroit tout à fait maistre et du chasteau et de la ville, de nous et des habitants contre lesquels il avoit un maltalent aussi bien que contre nous, les ayant plusieurs fois menacés de les réduire au point d'une extrême nécessité et de leur faire brouter l'herbe de la terre. Et ledit sieur gouverneur, à ce que l'on dit, s'est plusieurs fois vanté d'avoir escrit en cour pour faire détruire cette place et ce vénérable sanctuaire dédié à l'honneur de St-Michel et des anges affin, disoit-il, qu'il ne tombe entre les mains des Anglois, mais en vérité il n'avoit pas ceste peur et ce n'estoit le bien de l'Estat qu'il consideroit mais c'estoit la haine et le maltalent qu'il avoit contre nous à nous voulloir chasser de ce Mont pour s'emparer de nos biens ou pour obtenir un meilleur et plus lucratif gouvernement. Et, en effet, plusieurs personnes de condition nous ont dit que laditte démolition avoit esté proposée en cour et voulue de quelques ministres; mais enfin rejettée et trouvée absurde, impie et domageable, et honteuse au royaume de détruire la plus vénérable place et sanctuaire du royaume et on résolut qu'il valoit mieux y envoyer garnison.

C'est pourquoy, le 10 janvier 1666, vint en cette ville une compagnie de soldats piétons du régiment de Picardie, la plus part des autres compagnies du mesme régiment estant aussi en garnison à Avranches, Granville, Pontorson et autres villes frontières.

Le 15 janvier ensuivant, ledit sieur gouverneur, pour nous vexer davantage et par une ingratitude et friponerie nonpareille, après avoir bien disné dans notre refectoire avec tous les officiers de laditte compagnie, hormis le capitaine nommé Berger, rhémois, qui n'y estoit pas et estoit fort honeste homme, comme aussi son lieutenant M. d'Avancourt, gentilhomme breton, qui n'y consentoit pas ; après, dis-je, avoir bien disné chez nous le jour de nostre patron St Maur, fit monter une partie des soldats et une escouade tous les jours pour garder le corps de garde du chasteau, chassa de haute lutte nos trois portiers de la seconde porte et nous ravit par force la moitié des clefs du chasteau, qui s'apportoient de tout temps par nos dits portiers tous les soirs à la chambre du R. P. prieur de ceans et le matin pour ouvrir les portes du chasteau les venoient querir. Tout cela se faisoit par les officiers de la garnison, mais à la sollicitation dudit sieur de la Chastière, gouverneur, lequel pour nous faire quelque beau semblant nous donna un escrit de sa main par lequel il recognoissoit nostre ancienne possession touchant lesdittes clefs et portiers et nous promettoit de nous les restituer après la guerre des Anglois, mais c'estoit hypocrisie et comme il n'avoit et ne tenoit aucune parolle il ne se soucioit non plus de son escrit et papier, car du depuis il s'est vanté souvent que jamais nous ne possederions lesdittes clefs et portiers et moi, thrésorier et secrétaire du monastère (Dom Estienne Jobart), je lui ai oui dire de sa grosse bouche que jamais nous n'aurions lesdittes clefs ny portiers.

C'est aussi ledit sieur de la Chastière, gouverneur, qui a esté l'autheur de la demolition du fort de Tombelaine, soit par jalousie pour en oster la pretention au garde des costes de mer de Normandie qui la pretendoit, soit pour nous faire deplaisir en ruinant nostre eglise-prieuré située dans ledit fort de Tombelaine : car il en escrivit en cour, alléguant que les Anglois pourroient bien s'en emparer et de là battre notre Mont (ce qui toutefois est ridicule).

C'est pourquoi la charge de la demolition en fut commise à un certain homme dit des Houillières, homme venal et fripon, qui prit et nous enleva de nostre eglise nostre cloche qu'il vendit et fripona et nous fit d'autres pièces pour faire plaisir audit sieur de la Chastière avec lequel il s'entendoit. Et quoy qu'il fut bien payé du roy pour cette démolition ils firent travailler quasi gratis les païsans d'alentour et surtout nos subjets pour les vexer environ durant quatre mois que dura cette demolition.

De plus ledit sieur gouverneur, toujours pour continuer les vexations, sous prétexte du service du roy et pour la seure garde de la place, disoit-il, voulut avoir l'entrée libre de jour et de nuit dans notre monastère, mais ne pouvant obtenir cela il voulut au moins et de son authorité et de la part de Monsieur l'Intendant de Normandie Chamillard qui estoit icy venu pour faire sa visite avoir une clef de la porte proche celle du monastère, laquelle conduit sous les voutes et va dans la grande salle des Chevaliers et à la salle dessoubs pour y mettre une sentinelle et y avoir passage libre de jour et de nuit.

Ledit sieur gouverneur qui avoit une clef de nostre porte de la roue pour tirer en haut ses provisions, vouloit encor avoir celle du R. P. prieur pour nous contraindre à tout, mais voyant qu'il ne pouvoit l'avoir, il scelloit et enchenoit l'autre serrure de ladite porte, et, quand par nécessité il falloit l'ouvrir, il y mettoit une sentinelle pour prendre garde à nous. Ce ne seroit jamais fini de raconter toutes les algarades qu'il nous a fait pour cette porte des Poulains.

Le 7 mars de la mesme année 1666 est encore arrivé au Mont-St-Michel une seconde compagnie du regiment de Picardie pour garnison, dont Monsieur le Baron de Broye, jeune homme et honneste et bien sage, estoit capitaine, lequel n'a pas suivi les intentions dudit seigneur gouverneur qui tendoient à nous vexer, mais ledit sieur capitaine s'est comporté et ses soldats avec assez de moderation ennous, comme a fait aussi encore plus l'autre capitaine vers M. Berger susdit, rémois, et son lieutenant M. d'Avancourt, mais le lieutenant dudit sieur de Broye, nommé chevalier de la Neuville-Charlot, et l'enseigne de la compagnie dudit sieur Berger, nommé Cardot, mauvais fripon et lasche-cœur, ont servi longtemps d'instrument au gouverneur pour nous vexer et persecuter et se servoit de ces deux garniments, comme le singe de la patte du chat, pour tirer les marrons du feu.

Peu de jours après, ledit sieur gouverneur continuant son maltalent a fait ouvrir une petite porte bouchée de terre et de pierres aux costés de nostre grand jardin pour entrer aux fanils et nous a interdit l'autre porte accoustumée par laquelle nous descendions auxdits fanils, de plus nous a ravi de force et violence nos clefs de la grande porte desdits fanils par laquelle nous faisions entrer nos provisions alleguant que c'estoit une porte de la ville. Mais après luy avoir resmontré la necessité que nous avions de ladite clef pour l'entrée de nos provisions, il nous en a aussy accordé une clef de l'advis des officiers de la garnison et du depuis faussant sa parole il a fait changer les gardes de serrures en sorte que pour y passer il falloit tousjours avoir recours au corps de garde de la porte de la ville dont nous venoit un sergent ou du moins un soldat pour nous ouvrir laditte porte toutes et quantes fois que nous avions besoin de faire entrer nos provisions.

Le 5 apvril de la mesme année, le sieur de Neufville Charlot, lieutenant de Broye, bras droit dudit sieur gouverneur, pour nous persecuter, comme j'ai dit cy dessus, à la sollicitation de madame la gouvernante, nous fit arrester une barrique de vin du nombre de six tonneaux venus pour nous de St-Malo soubs pretexte qu'en qualité de major il luy estoient deubs deux pots de vin sur chaque barrique quoy que peu apprès, apprès beaucoup de sollicitations et offres de luy en faire boire sa part chez nous, ledit Neufville a relasché la prise et désisté de ses pretentions.

Le 17 mars de la mesme année 1666, le sieur gouverneur ayant receu, par ordre du roy, le conestable de Fougeres et le sieur des Fauscheries, advocat et nostre seneschal du prieuré de Villamer pour prisonniers d'estat, avec charge de les bien garder, a pris cette occasion, soubs pretexte de l'ordre du roy et de n'avoir de chambre pour les mettre, de faire (demurer) deux portes qui separoient les chambres du logis de M. l'abbé d'avec les chambres qu'occupe ledit sieur gouverneur et s'est emparé de la chambre ditte de l'abbé, derriere la grande salle dudit abbé, où se voist ceste belle cheminée sur le manteau de laquelle est une vigne de pierre artistement travaillée et, dans laditte chambre, en l'absence de M. l'abbé se tenoit la classe de philosophie et théologie de nos jeunes confreres estudiants, laquelle chambre leur a esté restituée apprès la mort du sieur gouverneur et continue à servir de classe.

Le 6 juillet et suivant 1666 est arrivé une autre compagnie de pietons du regiment de Normandie pour demeurer en garnison à la place de celle du baron de Broye ci-dessus nommé lequel est délogé. Le nouveau capitaine de cette nouvelle compagnie s'appeloit M. Champellier, gentilhomme limousin, teste legere et inconstante, sans jugement ni conduitte, et instrument propre à M. le gouverneur pour nous harceler et faire mils niches. C'est pourquoy, pour nous vexer, ledit sieur gouverneur fit monter sa compagnie et logé dans le chasteau dans quantité de petites chambres et au capitaine Champellier lui a donné la susdite chambre dont il s'estoit emparé pour y loger les prisonniers d'Estat le conestable de Fougeres et le sieur des Faucheries susdits, laquelle chambre continue à présent de servir de classe à nos confreres.

Enfin le sieur de la Chastiere, gouverneur du Mont-St-Michel, continuant ses violences et emportements contre les religieux jusques a frapper et vomir mille injures contre un certain religieux convers appelé Fr. Toussain Sale et le faire sortir par force du petit jardin de l'infirmerie dont il se vouloit emparer, apprès mille autres injures et médisances et calomnies inventées contre l'ordre et particulierement contre la communauté qu'il a tousjours opprimée et vexée empeschant que nos pourvoieurs et poissonniers ne nous apportassent poissons, beurre, huille et provisions qu'auparavant ils n'eussent monté à son logis pour en prendre ce qu'il vouloit justement ou injustement et de plus ledit gouverneur pour nous faire peur, faisant plusieurs fois battre le tambour à 9 et 10 heures du soir le long de la ronde du dortoir, pour inquietter les religieux, de plus ayant fait donner en plein minuict deux fois de fausses allarmes à toute la ville et garnison, en intention comme on a appris du depuis de nous faire piller le monastere par les soldats durant le tumulte et confusion des armes et cela à la faveur de la nuit; nous ayant fait faire à 10 ou 12 heures du soir des insultes par quelques soldats de la garnison frappant à nostre porte pour la faire ouvrir et particulierement par le susdit enseigne Cardot, meschant escervelé, qui a esté du depuis cassé à l'armée pour ses laschetés et friponneries et ledit gouverneur nous refusant les clefs des fanils pour faire entrer nos provisions et nous empeschant de moudre ou nous inquiettant là dessus et nous faisant tout le jour mille et mille autre pieces jusqu'à mettre des soldats dans nosdits fanils et nous ayant contrainct d'y bastir un corps de garde, pour y faire la garde, et se voulant emparer, avec le susdit major, de l'usufruit de nostre mouslin basti sur la tour dudit fanil par les religieux ; bref apprès avoir souvent battu et frappé de nos fermiers quelquefois mesme jusque dans nostre cloistre, comme un jour de l'Ascension ayant fait une querelle d'Allemand à nostre fermier de l'Islemaniere, à cause qu'il poursuivoit en justice et tenoit en prison un certain voleur lequel accompagné d'un autre vaurien autrefois valet dudit gouverneur luy avoit desrobé un cheval, le frappa rudement dans le cloistre et luy donna un soufflet, mais ledit fermier Feron luy serra si fort les mains et le fit si bien crier qu'on y accourut au bruit et auroit peut estre jetté ledit gouverneur par les fenestres sur le rocher.

Apprès, dis-je, mille autres malversations rapportées dans les procès-verbaux et informations dressés contre ledit gouverneur qui a concutionné les habitants de nos quatre paroisses, pillées, battues par luy ou par les soldats qu'il y a envoyées, apprès avoir pillé luy et sa femme les habitants du Mont-St-Michel qu'il a reduit à l'extremité et nous, apprès avoir surpris ses valets et domestiques en plein minuit nous volant et emportant nos fagots et autres choses de nuit et de jour, nonobstant les benefices continuels et journaliers que nous luy avons faits, durant quatre ou cinq ans pour le gagner et adoucir, en luy envoyant tous les jours et fort souvent, pain blanc pour luy, pain bis pour ses valets, en luy donnant du vin, beurre, poisson, huisle, vinaigre et toutes les necessitez de sa maison pauvre et gueuse, en le traitant souvent à notre réfectoire et souvent à l'hostellerie avec les honnestes gens, sans, dis-je, avoir esgard à tout cela, le voyant perseverer dans son maltalent et persecution contre nous, nous avons esté contraints de nous plaindre à monsieur nostre abbé messire Jacques de Souvré, commandeur de Malthe et grand prieur de France, des malversations dudit sieur gouverneur et tous ensemble avons eu recours au roy en lui presentant une requeste signée dudit sieur abbé et des religieux suppliants Sa Majesté de deputer un commissaire pour informer sur les lieux, des vexations, concussions, entreprises et emportements dudit gouverneur tant contre nous que contre les bourgeois de la ville et habitants des villages d'alentour. Le roy, voyant les procès verbaux et informations de tous ces excez attachés au bas de la requeste à luy presentée au nom dudit seigneur abbé et de ses religieux, Sa Majesté a député et commis commissaire en cette affaire monsieur Chamillard, intendant de justice en la province de Normandie, pour informer sur lesdits faits et accusations presentés contre ledit gouverneur. C'est pourquoy ledit sieur intendant, comme il estoit à Bayeux, ayant receu la commission du roy avec une lettre de monsieur nostre abbé, se rendit à Avranches, le 8 juin 1667, pour informer et entendre les tesmoins sur les faits imposés audit gouverneur et dès le lendemain, 9 juin, jour du Saint-Sacrement, nostre R. P. prieur alla trouver à Avranches ledit sieur intendant avec environ soixante tesmoins qui se presenterent à luy pour estre interrogés. Ledit sieur intendant, surpris d'un si grand nombre de tesmoins et encore plus apprenant qu'il y en avoit encore bien d'autres à venir, dit que les affaires du roy dont il venoit de recevoir le pacquet ne luy donnoient pas le loisir d'entendre un si grand nombre de tesmoins, c'est pourquoy, leur faisant seulement prester le serment de dire verité, subdelegua en sa place pour informer et ouir lesdits tesmoins, monsieur de la Broise, procureur du roy au bailliage et vicomté d'Avranches lequel, en vertu de cette subdelegation, commença d'informer et ouir les tesmoins le 10 juin audit Avranches et le mercredi suivant, 15 dudit mois de juin, se rendit icy au Mont-Saint-Michel pour entendre en leurs plaintes les religieux et habitants, et, le 16 et 17 ensuiuants, se transporta aux villages d'Huisnes et de Courtils, pour recepvoir les depositions des habitants des paroisses circonvoisines et conclut là son information de quatre-vingts tesmoins ledit jour 17 juin 1667.

Cependant que toutes ces choses se passoient de la sorte, ledit sieur de la Chastiere, gouverneur, ayant appris par lettre de Paris nos plaintes faites au roy et la commission obtenue de Sa Majesté pour informer contre luy, vint au monastere pour nous en tesmoigner son ressentiment avec injures et menaces de faire pis à l'advenir; mais sçachant depuis l'arrivée de monsieur l'intendant à Avranches et le grand nombre de tesmoins et jusqu'à trente du Mont-St-Michel; sa conscience lui reprochant toutes ses malversations et luy faisant presumer et attendre une très mauvaise issue pour lors de ceste affaire. commença à trembler tout de bon et monstra en ces rencontres et adversités autant de lascheté, pusillanimité et petitesse de cœur et de courage comme il s'estoit monstré insolent, cruel, superbe et insupportable dans la moindre pause et imagination de prospérité : et la tristesse le saisit de telle sorte qu'il en tomba au lit, saisi d'une fiebvre continue qui ne le quitta point qu'avec la vie, au bout de 13 ou 14 jours.

De plus, les habitants du Mont-St-Michel qui auparavant trembloient de peur en sa presence et à sa seule parole vinrent le trouver hardiment et avec M. le curé du Mont lui presenterent, en presence du lieutenant et de l'enseigne de la garnison, une lettre du sieur Pouchel, capitaine de la garnison qui passoit son temps à Avranches, lequel luy faisoit sçavoir de la part du susdit sieur intendant que les religieux et habitants et tout le pais circonvoisin estoient soubs la protection du roy qui lui faisoit deffense d'attenter ou faire aucune violence aux susdits religieux, habitants et autres.

Ce beau salut et bon jour des habitants, joint aux autres mauvaises nouvelles, luy redoublerent sa fiebvre continue qui le reduisit incontinent à l'extremité et de telle sorte que sur les 9 ou 10 heures du soir 18, propre jour et feste de la translation du glorieux saint Aubert, fondateur et patron de ce sanctuaire, le jour, dis-je, auquel le corps de saint Aubert, fondateur de ce lieu fut trouvé et levé de terre pour recepvoir sur nos autels la veneration deue à ses merites, le mesme jour à 9 ou 10 heures du soir, madame la Chastière, femme dudit gouverneur envoya en haste à la porte du monastere en criant : *Tost, tost Monsieur se meurt.* Ce qu'ayant entendu le R. père prieur il y court pour l'assister et cependant monsieur le curé du Mont, accompagné de son vicaire, vint prendre dans nostre église les saintes huilles et le très saint Sacrement et puis avec la plus part des religieux alla trouver ledit sieur gouverneur lequel, apprès s'estre confessé aux religieux et tesmoigné repentance et contrition de ses peschez et malversations, receut le saint viatique et l'extreme onction avec jugement qui luy dura avec la parolle jusques à un demi quart d'heure avant qu'il expirat assez doucement ayant auparavant entendu toutes les prières faites pour luy, selon la coustume qu'on a de faire aux agonisants. Il ne faut pas oublier de dire qu'avant mourir il appella ses petits enfans, quoy qu'encore incapables de raison, et leur dit et enchargea de vivre en gens de bien et de ne pas suivre ses mauvais exemples. Enfin, le lendemain 19 juin, il fust enterré, apprès complies, dans nostre eglise devant la chappelle du grand autel saint Michel, dans la nef proche le pillier du benitier, selon la prière qu'avant de mourir il nous en avoit fait et ensuitte, luy rendant le bien pour le mal, nous avons fait pour le repos de son ame tous les services solennels et accoustumez pour les gens de condition et bienfaiteurs, en veue de Dieu et de la charité chrétienne. Voilà une partie de la vie, voilà la mort du sieur de la Chastière, 23ᵉ gouverneur du Mont-Sᵗ-Michel, dont la mémoire, nonobstant sa repentance, est demeurée infame et en horreur parmy tous les gens de bien et d'honneur, car durant son gouvernement il a persécuté les religieux, les prestres de la paroisses et autres ecclésiastiques, mesprisé la noblesse en sorte qu'ils n'osoient plus venir en ce mont, crainte d'y recepvoir quelques affronts, battu, frappé, pillé et concutionné les bourgeois et paisans d'alentour, bref à cause de sa mauvaise foy, inconstance, mensonges, vanteries, et peu de parolle, laquelle il ne tenoit jamais, il a esté meprisé de tout le monde durant sa vie et apprès sa mort, dont les causes, apprès la providence divine, ont esté la tristesse, la crainte, le chagrin et desplaisance de sa misérable fortune.

Mais puisque j'ay parlé assez amplement de la vie et conduitte et de la mort du sieur de la Chastière, deffunt 23ᵉ gouverneur du Mont-St-Michel, il ne sera pas hors de propos de dire un mot en passant des causes prochaines et exterieures de ses dereglements et ensuitte des disgraces qu'il a souffert. Donc, la première cause de son infortune a esté sa femme, et, pour comprendre ceci, il faut sçavoir que le sieur de la Chastière allant aux eaux de Bourbon en Bourbonnois pour quelques incommoditez environ l'an 16..., il y rencontra par hazard une damoiselle parisienne, belle et bien faite, qui beuvoit aussy des eaux à Bourbon, laquelle avoit esté damoiselle suivante de madame la duchesse de Longueville, qui l'avoit congediée de sa maison pour quelque bruit de mauvaise conversation de ladite damoiselle avec certains seigneurs. Cette bonne damoiselle donc voyant et entretenant à Bourbon M. de la Chastière, qui estoit un homme d'assez beau talent, le prit en affection et ensuitte luy rendit beaucoup de petits services et mesme eut soin de sa personne et l'assista d'argent dans ses besoins et necessités. Ce qui obligea aussi le sieur de la Chastière de l'aimer, mais de telle sorte qu'apprès plusieurs tesmoignages d'un amour et bienveillance reciproque, il se resolut d'espouser laditte damoiselle, quittant son abbaye. Car il estoit abbé de l'ordre..... et renonçant aussi à son estat et condition de chevalier de Malthe, dont il n'estoit que novice, à ce qu'à toujours soutenu ledit sieur de la Chastière, mais la pluspart de ses parents soustenaient qu'il estoit profès chevalier de Malthe, c'est pourquoy sa mere, son frere, sa sœur et autres parents lui ont toujours refusé sa part de la succession paternelle. Ayant donc espousé ceste fame mal famée, grande fourbe, superbe, altière, arrogante, de grands depens et qui le portoit fort haut, voulant rouler le carrosse avec grand train, ils ont esté bientost au bout de leur rollet et de leur argent, mais faisant un dernier effort, elle luy conseilla d'achepter le gouvernement du Mont-St-Michel, esperant que ce gouvernement les rendroit illustres et leur donneroit de quoy vivre splendidement avec train et esclat. Mais ils furent bien trompez, voyant et experimentant que ce gouvernement n'estoit d'aucun emolument ny profit. C'est pourquoy ils furent bientot reduits à la pauvreté, ayant despensé leur argent en luxe, carosse, train et depenses superflues. C'est pourquoy ils nous demanderent pain et vin qu'on leur fournit longtemps, promettant de payer ; mais ils n'en avoient ny la volonté ny les moyens.

Or, ceste pauvreté fut la seconde cause de leurs dereglements, rapines et pilleries et fourberies pour attraper et prendre partout et sur tous ceux qu'ils pouvoient : sur nous, sur ceste ville et sur les villages d'alentour, à tort et à droit. Mais la principale cause de tous les dereglements et mauvaise conduitte dudit sieur de la Chastière a esté madame de la Chastière, sa femme, qui avoit pris sur luy un empire injuste, l'a conseillé et poussé à tous ces desordres et injustices de son mary. Aussi en a-t-elle porté et portera une bonne partie de la peine, car outre les affrons qu'elle a reçus encore du vivant de son mary ; appres sa mort, elle s'est veue abandonnée de tout le monde, huée et abhorrée de tous, et mesme des personnes de condition, qu'elle estimoit; des amis de son mary, lui ont refusé, à Avranches, Pontorson et ailleurs, l'hospitalité et retraite chez eux, jusqu'aux hosteliers et taverniers qui ne l'ont voulu loger pour argent, ont jetté dehors ses chevaux de l'escurie et congedié elle et ses valets et à estre contraincte quelquefois de coucher à l'entour d'icy dans une grange ou escurie sur de la paille ou paillasse avec ses enfants.

Enfin laditte dame ayant demeuré encore icy appres la mort de son mary, elle a esté contraincte de plier bagage, ayant perdu l'espérance du gouvernement du Mont-St-Michel pour son fils âgé seulement de trois ou quatre ans. Comme elle s'estoit vantée de l'obtenir par le moyen et les prières de M. Montausier, gouverneur pour lors de Normandie, et par l'intercession d'autres gens de qualité de sa cognoissance qui luy ont manqué et l'ont mesprisée, sortant donc d'ici, elle a encore demeuré et rôdé dans les villages, à Genet, Dragey, etc., et puis contraincte de s'en aller avec ses enfants, avec son carosse et misérables cavalles et ses mauvais équipages en déplorable estat. Appres avoir rôdé en divers lieux, on dit qu'elle est à Paris, où elle vit assez misérable et humiliée après avoir servi, elle et son mary, d'instrument et de fléau de la justice de Dieu pour nous vexer et pour punir et chastier le mauvais peuple de la ville et d'alentour : « Vindicante se divino numine de amicis suis et inimicis suis per inimicos suos, » comme dit un père de l'Eglise. Mais néanmoins il est dangereux de servir d'instrument et de bourreau de la justice divine, soit pour vexer les bons, soit pour chastier les mauvais, car Dieu, après avoir chastié son peuple, jette les verges au feu.

Aupparavant que de parler de nostre nouveau gouverneur, je ne veux pas oublier une chose considérable que la communauté a fait durant le règne de son prédécesseur et au plus fort de ses persécutions. Car les religieux sçachants assez que le cœur du roi et gouverneur des peuples est entre les mains de Dieu : « Cor regis in manu Domini quacumque voluerit inclinavit illud, » comme dit l'escriture, et que rien ne se fait en terre sans cause : « Nihil in terra fit sine causa » et que mesme les tribulations sont ordonnées de Dieu, selon cet autre passage : « Ab humo non egredietur dolor », le R. P. dom. Arsene Mancel, prieur, et son successeur dom Mayeul Gazon, ordonnèrent sagement que toute la communauté feroit des prières extraordinaires en commun tous les jours apprès vespres chantant, le *Veni creator*, l'antienne et l'oraison du Saint-Esprit, une antienne, verset et oraison à la sacrée Vierge, à nostre saint patriarche saint Benoist, à nostre patron saint Maur, au glorieux archange Saint-Michel et aux autres anges, et au saint fondateur de ce lieu; saint Aubert.

De plus fut ordonné qu'on iroit tous les jours, les soirs apprès complies, chanter les litanies à la chapelle de Notre-Dame et après qu'on iroit chanter les litanies des Saints à la chapelle du thresor où reposent les reliques des saints dont nous jouissons affin que, par l'intercession de la Ste-Vierge et de ses glorieux saints, il pleut à la divine bonté de vouloir convertir nostre dit sieur gouverneur et nous délivrer de ses persecutions et insultes : en effet, notre bon Dieu nous a exaucé en l'une et l'autre demande en temps opportun et préordonné par sa divine sagesse et bonté, car il nous a délivré entierement des mains de nostre persécuteur, en l'appelant en l'autre monde, et l'a converti, en luy inspirant un regret et desplaisance de ses malversations et mauvaise conduitte, comme il a tesmoigné avant de mourir demandant pardon à Dieu et aux religieux.

O ! si dans toutes nos adversités et disgraces tant particulieres que communes et publiques nous avions tousjours recours à Dieu avec grande force et confiance, sans se plaindre des hommes, sans murmures, sans médisance, sans doubte nous serions toujours exaucés : « Clamabunt justi et Dominus exaudivit eos. » C'est la practique qu'a tenu, comme il est ci-dessus remarqué, et s'en est bien trouvé le bon abbé Roger second de cette abbaye, lequel, l'an 1117, estant persécuté avec les religieux par un certain seigneur nommé Thomas de St-Jean, qui s'estoit emparé de plusieurs terres de l'abbaye, ordonna à ses religieux des prières publiques pour être délivré de ce tiran, lequel, sçachant cela, s'en vint au monastère plein de menaces, mais tost apprès changeant de langage, tout tremblant et prosterné par terre, s'humilia en demandant pardon et, restituant tout, redevint bon ami.

CHAPITRE XXIV.

De monseigneur de Cougnes, 24e gouverneur.

Incontinent après la mort du sieur de la Chastiere, nostre gouverneur, M. Paschal de Cougnes, huguenot de Montpellier, capitaine qui restoit ici seul avec sa compagnie, en garnison, s'empara et se saisit de toutes les clefs, tant du chasteau, du magasin que de la porte de la ville qu'il fit garder par ses soldats : il fit garder la porte du chasteau par les habitants auxquels il joignit un caporal de sa compagnie pour leur commander et observer.

Cependant, les religieux se souvenant du gouvernement tirannique du précédent gouverneur, craignant de tomber entre les mains d'un semblable et peut estre pis, le R. P. prieur de l'abbaye, dom Mayeul Gazon, en donna advis, à Paris, à nostre très R. P. superieur general, et le supplia d'employer les amis de la congregation pour nous obtenir un bon et affectionné gouverneur, et pour cet effet qu'il seroit bon de prier et de faire prier monsieur de Souvré, grand prieur de France, nostre abbé, de demander au Roy, pour soy, le gouvernement du Mont Saint-Michel, afin que nous pusions dorenavant vivre en paix et rester soubs sa protection et conduitte. — Nostre dit R. P. supérieur, approuvant cet advis, en a parlé et fait solliciter plusieurs fois ledit seigneur abbé, lequel, après quelques repugnances, enfin demanda le gouvernement du Mont-St-Michel, le 13 juillet 1667 au Roy, pour lors à Compiègne, lequel lui accorda volontiers, et lui en fit expedier les patentes en bonne forme, de quoy le R. P. Dom Louis Boudant, religieux de nostre congregation, demeurant à St-Germain, en donna advis à nostre R. P. prieur, par sa lettre datée du 16 juillet de la mesme année 1667.

Les bonnes nouvelles de nostre nouveau gouverneur, M. de Souvré, resjouirent grandement tout le monde, et particulierement les religieux et habitants de la ville, lesquels en feirent des feux de joye avec les salvades et descharges de l'artillerie tant de la ville que du chasteau, ce qui fut encore réitéré avec joye et allegresse le 25 du mesme mois, jour de St-Jacques, apostre, patron de monsieur nostre abbé et gouverneur.

Cependant, nostre R. P. prieur, Dom Mayeul Gazon, ne manqua pas d'escrire une belle lettre de reconnoissance et d'actions de grâces audit seigneur abbé et gouverneur, le remerciant affectueusement d'avoir demandé au Roy ledit gouvernement, à nostre instance et seulement pour nous servir et proteger et luy tesmoignant la joye de tout le monde d'apprendre qu'il estoit notre gouverneur. Et monsieur le curé du Mont, au nom de toute la ville, lui ecrivit aussi une lettre de congratulation, lesquelles lettres ledit prieur... (Manque une ligne).

Nonobstant ce changement de maistre et de gouverneur, le susdit sieur Paschal, avec sa compagnie, demeuroit tousjours icy en garnison et ses soldats faisoient beaucoup de poene et incommodaient tous les habitants, tant par leurs mauvais deportements en leurs logis que par les degradations et ruines qu'ils faisoient dans les maisons et bastiments et mesme des corps de garde de la ville et du chasteau, en sorte que nous fusmes contraints avec les habitants de former nos plaintes à monseigneur le grand prieur, nostre abbé et gouverneur, et presentames requeste audit seigneur, tendant à ce qui luy pleut d'obtenir en cour le deslogement de ces soldats qui ne servent plus qu'à nous incommoder et, quant au reste, les habitants estoient capables et plus affectionnés que les soldats pour garder la place.

C'est pourquoy monsieur le grand prieur de France, nostre dit abbé et gouverneur enterinant nostre requeste et ayant aussi appris de la bouche de M. de la Marre, capitaine des bourgeois de la ville, qui estoit allé à Paris pour quelques affaires environ le mois de novembre 1667, les malversations des soldats et les plaintes qu'il lui en faisoit de la part des habitants, avec leur requeste qu'il présentoit audit seigneur gouverneur, lequel aussitost s'en alla en cour et obtint un département pour faire desloger lesdits soldats et en donna les expéditions audit sieur de la Marre avec une lettre addressante à nostre R. P. prieur de ceste teneur !

          Lettre de monsieur l'abbé.

Monsieur le Révérend Pere, j'ai fait délivrer au porteur de la présente les expéditions nécessaires pour desloger la compagnie du régiment de Picardie du Mont-St-Michel où elle estoit en garnison. Je vous prie, apprès qu'elle sera sortie, de faire faire la garde par les bourgeois et autres en la manière accoustumée et de faire un bon inventaire de tous les meubles, ustensiles et munitions qui sont dans la place dont je vous prie de prendre le soin, le tout jusques à ce que autrement il y ait esté pourvu.

    Vostre très humble et très affectionné serviteur,

    De Souvré, grand prieur de France.

A Paris, ce 9 octobre 1667.

Ledit sieur de la Marre arriva de Paris icy le 15 décembre 1667, avec cette lettre de monsieur l'abbé et les ordres et patentes du roy pour le deslogement de la garnison, et aussitost nostre R. P. prieur escrivit à M. René Vivien, escuyer, seigneur chastelain de la Champagne, patron de Plomb, conseiller du roy et lieutenant général civil et criminel au bailliage d'Avranches, le suppliant de se transporter au Mont-St-Michel pour faire inventaire du magasin du chasteau dudit lieu et faire des lois à laditte garnison. Mais, estant incommodé, subdélégua et en donna commission à M. de Changeons, lieutenant en la vicomté dudit Avranches. C'est pourquoi ledit sieur, le Mareschal sieur de Changeons, conseiller du roy, lieutenant en la vicomté d'Avranches et assesseur au bailliage dudit lieu, suivant une commission a luy donnée par monsieur le lieutenant général dudit Avranches, s'est transporté icy le lundy 19e jour de décembre, où estant il a signifié les ordres de Sa Majesté aux sieurs de Bon-Secours et Honoré Girard, sergents de la compagnie, en l'absence du sieur Paschal, leur capitaine, absent, et ont respondu qu'ils en advertiront leur capitaine, lequel en effet se présenta le 21 décembre, et nostre R. P. prieur luy présenta, en présence de témoins et du sieur de Changeons et de son greffier, les ordres du roy pour desloger du Mont-St-Michel ausquels acquiesçant il fit desloger la compagnie le mesme jour 21 décembre 1667, pour aller, suivant son mandat, en garnison à Dunquerques en Flandre.

Apprès le deslogement de la garnison, nostre R. P. prieur, suivant le mandement de Monsieur nostre abbé et gouverneur, comme il est porté dans sa lettre ci-dessus rapportée, prit le soin de toutes choses comme lieutenant de M. nostre gouverneur en son absence : fit diviser toute la bourgeoisie en six escouades chacune, composée de 9 à 10 hommes, dont une escouade monteroit tous les jours en garde à la porte de la ville, dont trois hommes de cette escouade seroient tirés pour garder jour et nuit la porte d'en haut du chasteau avec un de nos trois portiers que nous avons restablis à la seconde porte, lequel à la manière accoustumée et selon l'ancienne coustume, avant l'usurpation susditte du dernier gouverneur la Chastière, apporte tous les soirs la moitié des clefs du chasteau, les portes estant fermées, à la porte de R. P. prieur et le matin les vient querir pour ouvrir les portes du chasteau. Mais le gouverneur n'estant residant, on porte toutes les clefs à nostre R. P. prieur, et pour les clefs de la ville, en l'absence de Monsieur le gouverneur, elles sont portées les soirs en la maison du capitaine ou sergent des habitants. Voilà comme tout s'est passé depuis la mort du sieur de la Chastière et comme tout a esté renouvellé et establi en son bel ordre par nostre bon et juste gouverneur, qui n'a pas voulu establir en son absence un autre lieutenant que le R. P. prieur de l'abbaye, sachant assez que ledit P. prieur et les religieux ont plus d'intérêt et de zèle que nul autre à la conservation de la place et pour maintenir tout en bien et concorde.....

(Le reste est en partie coupé.)

Le premier jour de may 1668, le R. P. prieur fit arborer solennellement sur la porte de la ville et du chasteau les armes et blason de nostre nouveau et 24° gouverneur, M. de Souvré, grand prieur de France et abbé de ce lieu : les armes du deffunt immediatte ayant esté jettées par terre par les soldats.

Item quelque temps apprès, le mesme an 1668, ledit Pere prieur, sçachant que la maladie contagieuse s'estoit repandue en plusieurs villes de Picardie et de Normandie, ordonna au capitaine et sergent des habitans du Mont de tenir fortement la main à ce que les gardes de la porte ne laissassent entrer aucun pellerin sans bon pasport et billet de santé, et que les habitans d'icy n'allassent en lieux infectés ou suspects de contagion. Ce qui a esté si bien executé que, graces à Dieu, nous n'avons ici ressenti aucun mal.

SIXIESME TRAICTÉ

DE

L'HISTOIRE DU MONT-Sᵀ-MICHEL

DES SOCIETEZ DE CETTE ABBAYE AVEC PLUSIEURS AUTRES ;
DE SON UNION A LA CONGREGATION SAINCT MAUR
ET DES CHOSES DIGNES DE REMARQUE QUI
Y SONT ARRIVÉES DEPUIS.

CHAPITRE PREMIER.

Quelle estoit la société de cette abbaye avec plusieurs autres [1].

Les religieux anciennement n'estoient en congregation comme ils sont maintenant pour la pluspart, et au monastere, où ils faisoient profession de la regle, ils demeuroient ordinairement jusques à la mort. Neantmoins avec le temps, pour diverses raisons, les

---

[1] Il y avoit aussy association avec les eglises cathedralles et autres comme avec celle de Rennes, fol. 143, Sancti Petri Bathoniensis fol. 194, Sancti Maclovii de Insula, fol. 149.

uns se sont unis en congregation, obeyssant tous à un general et allant demeurer là où il leur commandoit. Telles ont estez les congregations de Cluny, de Cysteaux, de Marmoutier et autres. Les autres sont toujours demeurez chacun en son monastere de profession, ne reconnoissant aucun superieur sinon leur abbé, ou bien, avec le temps, se sont contentez de se joindre avec plusieurs autres abbayes par un lien de fraternité seulement[1]. Et ce pour deux raisons principales, la premiere pour estre participant plus specialement aux prieres et bonnes œuvres de plusieurs, la seconde pour obvier aux inconvenients qui peuvent arriver dans les monasteres (car le diable tache de gagner en tout lieu quelque chose), par exemple s'il arrivoit que quelque religieux vint à s'entendre mal avec son abbé ou superieur, à ne le voir de bon œil ou autres choses semblables, ou que réciproquement l'abbé ou le supérieur ne put supporter quelqu'un de ses religieux qu'à regret. Alors si l'abbé le jugeoit à propos, ou si le religieux le demandoit, où que tous les confreres en fussent d'advis, on envoyoit un tel religieux demeurer à quelqu'un des monasteres associez. Ainsy on donnoit à tous le moyen de praticquer son salut et delivroit-on telles gens de gemir toujours sous l'esclavage d'une obeissance malplaisante. Cette abbaye du Mont s'estoit contentée, jusques à son union de la congregation de Saint-Maur, de cette derniere sorte d'association ainsy que nous apprennent les lettres des archives de ceans.

---

[1] La forme de la lettre qu'on envoyoit par les monasteres pour prier Dieu pour les deffuncts est en R. 8, p. 348.

CHAPITRE SECOND.

Denombrement des abbayes associées à celle-cy et la forme ordinaire de telles societez[1].

Sainct Martin de Marmoutier près la ville de Tours.
St Benin de Dijon, O. S. B.
La Ste Trinité de Fescan, diocèse de Rouen, O. S. B.
Ste Marie du Bec, diocèse de Rouen, O. S. B.
Ste Catherine près la ville de Rouen; maintenant les Chartreux de Gaillon ont la manse abbatiale, et l'abbaye estant toute ruinée, les religieux font l'office divin à St Jullian, O. S. B.
St-Ouen, dans la ville de Rouen.
St-Nicolas ès faulxbourgs d'Angers, O. S. B.
St-Germain-des-Prez, à Paris, dans le faulxbourg qui porte son nom, O. S. B.
St-Denis en France, O. S. B.
Saint-Martin-des-Champs, dans Paris, prieuré dependant de Cluny, O. S. B.
St-Maur-des-Fossez, à deux lieues de Paris, O. S. B, à present secularizée.
St-Michel du Tresport, dans l'archeveché de Rouen, O. S. B.
St-Evroult, en l'evesché de Lizieux, O. S. B.
St-Martin, auprès la ville episcopalle de Séez, O. S. B.

[1] Extraict du Martyrologe ancien de ce monastere, p. 198.

St-Pierre, en la ville de Chartres, dit St-Paer-en-Vallée, O. S. B.

St-Jacut, en l'evesché de Dol, O. S. B.

St-Serge et St-Bacque, joignant les murs de la ville d'Angers, O. S. B.

St-Sauveur-le-Vicomte, en l'evesché de Coustances, O. S. B.

St-Taurin, près la ville d'Evreux, O. S. B.

St-Vincent, près la ville du Mans, O. S. B.

La Ste-Trinité de Tyron, en l'evesché de Chartres, O. S. B.

St-Georges de Bauquierville, en l'archevesché de Rouen, O.-S. B.

Toutes ces abbayes et plusieurs autres que nous passons sous silence, tant en ce royaume qu'en celuy d'Angleterre, estoient unies à ce Mont du lien de fraternité dont les lettres faictes sur ce sujet furent bruslées l'an mil trois cent, lorsque cette abbaye fut consommée des flammes, ainsy que nous avons dit cy-devant et ne nous est resté dans nos archives que les suivantes en bonne forme :

1. St-Pierre-de-Cluny en Bourgongne, evesché de Mascon, O. S. B.

2. St-Michel de la Cluse en Savoye, diocese de Turin, O. S. B., (Taurinensis diocesis) maintenant secularizée[1].

---

[1] Robert du Mont, en son supplement l'an 1175, parle de ces deux premieres.

3. St-Benoist-de-Fleury, en l'evesché d'Orleans, autrement St-Benoist-sur-Loire.

4. St-Pierre-de-la-Cousture, près la ville episcopale du Mans, O. S. B.

5. St-Jovin de Marnes, diocese de Poitiers, O. S. B.

6. St-Wandrille, autrement dit Fontenelle, en l'archevesché de Rouen, O. S. B.

7. St-Jullien, dans la ville archiepiscopale de Tours, O. S. B.

8. St-Florent, près Saumur, en Anjou, l'an 1250, O. S. B.

9. La Ste-Trinité de Lessay, en l'evesché de Coustance, 1269 et 1348, O. S. B.

10. St-Estienne de Caen, l'an 1267, O. S. B.

11. Nostre-Dame d'Euvron, en l'evesché du Mans, 1234, O. S. B.

12. Sainct-Melaine, près les murs de la ville episcopale de Rennes, l'an 1245, O. S. B.

13. St-Mein de Gael, au diocese de St-Malo, 1296, O. S. B.

14. Ste-Marie de la Reau en Poictou, 1303, O. St-Aug.

15. St-Pierre de Jumieges, en l'archevesché de Rouen, 1329, O. S. B.

16. St-Pierre de Bourgueil, en l'evesché d'Angers, 1310, O. S. B.

17. Sainte-Marie de Mont-Bourg au diocèse de Coustance, 1343, O. S. B.

18. Saint-Vigor de Cerisay, près la ville de Sainct-Lo en l'evesché de Bayeux, O. S. B.

19. Abbaye de Montmorel, diocese d'Avranches, 1349, O. S. Augustin.

20. Savigny, diocèse d'Avranches, 1308, O. Cister.

21. Fontayne Daniel, diocese du Mans, 1250, O. Cister.

Entre toutes ces abbayes, il y en avoit qui estoient obligées à prier seulement et d'autres à prier et aumosner de leurs biens pour le repos des ames des religieux de ce monastere, et ceux cy estoient obligez à ceux là et reciproquement. Mais celles qui excelloient par dessus toutes estoient les abbayes de Saint-Benoist-sur-Loire; Saint-Jullien, de Tours; Saint-Florent, près Saumur; Notre-Dame d'Euvron; Saint-Pierre de la Cousture; Saint-Wandrille; Montbourg et Laissé. Car les religieux de cette abbaye du Mont estoient censez religieux d'icelles, et l'abbé de cette abbaye censez abbé d'icelles et pouvoit y aller tenir le chapitre et ordonner en tout et partout comme s'il eut esté vrayment abbé d'icelles. Les abbez de chaque susditte abbaye pouvoient reciproquement faire les mesmes choses en cette abbaye du Mont. Nous nous contenterons de mettre icy une des lettres de ces societez tout au long, car ce seroit chose ennuyeuse de les rapporter toutes puisqu'elles sont presque semblables en leurs termes et different seulement ès dattes et noms des abbés et abbayes.

La lettre de Fraternité entre les abbayes de Lessay et du Mont-Saint-Michel [1].

Viris religiosis et honestis dominis et amicis in Christo charissimis Nicolao, divina permisione, abbati Sancti Michaelis in periculo maris et ejusdem loci sacro conventui, Petrus, eadem permissione, humilis abbas Sanctæ Trinitatis de Exaquio totusque ejusdem loci conventus salutem et inseparabilem in glutino charitatis societatem. Charitas omnium virtutum magistra quœ nil capit asperum, nil confusum, ita excitat corda quœ tetigerit et corroborat ut nihil sit grave, nihil difficile, sed totum fiat dulce quod ipsa charitas suggesserit. Ad hoc enim, caput nostrum, Christus sua esse membra nos voluit ut per compagem charitatis et fidei unum nos in se corpus efficeret. Hujus igitur pretiosœ charitatis vinculo astricti, exoramus attentius dilectam nobis reverentiam vestram quatenus, intuitu et amore verœ charitatis quæ Deus est, ita nos invicem astringamus quatenus in Christo nobis sit unum cor et anima una et, tam in spiritualibus bonis quam in temporalibus, una societas, una sit ecclesia vestra et nostra, unus conventus, unum capitulum, omni diversitate tam corporali quam spirituali remota, volentes et concedentes ut cum abbas Montis Sancti Michaelis quoquo modo devenerit apud Exaquium, tanquam in sua propria ecclesia consistat et moretur, capitulum teneat et cœtera omnia,

[1] Extraicte de l'original.

ad officium abbatis pertinentia, prout viderit expedire, exerceat et disponat; abbas vero Sanctæ Trinitatis de Exaquio similiter deveniens apud Montem Sancti Michaelis in periculo maris, prout superius annotatum est, in omnibus et singulis, tanquam proprius abbas ejusdem loci, faciet et disponet. Si autem monachus Sancti Michaelis ad monasterium Sanctæ Trinitatis de Exaquio, sine jussionne abbatis et conventus sui, vel de licentia abbatis et conventus sui, cum litteris commendatitiis, etiam absque litteris, seu alio quolibet modo venerit, quasi unus ex professis Sanctæ Trinitatis, in choro, capitulo, refectorio, dormitorio et in omnibus aliis locis recipietur, donec abbati suo et ecclesiæ suæ reconcilietur, nisi tale crimen commiserit propter quod suam debeat amittere abbatiam secundum regulam Beati Benedicti. Si verum ipsum, aliqua sententia lata in ipsum, ab abbate suo lata, detineri contigerit, abbas Sanctæ Trinitatis de Exaquio ipsum a dicta sententia absolvere poterit, cognita tamen prius causa pro qua ab abbate suo vinculo fuerit excommunicationis innodatus. Et abbas Sancti Michaelis similiter faciet de monachis Sanctæ Trinitatis de Exaquio. Venientes autem monachi Sanctæ Trinitatis de Exaquio apud Montem Sancti Michaelis, in ipso, in omnibus et singulis, prout superius est annotatum, recipientur, sicut monachi Sancti Michaelis apud Sanctam Trinitatem de Exaquio. Audito vero obitu abbatis Sancti Michaelis vel alicujus monachi ipsius monasterii, pulsatis campanis, cereis accensis, vigilia cum missa in conventu statim celebrabitur si commode tunc possit celebrari, sin autem, usque ad tempus congruum differetur ; a singulis sacerdotibus missa privata decantabitur et triginta panes pro eo in eleemosynam pauperibus conferentur; ab iis vero qui non sunt sacerdotes quinquaginta psalmi psallentur ; ab iis autem qui non sunt clerici illud dicetur quod talibus statutum est dicere pro defunctis. Pro abbate vero et monachis Sanctæ Trinitatis de Exaquio, audito eorum obitu, abbas et conventus Sancti Michaelis illud idem simili modo facere tenebuntur. Et in capitulo utriusque monasterii animæ omnium fratrum defunctorum absolventur. Hanc autem societatem renovaverunt et constituerunt anno dominicœ incarnationis millesimo ducentesimo sexagesimo nono, mense martio, apud Montem Sancti Michaelis, venerabiles abbates Nicolaus, divina permissione, abbas Sancti Michaelis et Petrus, eadem permissione, abbas Sanctæ Trinitatis de Exaquio, de consensu et voluntate capituli utriusque monasterii. Et ut hœc charitativa societas inconvulsa permaneat presenti scripto sigillum nostrum ad invicem commune dignum duximus apponendum.

Cette societé fut encore renouvelée en mesmes termes, l'an mil trois cents quarante huict, par Nicolas, abbé de ce Mont-Saint-Michel, et Jean, abbé de Lessé.

Toutes ces fraternitez susdittes n'ont encore esté abrogées, mais elles ont desistez d'estre praticquées par la varieté des temps et lors particulierement que les abbayes ont esté données en commande.

CHAPITRE TROISIESME.

De l'estat de la Congregation Saint-Maur lorsque cette abbaye s'unit à elle.

Si par les injures des temps les societez susdittes semblent avoir esté mises en oubly et au neant, maintenant, Dieu mercy, elles se renouvellent et reunissent bien plus estroitement tant avec cette abbaye qu'avec plusieurs autres, s'incorporans en la congregation St-Maur, de laquelle il nous conviendroit parler icy bien au long avant que de dire comment cette abbaye s'incorpora en elle et declarer quelle elle est; d'où elle a pris son origine; quand et comment; ses progrès; pourquoy maintenant on l'appelle la congregation de St Benoit, autrefois de Cluny et de Sainct Maur, et plusieurs autres questions. Mais, d'autant que l'explication de ces choses requereroit un gros volume et que nous esperons que d'autres en parleront, nous passerons le tout sous silence, et nous nous contenterons de dire que, quand les Peres de la congregation St Maur furent introduits en ce monastere, icelle estoit desja confirmée par le pape Gregoire quinziesme, par bulle donnée à Rome le 17 mars 1621, l'an premier de son pontificat, et estoit composée de dix monasteres à sçavoir : St Augustin, près Limose; St Junien de Noaillé, près Poitiers ; St Faron lès Meaux; St Pierre de Jumieges; Ste Marie des Blancs-Manteaux; St Pierre de Corbie; St Pierre de

Solignac ; St Fiacre en Brie, prieuré conventuel dependant de St Faron; la Ste Trinité de Vendosme et le Mont St Quentin, près la ville de Péronne¹. Ce monastere s'unissant à ces dix, l'an mil six cent vingt deux, fut le onziesme et ne fut longtemps le dernier, car depuis ce temps là, bien quatre-vingt et dix s'y sont unis encore et tous les jours les autres demandent à s'y unir.

CHAPITRE QUATRIESME.

Le très illustre prince Henry de Lorraine est nommé pour commendataire, et, à raison de son bas aage, le reverend père Pierre de Berulle est ordonné du pape pour l'estre un certain temps durant lequel, le prieur de cet abbaye mourant, Jacques Gastaud, son procureur en ceste abbaye, exhorte les religieux de consentir qu'un religieux de quelque autre abbaye soit leur prieur, ce qu'obtient monsieur Mareschal.

L'an mil six cent quinze, l'illustrissime et eminentissime cardinal, François de Joyeuse, abbé commendataire de cette abbaye du Mont-St-Michel, estant mort, nostre roy, Louis treiziesme, nomma le très haut prince

---

En cette bulle il est faict mention de quelques monasteres comme estant d'icelle congregation, lesquels pourtant n'en ont esté que longtemps après.

Henry de Lorraine, fils de Charles de Lorraine, duc de Guyse, et d'Henriette-Catherine de Joyeuse, fille de Henry de Joyeuse, dit depuis, se rendant capucin, Ange de Joyeuse, frere dudit cardinal, espouse en premieres noces d'Henry de Bourbon, duc de Montpensier, pour luy succeder en plusieurs de ses benefices entre autres à cette abbaye [1]. Mais le pape Paul cinquiesme, y trouvant de grandes difficultés à raison du bas age du prince Henry qui n'avoit encore qu'un an quatre mois et dix-neuf jours [2], on luy presenta le reverend pere Pierre de Berulle, prestre, lors superieur general des peres de la congregation de l'oratoire de Jesus-Christ en France qui du depuis fut cardinal et abbé de Marmoustier-lès-Tours et de St-Lucian-lès-Beauvais, et est mort l'an mil six cent vingt-neuf, le second jour d'octobre, aagé de cinquante-quatre ans sept mois et vingt-huit jours, (ainsy est remarqué au dessous des portraicts de ce personnage que vendent les imaginiers), au grand regret de plusieurs. Par ce moyen, le pape establit Henry de Lorraine, commendataire perpetuel de cette abbaye et ledit de Berulle, commendataire et administrateur pour certain temps au profit dudit Henry.

Cela faict, messire Pierre de Berulle, prevoyant qu'il ne pourroit s'acquitter de cette charge sans prejudice des siennes, crea, pour son procureur general du Mont, Jacques Gastaud, docteur en théologie, un des pères de la congregation de l'Oratoire, lequel se soubmettant

---

[1] En la vie du père Ange de Joyeuse, par maistre Jacques Brousse.
[2] Né le 4 avril 1614.

à la volonté de son superieur. vint en ce Mont, declara aux religieux sa commission et leur temoigna le desir qu'avoient lesdits de Berulle, monsieur le duc de Guyse et madame sa femme, pere et mere dudit Henry, que tout fut en bon ordre en ce monastere et qu'ils tachassent de vivre selon leur regle au mieux qu'ils pourroyent.

Cependant frere Guillaume du Chesnay, prieur titulaire de Villamer, prieur claustral de ce Mont, estant mort subitement à Avranches, le trentiesme jour de novembre de l'an mil six cent dix-sept, et enterré le lendemain dans cette eglise abbatiale en la chapelle Saint Aubert, ledit docteur Gastaud qui voyoit que la regularité ne s'observoit, supplia tous les religieux de vouloir que deux religieux de quelque autre abbaye fussent appelez pour demeurer en ce Mont, l'un pour estre leur prieur, et l'autre pour estre maistre des novices, à quoy ils ne voulurent si tost entendre, tesmoignant qu'ils desiroient en eslire un d'entre eux. Et quant aux plainctes que ledit Gastaud faisoit de ce qu'ils ne vivoient en regularité, ils n'alloient au contraire, mais ils remettoient la principale faute sur les abbez commendataires decedez qui avoyent pris pour eux tout ce qu'ils pouvoient de biens de ce monastere et avoyent laissé tomber en ruine tous les lieux reguliers, ainsy qu'ils monstroyent evidemment au doigt et luy dirent que, si on faisoit accomoder lesdits lieux reguliers et l'église, qu'ils tascheroient d'observer quelque regularité. Gastaud entendant ces responses et n'ayant aucune puissance sur leur regularité (car le pape dans les provisions données au prince Henry de Lorraine et à messire Pierre de Berulle, faisoit seulement mention des biens temporels et leur donnoit puissance sur iceux et non sur les mœurs des religieux), se contenta de faire, avec l'architecte de monsieur le duc de Guyse qu'il avoit amené avec soy, un procez-verbal de toutes les reparations qu'il convenoit faire aux edifices de l'eglise et du monastere, lequel se montoit à trente mille escus ou environ outre ce qui manquoit à la sacristie. Chargé ainsy de ce procez, il prit congé des religieux et s'en retourna à Paris par l'abbaye de Fescan, qui estoit aussy audit Henry de Lorraine, et arrivé il dit à son superieur Pierre de Berulle et à monsieur le duc de Guyse, pére de nostre abbé, ce qu'il avait ouy, veu et faict en cette abbaye. Et dit qu'il estoit d'advis qu'on envoyat en ce Mont quelque homme expert qui eut soin de faire reparer les bastiments et de veiller sur toutes les appartenances de ce monastere. De là, six moys s'escoulants, la princesse de Guyse, mere de nostre abbé, desirant que plusieurs pelerins qui venoient visiter par devotion cette eglise ne parlassent plus en mauvaise part tant de l'abbé commendataire, son fils, que des religieux de ce Mont, supplia monsieur Mareschal, advocat au parlement, qui venoit au comté de Mortain pour certainnes affaires, de poursuivre son chemin jusques en ce Mont pour tesmoigner aux religieux le desir qu'elle avoit que tout fut en bon ordre en cette abbaye et les supplia d'avoir pour agreable qu'un religieux de quelque autre monastere vint estre leur prieur. Ce qu'il fit et avec tant de piété et d'éloquence qu'il obtint ce qu'il demandoit.

CHAPITRE CINQUIESME.

Dom Noël Georges est mis prieur ; de ses comportements et de ce qui se fit de son temps à l'occasion de cette abbaye.

Les Religieux ayans consenty qu'on leur donnast un prieur d'un autre monastere (à condition toutefois qu'il ne pourroit rien innover des status et constitutions qu'on praticquoit ceans) Jacques Gastaud en receut incontinant nouvelle, et alla trouuer le reverend pere dom Laurent Benard, benedictin, docteur en la faculté de Sorbonne, prieur du college de Cluny, à Paris, homme de bonne vie et de grande condition, pour le supplier de chercher quelqu'un, ès monasteres de sa cognoissance, capable d'estre prieur en ce Mont. A quoy ayant sérieusement pensé, il jugea dom Noel Georges, prieur de St-Florent, près Saumur, digne de cette charge (iceluy dès long temps desiroit se perfectionner en sa regle et pour cet effect estoit entré parmy les peres de la congregation ditte du depvoir Sainct-Maur, mais en estoit sorty pour certaines incommoditez corporelles) et le presenta au conseil de l'abbé qui l'admit et l'envoya aussy tost en ce Mont. Arrivé qu'il fut à Avranches, messire Henry de Boyvin, evesque de Tarse, nepveu et coadjuteur de messire François de Pericard, evesque d'Avranches [1], le receut benignement et l'amena en ce Mont le huictiesme jour de may, l'an mil six cens dix huict, où les religieux le receurent pour leur prieur. Adonc considerant ce qui estoit de sa charge et desirant profiter en ce monastere, il commença de prendre peine de connoistre les humeurs de ses religieux et de les exhorter au bien. Et en ayant reconnu deux jeunes capables d'apprendre quelque chose, il les envoya à Paris demeurer au collége de Cluny pour là y continuer leurs estudes. Mais peu après il se trouva environné de grandes difficultés, car d'un costé certaines coustumes de ce monastere ne luy plaisant, neantmoins il ne les pouvoit changer à cause des conditions avec lesquelles il avoit esté ordonné prieur; d'autre part il s'atristoit de ce que les agents de l'abbé estoient si tardifs à faire reparer les bastiments. Ce qu'ayant sceu la princesse de Guyse, elle supplia le reverend pere Dom Anselme Rolle, un des peres de la congregation de Saint-Maur, de venir en ce Mont et voir si ce monastere seroit propre pour la congregation. A quoy il obeyt, demeurant deux jours en cette abbaye, considerant meurement sans beaucoup discourir, tout ce qui y estoit, remplissant d'estonnement les religieux qui crurent ou que le prieur Georges vouloit changer les statuts de ce monastere ou que la congregation de Sainct-Maur dont ils n'a-

---

[1] Messire Henry de Boyvin est mort l'an 1637 à Rouen, où il est enterré aux Capucins.

voyent encore qu'une foible connoissance s'y vouloit introduire. Quant au premier doute ils apprirent de leur prieur qu'il ne pensoit à cela, et, pour la congregation Saint-Maur, n'en entendant point de nouvelles après le depart de Dom Rolle, ils n'y penserent plus. Estant sortis hors de ces doutes, le prieur se mit en chemin vers Paris, où estant il remonstra au conseil de l'abbé que les derniers abbez commendataires avoyent accordé aux religieux de ceans dix mille livres tous les ans pour leur mense conventuelle, suppliant qu'on continuat de payer cette somme. Ce que le conseil ne luy voulut accorder, si auparavant il ne mettoit quelque observance à la regle Sainct Benoist en cette abbaye. Sur ce refus, il s'en revint et conseilla aux religieux d'avoir recours au parlement de Rouen. Cependant le Saint Pontife revoqua l'administration qu'avoit messire Pierre de Berulle des benefices du prince Henry de Lorraine et y constitua le prince, luy donnant neantmoins, à cause de son bas aage, messire Claude de Rets, comte et chanoyne de Saint-Jean de Lyon, qui du depuis fut archevesque d'Heraclée et coadjuteur de l'archevesque de Narbonne, et finallement archevesque de Narbonne, pour estre son vicaire general. Iceluy vint en ce Mont, incontinant après son retour de Rome, pour remedier à tout et ordonner ce qui estoit convenable de faire touchant les reparations des bastiments, ornements de l'eglise et autres choses necessaires. Et ayant remarqué que le prieur et les religieux ne s'accordoient pas bien ensemble, l'an mil six cens vingt et un, au moys de may, la fin du triennat du prieur estant arrivée [1], (cette dignité estant triennelle par ordonnance du parlement de Rouen, faicte l'an mil cinq cent septante quatre, le vingt-troisiesme de decembre, à la poursuite d'Artur de Cossé, commendataire de cette abbaye), il luy envoya son congé par escrit à Rouen, où il estoit allé, qu'il receut volontiers et s'en retourna en son abbaye de Saint-Florent-lez-Saumur, où il est mort ces années dernieres (le 17 mars 1637).

CHAPITRE SIXIESME.

De l'election de Dom Henry du Pont pour prieur et de ce qui fut faict en ce Mont de son temps.

Dom Noel Georges s'estant retiré en son abbaye, frere Henry du Pont, aagé lors de 22 à 23 ans seulement, fut esleu en sa place, à quoy s'estant accordé, il prit les ordres sacrez et demanda au conseil de l'abbé qu'on luy permit de prendre quelques autres religieux des autres monasteres qui voudroient venir en ce Mont et y vivre regulierement avec luy, ce qui luy ayant esté accordé, il en prit trois de diverses abbayes et vint, de Paris où il estudioit, demeurer en ce Mont,

[1] Lemansel.

où avec les trois et les plus jeunes de cette abbaye il tachoit de vivre au mieux qu'il pouvoit selon Dieu. Ce nonobstant, environ quinze moys après, cette reforme et clementine s'estant attiédie à cause des difficultez qui ne manquent de se presenter à ceux qui se proposent de bien faire, elle desplut à quelques-uns qui la suivoient et à d'autres qui ne s'y estoient mis. C'est pourquoy, l'an mil six cent vingt-deux, au moys de septembre, le conseil de l'abbé ayant envoyé messire Jean-Baptiste de Barcillon, docteur en théologie, vicaire general de l'abbé pour cette abbaye, Dom Gilles Lecoq et Dom Matthieu Fery, le prièrent de vouloir entendre à l'introduction des peres de la congregation Sainct-Maur et les autres dirent qu'ils en estoient contens. Cela dit, Dom Louys de Mathan, soupprieur, et quatre autres furent trouver M. Barcillon, chacun en son particulier, et luy cederent tout le droict qu'ils pouvoient pretendre et qu'ils avoyent en cette abbaye avec permission d'y introduire la congregation de Saint-Maur, pourveu qu'on leur donnast à chacun par an quatre cent livres, leur vie durant. Tous les autres firent de mesme et dresserent un acte capitulaire demandans tous en commun unanimement et de bon cœur qu'il plust à l'abbé de vouloir entendre à leurs demandes et prieres. (Dom Henry du Pont est mort à Paris au college de Cluny, l'an 1639, le 17 may, à deux heures après midy, et fut enterré en la chapelle dudit college).

CHAPITRE SEPTIESME.

L'abbé et son conseil consentent à l'introduction de la congregation Saint-Maur et en passent le concordat.

Monsieur de Barcillon, bien content de la bonne et saincte resolution des religieux, envoya à Paris à monsieur l'abbé et aux sieurs de son conseil l'acte capitulaire de leurs desirs, lequel fut receu avec applaudissements, et l'abbé depescha son secrestaire à Saint-Pierre-de-Corbie où la congregation de Saint-Maur tenoit au moys de septembre son chapitre general. Là il fit entendre aux peres assemblez la volonté de son seigneur à laquelle ils s'accorderent et promirent d'eslire quelques-uns d'entre eux qui iroient à Paris au plus tost pour y correspondre. Et de faict, le chapitre general finy, ils donnereut commission aux reverends peres Dom Martin Tesnieres, prieur de la Saincte Trinité de Vendosme, et visiteur des monasteres de la congregation, Dom Anselme Rolle, prieur de Saint-Pierre-de-Corbie, et Dom Charles de Malleville, esleu prieur de cette abbaye du Mont (si tant est qu'on y entrast) d'aller à Paris et de faire, au nom de toute la congregation, avec l'abbé susdit et son conseil, tout ce qu'ils jugeroient à propos touchant les moyens de l'introduction. Arrivez au palais du prince, ils y furent receus avec beaucoup d'honneur, et le mardy après midy, onziesme jour du moys d'octobre de la susditte année mil six cent vingt-deux, ils passerent le concordat avec le sieur abbé, par l'advis du conseil des R. P. messire André du Val, prestre et docteur, professeur du roy en théologie, messire Georges Dey, aussy prestre docteur en theologie et predicateur du roy, et de reverend pere Archange de Pambroc, gardien des peres capucins au fauxbourg Sainct-Honoré de Paris. Maintenant ce faubourg est dans la ville, ce qui a esté faict sur la fin du regne de Loys XIII.

CHAPITRE HUICTIESME.

De l'acheminement de douze religieux de la congregation Saint-Maur en ce Mont, du jour de leur arrivée et prise de possession qui fut bienheureux à Monsieur de Guise, pere de nostre abbé.

Le concordat portant que les religieux et la congregation de Saint-Maur commenceroient à faire l'office au chœur le jour de Toussaincts ensuivant, les R. P. Tesnieres, Rolle et Malleville, prirent congé de l'honorable assemblée susdite et s'en allerent aux Blancs Manteaux où ils delibererent des religieux qu'ils envoyroient en ce Mont. Dom Charles de Malleville fut mis prieur et conducteur de la bande composée des onze suivants : Dom Michel Pirou et Dom Philbert Cotelle, prestres : les freres Joseph de la Rondie, Fiacre Belet, Mathurin de la Haye, Bernard Audebert, Estienne Legrand, Benoist de Beaurepere, Maur Gavot, autrement dit de Saint-Fiacre, et Bede de Fiesques, non encore prestres, avec frere Daniel Barbe, convers. Tous les susdits sortirent de Paris, où ils avoient esté assemblez des monasteres unis à la congregation et arriverent en la ville episcopale d'Avranches, où ayant apris que messire François de Pericard, evesque, retournoit de Rouen, ils l'envoyerent saluer et advertir en son manoir du Parc de leur arrivée, où il estoit descendu quatre heures après leur arrivée à Avranches. Ce venerable vieillard, bien ayse de telles nouvelles, desquelles il n'avoit encore nullement entendu parler, dit au sieur de Gicourt, prestre et procureur des susdits religieux, qu'il consentoit volontiers à cette introduction, qu'il en estoit fort ayse et qu'il les supplioit de vouloir demeurer ce jour là à Avranches afin que le lendemain ils les accompagnast et les mit luy mesme en possession. Iceux, fort contents de la response de l'evesque, demeurerent un jour davantage qu'ils n'eussent faict à Avranches, et cependant firent advertir ceux de ce Mont de leur approche. Le lendemain venu, qui estoit le jeudy vingt-septiesme d'octobre de l'an mil six cent vingt-deux, sortant d'Avranches deux à deux, à pied, ils se mirent à cheminer vers ce Mont, et Monsieur l'Evesque quelque peu après, montant à cheval, accompagné selon sa qualité, arriva en ce Mont, plus tost qu'eux, où tout le peuple estoit sur les remparts de la ville et les religieux de ceans aux fenestres

de cette abbaye pour voir venir cette agreable troupe¹
Arrivez en ce Mont ils monterent à l'église, où ils
furent receus des religieux de ceans [que nous nommerons doresnavant messieurs les anciens] avec grande
joie et allegresse. Alors l'evesque les mena devant le
grand autel où tous prierent Dieu quelque temps tacitement. De là il les amena au chœur et leur assigna
leurs places. Ce fuct on sonna les cloches et l'evesque
entonna l'hymne *Veni creator*, etc. Messieurs les anciens et nos religieux poursuivirent à qui mieux mieux.
Après on entonna un respond de Saint-Michel, et tous
furent processionnellement autour de l'église, poursuivans à chanter ledit respond. La procession finie, on
fut en chapitre et de là on revint où l'evesque et les
religieux tant anciens que modernes chanterent l'hymne
Te Deum laudamus, etc., et ensuite le psalme *Exaudiat
te Dominus*, etc., et autres prieres pour la sacrée personne de nostre roy Louys treziesme. A la fin l'evesque
ayant chanté plusieurs oraisons, il mena nos religieux
par les anciens lieux reguliers et les en mit en pleine et
reelle possession. Et finalement, après disné, s'en retourna à Avranches, se recommandant aux prieres de
tous ceux de cette abbaye et particulierement aux derniers venus, lesquels il est venu souvent revoir depuis,
tant pour se recommander à leurs prieres que pour
offrir ses vœux au glorieux archange Saint-Michel
pour la prosperité de ce royaume de France ². Telle

---

¹ De l'acte de prise de possession signé par les notaires. De plus ceux qui y estoient nous l'ont dit.

² Cet evesque est mort subitement l'an 1639 le 25 de novembre, l'an 52 et quelques mois de son episcopat.

fut l'introduction des religieux de la congregation de Saint-Maur, en cette abbaye, et ce jour fut heureux pour Monsieur le duc de Guyse, pere de nostre abbé, car le mesme jour et au mesme temps que les religieux susdits prenoient possession de cette abbaye, ce très genereux et valeureux prince, lors admiral et lieutenant general pour le roy en ses armées, deffit l'armée navale des impies et rebelles Rochelois, près l'Isle de l'Oyë, et en demeura victorieux. Cette victoire fut bien remarquée sur les tablettes de ce Mont, et Scipion Dupleix en parle en Louys treiziesme. Ce fut sans doute avec l'ayde de l'archange Saint-Michel, prince de la milice celeste et protecteur de nostre France, qui par cette victoire contre les heretiques et ennemys de la foy le voulut rendre certain du grand contentement qu'il recevoit de cette nouvelle reforme sur ce rocher esleu et choisy par luy pour y estre reclamé et invoqué de toutes les nations ennemyes des heretiques.

CHAPITRE NEUFIESME.

Des religieux qui estoient en ce Mont au temps de la reforme et comment les reformés se comportent avec eux.

La reforme ayant esté introduite en cette abbaye selon que nous avons dit au chapitre precedent, on commença de mettre en pratique plusieurs articles du concordat. Et premierement les religieux de la congregation Sainct-Maur prirent tous la direction du chœur et service divin sans aucune reserve et se logerent dans une partie du logis abbatial, tandis qu'on auroit reparé les lieux reguliers qui sont du costé du septentrion. Secondement les messieurs les anciens qui estoient dix-sept seulement à sçavoir : Dom Henry du Pont, grand prieur, Dom Louys de Matthan, soupprieur et theesorier, Dom Guillaume Le Chastellier, Dom Olivier Barbe, infirmier, Dom Gilles de la Croix, ausmosnier, Dom Jacques Lancesseur, Dom Nicolas de la Motte, Dom Denys Goguier, archediacre, Dom Jean Le Chevalier, prieur de Chausey, Dom Michel Legros, Dom Jacques de la Croix, Dom Claude Leroy, Dom Gilles, Le Coq, Dom Matthieu Gery, Frère Richard Teroulde, frère Francois Giroult et frère Jean de la Hache, continuerent tous d'avoir pour leur prieur et superieur Dom Henry du Pont, auquel ils devoient repondre de leurs actions. Il y avoit aussy un novice nommé Nicolas Le Bret, duquel il n'est faict mention dans le concordat. Tous les susnommez pouvoient venir à l'office divin toutes et quantes fois qu'il leur plaisoit ou que leur prieur leur commandoit et y tenir les premiers rangs par dessus les reformez, sans toutefois pouvoir faire aucun signe de preeminence. Chacun d'eux recevoit quatre cents livres par an pour sa pension, excepté les trois derniers qui ne recevoient que deux cent cinquante livres, jusques au temps qu'ils seroient prestres. Estant ainsi sous la puissance de leur prieur, Dom

Matthieu Fery et frère François Giroult luy demanderent permission d'aller embrasser la reforme et de vivre en la congregation Sainct-Maur, ce qu'ils ont faict et y perseverent. Le susdict Le Bret en fit de mesme; sept autres, depuis ce temps-là jusques en cette année mil six cens trente huict, sont morts, et maintenant huict restent encore qui se comportent selon que dessus, vivants en grande paix avec ceux de la congregation qui leur portent aussy reciproquement l'honneur et respect qu'ils leur doivent [L'an 1639, le 17 may, un de ces huict est mort].

--

CHAPITRE DIXIESME.

Des prieurs qui ont gouverné cette abbaye depuis la susditte reforme jusqu'à maintenant, et de ce qui s'est faict et est arrivé digne de remarque.

C'est la coustume parmy nostre congregation de changer les prieurs au chapitre general et de les deposer de la superiorité d'un monastere pour les eslire superieurs en un autre, ou de les continuer du tout, les remettant au rang de leur profession. Quant aux inferieurs ils changent aussy de monastère toutes et quantes fois que bon semble aux superieurs. Suivant ces regles et coustumes generales usitées à present, non seulement en nostre congregation mais en presque toutes les autres religions, il nous seroit difficile de nommer icy tous les religieux de nostre congregation qui ont demeuré en ce Mont. Nous nous contenterons donc de nommer les prieurs. Et premierement le R. P. Dom Charles de Malleville, natif de Bernay, y vint le premier et fut deux ans durant lesquels il gouverna les religieux suivant la règle de Sainct-Benoist et les statuts de la congregation de Sainct-Maur. Aussy, l'an mil six cent vingt-quatre, le mercredy quinziesme de may, pour honorer la Vierge, il obtint des Jacobins du Mesnil-Garnier l'institution du sainct Rosaire en cette abbaye. (Il est mort à Cluny, en Bourgogne, l'an 1639, le 26 decembre, où il est enterré, estant lors archediacre dudit Cluny, et ayant toujours esté prieur en divers monasteres.) Iceluy ayant esté demis de la superiorité de cette abbaye et esleu superieur des religieux de nostre congregation qui demeuroient à Paris, au college de Cluny, l'an mil six cent vingt-quatre, au moys de septembre, au chapitre general tenu à Jumieges, le reverend père Dom Placide Sarcus, natif de nostre diocese de Beauvais, au mesme chapitre, fut demis de la superiorité du Mont-Sainct-Quentin, et esleu prieur de cette abbaye du Mont-Sainct-Michel, où il fut quatre ans, durant lesquels il gouverna cette abbaye selon la règle de sainct Benoist et les statuts de la congregation Sainct-Maur. Ce temps s'estant escoulé, il fut l'an mil six cent vingt-huict, au moys de septembre, au chapitre general, à Vendosme, où le vingt-neufiesme dudit moys il fut demis de la superiorité de cette abbaye et esleu prieur de la Saincte-Trinité de Vendosme et visiteur de la province de France. Le mesme jour, le R. P. Dom Bede de Fiesque, natif du diocese de Nantes, le penultiesme des douze qui vinrent les premiers de la congregation demeurer en ce monastere et qui gouvernoit l'abbaye de Saint-Melaine près la ville de Rennes, depuis que la congregation y avoit esté introduite, fut esleu prieur de ceans et y vint demeurer jusques en l'an mil six cent trente-trois, gouvernant toujours ce monastere selon la regle de Sainct Benoist et les statuts de la congregation Saint-Maur. De son temps, les lieux reguliers, qui sont du costé du septentrion, estant en meilleur ordre qu'ils n'estoient auparavant l'introduction de la congregation, luy et ses religieux y vinrent demeurer, quittant le costé du midy. Ayant esté ordonné au chapitre general tenu l'an mil six cent vingt-huict, que doresnavant le chapitre general se tiendroit après Pasques et arresté, par une autre constitution faicte l'an mil six cent trente, au chapitre general tenu après Pasques, que tous les prieurs n'iroient plus au chapitre general, mais seulement quatre de chaque province avec leur visiteur, et que les autres après la diete, qui se tiendroit à chaque province immediatement devant le chapitre general, reviendroient en attendre des nouvelles; suivant ces statuts, le R. P. Dom Bede alla à la diete, à Sainct-Serge-lès-Angers, l'an mil six cent trente-trois, où il assista à l'eslection des quatre qui allerent au chapitre, et de là revint en ce Mont, environ trois sepmaines après son depart, y demeurant jusques au vingt-neufiesme jour de may, auquel le R. P. Dom Michel Pirou luy apporta son obedience du chapitre general pour s'en aller estre prieur à Sainçt-Serge-lès-Angers, ce qu'il fit incontinant. Et le R. P. Dom Michel Pirou, natif du diocese de Rouen, l'un des douze qui vinrent demeurer les premiers de la congregation en ce Mont, et qui y exerça l'office de soupprieur du temps du premier prieur, demeura en sa place. Iceluy auparvaant estoit prieur en l'abbaye Sainct-Sauveur de Rhedon, où il me receut à profession de la regle de Sainct-Benoist l'an mil six cent trente, le mardy vingt-et-uniesme du moys de may, derniere feste de Pentecostes. De là il fut cette année mil six cent trente-troys à la diete provinciale d'Angers, où il fut esleu un des quatre pour aller au chapitre general à Vendosme, où estant il fut esleu prieur de ce monastere, qu'il a tousjours gouverné fort prudemment selon la regle de Sainct-Benoist et les statuts de la congregation; maintenant, depuis l'an mil six cent trente-six, le quatriesme d'octobre, jour auquel il fut demis de la superiorité de ce monastere, il est visiteur de la province de Bourgogne [1], et le R. P. Dom Bernard Jevardac, natif du Dorat, au diocese de Limose, lors procureur general de la congregation, fut esleu prieur de ce monastere et l'est encore maintenant [2]. A ce dernier chapitre general, tenu à Cluny en Bourgogne, on ordonna que la congregation Sainct-Maur s'appelleroit doresnavant la çongrega-

---

[1] L'an 1639 le 6 juillet, il fust esleu prieur de Saint-Serge et visiteur de Bretagne.

[2] L'an 1039 le 6 juillet, il fut continué prieur de ce Mont.

tion de Sainct-Benoist en France, autrefois de Cluny et de Sainct-Maur, Crescat in œvum[1]. Au chapitre general tenu à Vendosme l'an 1639, le R. P. Dom Bernard Jevardac a esté continué prieur de ce Mont. L'an 1642, le 27 de juin, il fut mis prieur de l'abbaye Sainte-Croix à Bordeaux. En 1645 il fut mis prieur claustral à Sainct-Fiacre-en-Brie, dépendant de Sainct-Faron-lès-Meaux. L'an 1648, il ne fut mis en charge et alla demeurer en l'abbaye de Sainct-Denys en France, où il est mort l'an 1651, le quatriesme jour de mars, un samedy, à deux heures après midy, s'estant toujours comporté louablement et ayant beaucoup servy la congregation. Le lendemain, il fut enterré dans le cloistre du costé du chapitre. Dom Dominique Huillard, prieur claustral du monastere Sainct-Magloire de Lehon près Dinan, depuis le chapitre general de l'an 1639, qui estoit auparavant cellerier en cette abbaye du Mont, fut mis prieur ceans l'an 1642, le 27 juin, et y fut continué l'an 1645; est natif de Rouen. L'an 1648, le 15 juin, il fut mis prieur à Redon, diocese de Vannes, et le mesme jour Dom Charles Rasteau, natif de Vendosme, qui avoit esté quelque temps soubprieur l'an 1642 en ce Mont, sous le susdit Dom Dominique Huillard, et après soubprieur à Sainct-Melaine de Rennes, et estant lors prieur claustral de Sainct Serge lez Angers, fut eleu prieur du Mont. L'an 1651, le 12 juin, le chapitre general a mis Dom Charles Rasteau, prieur

---

[1] Le texte primitif de dom Huynes s'arrête là. Plus tard, en 1648 et 1651, il a complété ce chapitre par des additions qui se trouvent au folio 163 v°, et que nous reproduisons dans leur ordre.

à Sainct-Benoist-sur-Loire, et Dom Dominique Huillard susdit de prieur de Redon a esté remis prieur du Mont-Sainct-Michel. (L'an 1644, le 23 d'octobre, la desunion de Cluny fut faicte et la congregation de Sainct-Maur reprit son premier nom.)

CHAPITRE ONZIESME.

Des reparations faictes en ce monastere.

Le très illustre prince Henry de Lorraine, archevesque et duc de Rheims, abbé des abbayes de Sainct-Remi de Rheims, de Sainct-Nicaise en la mesme ville de Corbie, d'Orcam, près la ville de Noyon, de Sainct-Martin de Pontoise, de Fescan, de ce Mont-Sainct-Michel, n'estant point encore venu en ce Mont, neantmoins on y a faict plusieurs choses en son nom, selon qu'on peut colliger de tout ce que nous avons dit cydessus. En outre cela, messire Jacques Gastaud cydessus nommé, fit faire un pilier joignant le plomb du four pour appuyer la tour de l'horloge qui menaçoit de ruine, et y mettre les armes dudit abbé. Il fit aussy lembrisser une partie de la nef. Après son agent Pierre Beraud, sieur de Brouhé, fit faire dans le grand refec-

---

[1] Iceluy composa en latin l'introduction des Pères de la Congrega-

toire les deux dortoirs qu'on y voit, en la salle de dessous il y fit accomoder le refectoire et fit faire tous les degrez qu'on monte de ce refectoire pour aller aux dortoirs et à l'église, faisant pour cet effect percer une voute. Il a faict faire aussy quelques ornements à la sacristie et quelques autres commoditez de peu de durée. O que si monsieur nostre abbé venoit en ce Mont et qu'il luy prit envye de poursuivre à bastir cette eglise telle que l'a commencée l'eminentissime cardinal d'Estouteville, que cela seroit prisé et exalté par out ce royaume ! Tant que ce Mont seroit on diroit : le très haut et très illustre prince Henry de Lorraine, qui a eu des ancestres tant signalez en piété et en vertus chretiennes a faict faire cette eglise. (Ces souhaits sont inutils, iceluy restant aisné de sa maison par la mort de ses trois premiers frères dont deux ne vescurent presque point, et le premier heritier par la mort de son père, il monstra par ses deportements qu'il ne vouloit estre d'eglise. C'est pourquoi le roy l'an 1641 nomma d'autres personnes pour luy succeder en ses benefices. Jean Ruzé fut nommé pour estre abbé du Mont, mais son frère Henry Ruzé d'Effiat, marquis de Cinq Marcs, grand escuyer de France, fils d'Anthoine Ruzé d'Effiat, marquis de Longumeau et de Chilly, mareschal de France, ayant esté décapité l'an 1642 comme ayant conspiré contre l'estat et n'ayant encore ses bulles de Rome, le roy le priva de

---

tion Saint-Maur en ce Mont, et descrivit l'estat de ce monastere comme temoin oculaire depuis la mort du cardinal Joyeuse.

cette nomination et nomma pour estre abbé du Mont Jacques de Souvré, bailly et grand croix de l'ordre de sainct Jean de Jerusalem, de laquelle il prit possession par procureur l'an 1643, et en jouit encore cette année 1651 avec plusieurs autres bénéfices. Aucun d'eux n'a esté au Mont-Sainct-Michel se contentant d'en recevoir le revenu par procureur [1]).

CHAPITRE DOUZIESME.

D'un poisson prodigieux.

L'an mil six cent trente-six, le septiesme jour d'aoust, à six heures du soir, nous entendismes en ce Mont de grands tonnerres et nous vismes tomber de la gresle en grande quantité, de la grosseur d'une noix ou d'un œuf, et vers le roc de Tombelaine un poisson, nommé balaine, demeura sur les greves dont tous les villages circonvoisins et ceux de ce Mont se rassasierent, en allant chacun couper sa piece, par permission des religieux de cette abbaye auxquels tels poissons appartiennent, et encore en eusmes-nous six chartées et les fermiers de Monsieur l'abbé autant, tellement qu'on en mit beaucoup dans les saloirs où nous en voyons

---

[1] (Addition postérieure, fol. 164).

encore qui se conserve, comme fairoit la chair de bœuf[1]. Cela estoit tout à faict prodigieux et de là les forgeurs de mentiries, adjoustant plusieurs choses fabuleuses à tout ce que dessus, ont pris occasion de faire imprimer des papiers volans et les ont vendus en plusieurs endroicts de ce royaume.

Le dix-septiesme du mesme moys d'aoust, deux autres poissons, chacun long de dix ou onze pieds et gros à proportion, nous demeurerent sur les greves, et presque tous les ans on en voit quelques uns de semblable longueur et grosseur [2].

L'an 1639, le trente may, on a pris dans la rivière de Couesnon un poisson d'une immense grandeur que nous avons veu apporter en ce Mont, dans une charette, par cinq ou six chevaux genereux.

FIN DU SIXIESME ET DERNIER TRAICTÉ DE L'HISTOIRE GENERALE DU MONT-ST-MICHEL, LE TOUT COMPOSÉ ET FAICT L'AN MIL SIX CENT TRENTE HUIT, AU SUSDIT MONT-ST-MICHEL, ET REVEU ET CORRIGÉ EN PLUSIEURS ENDROICTS L'AN MIL SIX CENT QUARANTE, PAR LE MESME AUTHEUR.

---

[1] La mer qui estoit etrangement agitée jeta sur nos greves un poisson d'une prodigieuse grosseur nommé chaudon ou petite baleine. Ms. d'Avranches, p. 99.

[2] Le 13e du moys d'aoust, il fut pris sur les mesmes greves deux esturgeons longs chacun de dix pieds. Ms. d'Avranches, p. 99.

ADDITIONS

DE DOM LOUIS DE CAMPS.

Extrait du Manuscrit de la Bibliothèque
d'Avranches, n° 209.

2ᵉ PARTIE, 26 — 116.

De Dom Charles de Malleville, 1ᵉʳ prieur. (Chapitre XI.)

C'estoit un véritable homme de Dieu qui faisoit paroistre en toutes ses actions un certain rayon de saincteté qui le rendit aimable et vénérable à un chacun. L'on remarque de luy que, pour avoir la communication plus facile avec Dieu et mesler tousjours l'oraison avec ses lectures et autres emplois de sa cellule, il ne s'assoioit jamais, ains se tenoit continuellement à genouil devant son oratoire et pratiquoit ainsy tous les petits exercices de la solitude.

De Dom Placide de Sarcus, 2ᵉ prieur. (Chapitre XII.)

Mᵍʳ François de Pericard, évesque d'Avranches, qui avoit tousjours tesmoigné tant d'amour et de tendresse pour les pères de la réforme, eut ce temps quelque sujet de refroidissement à leur endroit. C'est que l'an 1627, le 7 juillet, s'estant tousjours maintenu en l'ancien droit de visiter ce monastère d'une pleine juridiction que ses prédécesseurs évesques y avoient acquis, ainsy que j'ay remarqué ailleurs et auquel droit il n'avoit renoncé lors de l'introduction des religieux de la congrégation en ce lieu qui ne l'en avoient requis, se mit en ledit jour en devoir d'y venir faire sa visite, ayant pour cest effet esté receu processionnellement au bas du grand escallier et conduit dans le chœur et au grand autel, là ou ayant visité le St-Sacrement et ensuite les sainctes reliques, assembla dans la sacristie tous les religieux tant anciens que reformez, pour proceder au scrutin où, par l'instigation desdits anciens dont la plus part estoit mal affectionné auxdits pères, fit quelques pretendues ordonnances concernantes l'office divin pour quelques obits ou fondations faites par les precedents abbez, ce qui occasionna les pères de prendre la resolution de ne plus permettre la visite au scrutin auxdits seigneurs évesques, ce que depuis ils ont mis en execution après la réception des bulles que le pape Urbain VIII octroia l'an 1628, touchant l'érection, confirmation, libertés et exemptions de la congregation de St-Maur en France. Laquelle bulle, en datte du 21 janvier, et obtenue par la réquisition du très chrestien roy Louis XIII, et à la diligence du comte de Bethune, ambassadeur de Sa Majesté en cour de Rome, le 16 de mai 1629, fut publiée et fulminée à Paris par M. Denys Le Blanc, grand vicaire de Mgr l'archevesque de laditte ville, commis à cela par la même bulle. Nous reverrons encore d'autres fois cette question particulièrement quand nous parlerons de la visite de l'évesque Roger d'Aumont. Ledit Pericard ne laissa que de revenir diverses fois en ce Mont. Entre autres, il y vint deux fois l'an 1628. La première pour offrir ses vœux au saint Archange, spécial proteur de la couronne de France pour la prosperité de l'armée roialle qui assiegeoit la Rochelle, et la deuxième pour remercier la divine bonté de la prinse de laditte ville rebelle.

De Dom Bede de Fiesque, 3e prieur. (Chapitre XIII.)

L'an 1630, il luy arriva la mesme difficulté avec le seigneur évesque d'Avranches qu'à son predecesseur. Mgr Henry de Boyvin, evesque de Tarse, neveu et coadjuteur du susdit Pericard, ayant tenu les ordres à Avranches en la place de son oncle, denonça sa visite par tout le diocese et voulut commencer par le Mont-St-Michel, où il arriva le 25 may, jour de la sainte Trinité, sur les deux heures d'après midy, durant que les moynes, qui l'avaient longtemps attendu et differé leur grand'messe, estoient à diner. Ledit seigneur monta droit au logis abbatial avec deux ou trois de ses prestres où le R P. prieur dom Bede l'alla saluer avec un de ses religieux. Puis ledit P. prieur y alla, avec toute sa communauté et MM. les anciens, pour le recevoir avec les cérémonies ordinaires ; ils marchèrent processionnellement au grand autel où le seigneur évesque visita le saint Sacrement et après les saintes reliques. Cela faict, il alla au chapitre qui se tenoit en la sacristie où tant MM. les anciens que les reformez assistèrent ; y ayant faict une briefve exhortation, il eut quelques pourparlers avec le R. P. prieur, et sans rien determiner il dina et souppa en la chambre de la conférence, ledit P. prieur luy tenant compagnie avec M. le curé du Mont-St-Michel, son grand penitencier, et un de ses prestres qui lui servoit de greffier, et coucha au logis abbatial.

Son train composé de 9 cavaliers et de plusieurs autres hommes estoient logez à la Teste d'or où ils firent plusieurs insolences et dépences superflues et en auroient fait davantage si l'hostesse plus prudente que ces officiers d'évesque leur eut permis. Ledit seigneur évesque, pendant le souper, parla au R. P. prieur, que son dessein estoit d'aller le lendemain visiter l'église d'Ardevon et que cela luy estoit deub, ce que son grand penitentier soustenoit fort et ferme. A quoy ledit prieur de Bede respondit seulement que sa Grandeur devoit considérer qu'en voulant usurper le droit de visite sur cette paroisse elle ne perdit celuy qu'on luy toleroit sur une abbaye. Cela luy ferma la bouche et prit sa route ailleurs.

Monsieur du Pont, grand prieur des anciens, n'ayant peu rien obtenir en cette visite contre les PP. reformez qui avoient refusé au seigneur evesque le scrutin, s'adressa à messire de Pericard, évesque propre, et luy fit de grandes plaintes contre le R. P. Dom Bede et les religieux, lesquelles plaintes, quoyque très mal fondées, eschaufferent et animèrent estrangement ledit seigneur évesque contre les reformez, de sorte qu'il vint incontinant faire sa visite et cassa ledit prieur de Bede de sa charge, comme s'il en eut eu le pouvoir, et establit ledit du Pont, supérieur de tous les moynes tant anciens que reformez. Le P. de Bede ne faisant pas grand estat de ce reglement, dit humblement au seigneur évesque qu'il n'etoit pas besoing que sa Grandeur se donna la peine de venir en cette abbaye pour y faire des ordonnances qui n'auroient point d'esfet et luy déclara que cette visite estoit la dernière qu'il feroit dans cette église, estant indépendante des évesques en vertu des priviléges de la congregation de St-Maur. De fait il n'y est plus revenu du depuis, non plus que ses successeurs.

De Dom Michel Pirou, 4ᵉ prieur. (Chapitre XIV.)

L'an 1635, après Pasques, les necessités publiques du royaulme exigeant des prières publiques et processions générales du clergé de France, il fut arrêté, dans le chapitre de ce monastère, que la communauté iroit en procession en la cathédrale d'Avranches, distante de 7 lieues de ce Mont, ce qui fut fait, avec toute la solennité et dévotion possibles, après en avoir eu préalablement donné advis à M. François de Pericard, évesque de ladite ville, et à tout son chapitre qui, tesmoignant l'agréer, faisoient espérer une meilleure reception qu'ils ne firent aux moynes, lesquels, après avoir fait leurs prières et stations en ladite église, furent obligés d'aller prendre leur repas dans un pré, ledit seigneur évesque ny aucun de son clergé ne les ayant conviez à disner quoy que, selon l'ancienne coustume, cela fust deu auxdits qui peu après firent voir auxdits seigneur et chapitre d'Avranches que cette incivilité les avoit touchés d'autant que, le 17 octobre ensuivant, les calamitez du royaume continuant, lesdits seigneur évesque, tous ses chanoines et clergé firent solennellement leur procession en ceste abbaye. Un des aumosniers de l'evesque estant venu en advestir les religieux avec une lettre de sa part, ils resolurent conjoinctement avec MM. les anciens qu'on ne le traiteroit point, de sorte que le seigneur évesque, après avoir celebré la sainte messe et fait les oraisons ordinaires, alla diner avec tout son clergé dans le logis abbatial à ses dépens, sans qu'aucun des religieux tant reformez que anciens luy alla faire civilité, et lesdits religieux, ayant sceu qu'il s'en estoit indigné quoy qu'à tort, ayant le premier rompu et violé les anciennes coustumes, deliberèrent que nostre procession n'iroit plus en ladite ville, pour quelque necessité que ce fut.

Le Dom Bernard Jeuardac, 5e prieur. (Chapitre XV.)

La mesme année (1638) en qualité d'archidiacre fit venir en ceste eglise les prestres et habitants du Mont et d'Ardevon, pour faire l'institution de la procession générale au jour de l'Assomption Nostre Dame, selon le mandement qu'il en avoit eu de Sa Majesté, et à l'issue de la procession, le R. P. prieur monta en chaire et fit une fort belle predication. En cette mesme qualité d'archidiacre, il fit faire des feux de joie auxdites paroisses, et en fit un sur le Sault-Gaultier avec beaucoup de magnificence le 28e jour du mois de septembre pour la naissance de Louis XIV.

L'an 1640, 6e jour de septembre, les soldats de la garnison de Pontorson, à l'instigation de quelques malveillants, vindrent faire quelques insolences en la baronnie d'Ardevon. D. B. Jeuardac, l'ayant sceu, monta incontinent à cheval, courut après, et les parla avec tant de courage qu'il les obligea de rapporter une chartée de foin qu'ils avoient enlevée du manoir, et le lendemain ledit père fit mettre à l'amende ceux d'Ardevon qui avoient obey à ces soldats, lesquels huit jours après, revinrent avec plus de fierté audit manoir d'Ardevon et en enlevèrent par force une chartée d'avoine et une de foin, et firent plusieurs autres insolences en présence mesme du R. P. visiteur D. Michel Pirou. Ledit P. Prieur eut recours à M. de la Potterie intendant de la justice en cette province, lequel, ayant fait informer de ces excès, donna mandement au tresorier de Caen, qui avoit charge de payer lesdits soldats, de retenir leurs soldes pour satisfaire aux torts faits par eux ausdits religieux ordonnant cependant qu'on procederoit criminellement contre eux, dont demeurant font estonez, firent demander pardon aux religieux des violences commises et offrirent de satisfaire aux dommages. Ce que les religieux acceptèrent pour le bien de la paix ne voulant pas tirer à la rigueur contre ces bravaches dont la vie estoit en grand hasard.

Les violences du sieur de Lorges contre les religieux. (Chapitre XVII.)

Le sujet fut qu'en l'an 1644 MM. Jacques de Lorges Montgommery, huguenot, se mit en la fantaisie de chasser avec une grande meute de chiens, bandes de gens à cheval et à pied par touttes les terres et paroisses dépendants de la baronnie d'Ardevon et vint mesme plusieurs fois jusque dans le domaine et jardins du manoir dudit Ardevon, faisant gloire de ravager et gaster les bleds et grains des campagnes et de faire le plus de tort qu'il pourroit aux moynes, lesquels ne pouvant ny devant souffrir ces dommages tant à eux faits qu'à leurs subjets, resolurent, en une assemblée capitulaire où le R. P. Dom Dominique Huillard, prieur de ce monastère, présidoit, que l'on entreprendroit tout de bon ledit sieur de Lorges, attendu qu'aucun autre ne lui pouvoit resister en ce pays, et que c'étoit le temps de la moisson. Ledit père prieur envoya vers luy son sous-prieur et un autre de ses religieux pour luy remonstrer amiablement le tort qu'il faisoit et le supplier de desister. Ils n'eurent d'autre response de luy sinon qu'il n'y avoit homme au monde qui le peut empescher de se divertir à la chasse partout où il luy plairoit et les fit sortir de chez luy avec plusieurs paroles rudes et injures contre les moynes, lesquels, plusieurs autres fois, tentèrent les voyes de douceur mais en vain, y venant mesme plus souvent et avec plus de rage contre les moynes et leurs sujets, jusques là que le jour de l'Assomption, estant à la chasse autour de la paroisse d'Huines, gastant tous les bleds durant la solennité de la grande messe, le curé de ladite paroisse, revêtu des habits sacerdotaux, sortit de son autel et alla, avec ses paroissiens, se jeter aux pieds de ce Totila et le prier de considerer le tort qu'il faisoit au pauvre peuple avec un si grand train de chiens et de chevaux au milieu des bleds. Ce huguenot, sans faire estat de cette humble remonstrance, poursuivit sa chasse comme devant, de sorte que peu après les serviteurs du manoir d'Ardevon lui allèrent une autre fois au-devant avec un autre appareil bien armez de fusils, et d'après lesquels, après quelques discours qu'ils tindrent audit sieur, l'ayant arresté, ils lui tuèrent un de ses chiens couchants qu'il avoit achepté 150 liv. ce qui le mit tellement en furie qu'il protesta de s'en venger sur les moynes. Sitost donc qu'il fut de retour à Pontorson et sçachant que le P. prieur dom Dominique et dom Romain Therian son procureur estoient à Ardevon, croiant qu'ils y coucheroient, depescha au dit lieu une bande de bandouliers, tous masquez et deguisez, avec ordre de tuer lesdits pères, mais ne les y ayants pas trouvés ils deschargèrent leur colère sur les domestiques et quelques honnestes personnes qui y estoient couchés pour quelques affaires. Ledit père prieur sçachant que lesdits serviteurs et hostes avoient ainsy esté fort maltraittez de coups d'espées et de bastons et que mesme quelques-uns eussent esté tuez s'ils ne se fussent sauvez par les fenestres, à la faveur de la nuit, de l'advis de ses senieurs, advertit par lettres le sieur de Souvré, abbé de ce lieu, desdites violences du sieur de Lorges. Ledit abbé, prenant cela pour un affront à sa personne, prit l'affaire à cœur et se porta pour partie intervenant au procez qui fut si vivement poussé par les religieux qu'il y eut decret de prise de corps contre le sieur de Lorges et contre les assassins, l'un desquels fut pris et rachepté de la potence six mois après par monseigneur de Guyse, perquisitions furent faites du sieur de Lorges et du sieur d'Alincourt, le principal de la bande des assassins, en leur maison de Pontorson, les saisies et annotations des biens dudit de Lorges furent faites publiquement, parties pour le payement des 1,200 liv. d'aliment adjugés par le sieur de la Potherie, intendant de la justice en cette province de Normandie, pour les blessez. Mons. de Souvré obtint cependant arrest par lequel le conseil privé se réservoit la connoissance de cette affaire et une jussion dudit conseil privé à tous huissiers, archers, sergents de mettre en exécution le decret de prise de corps. Tout cela estonna merveilleusement notre calviniste, qui ne trouva pas de meilleur expédient que de se procurer un accord par quelque puissant ami. A cet effet, il prit la poste et alla en Champaigne supplier Monseigneur le duc de Guyse qui avoit esté abbé de ce Mont St-Michel de le favoriser en cette affaire et lui moienner un accomodement avec les religieux. Le duc lui promit et écrivit aussitost ausdits religieux, les priant de suspendre le procez et de lui laisser nos intérests entre les mains pour en décider comme arbitre, ce qui fut fait pour le grand respect que luy portoit toutte la communauté de ce monastère. Le duc condamna ledit sieur de Lorges à 400 liv. de dédommagement et réparation envers les religieux, l'enchargeant de retirer les chiens qu'il fesoit nourrir par les subjets desdits pères, de ne les plus molester ny par la chasse ny autrement. Le sieur de Lorges paya sur l'heure ladite somme au R. P. dom Aubert Giroult, pour lors procureur de ce monastère, et aprit par là qu'il ne faisoit pas bon s'adresser et choquer les moynes. Cette affaire lui cousta plus de 15,000 liv. Le tout fut terminé le 30 septembre de l'an 1649. Du depuis ledit sieur n'a fait aucune action qui put offenser les religieux. Au contraire, il est quelquefois venu visiter le R. P. prieur et souvent a envoyé ses enfants pour luy faire la mesme civilité.

D'un différent avec l'évesque d'Avranches. (Chapitre XVIII.)

Au commencement de l'an 1647, messire Roger d'Aumont, évesque d'Avranches, prétendant avoir droit de visite sur les religieux de cette abbaye du Mont St-Michel, fit porter parolle à nos RR. PP. de Paris pour vider et terminer les différents à l'amiable, lesquels donnèrent incontinent ordre au R. P. dom Dominique Huillard, prieur de ce monastère, de se trouver à Paris. Des arbitres furent choisis de part et d'autre pour juger du fait. Mais ledit seigneur évesque, ayant eu vent que sa cause estoit en grand danger, il chercha quelque prétexte de rompre le compromis, premièrement improuvant la procuration du R. P. prieur, qui en fit venir incontinent une autre plus ample de la communauté ; puis disant qu'il ne signeroit rien de ce qui auroit été arresté et qu'on s'en devoit tenir à sa parolle, prétendoit pourtant que les religieux signeroient, de sorte que l'on n'exécuta rien. Peu après, estant de retour à Avranches, y tint son sinode le 2 jour de may, où il fit plusieurs statuts et ordonnances, entre autres il desclara que les religieux du Mont St-Michel estoient incapables d'ouyr la confession du peuple, n'estant pas approuvez de sa part, et que les confessions faites aux religieux estoient nulles et invalides et se devoient réitérer. Deux jours après M. François Petit curé de ce monastère, estant allé à Avranches pour quelques affaires, ledit évesque le fit venir en son palais où il luy fit de rudes reprimandes jusques à le menacer de prison pour n'avoir assisté au susdit sinode, prétendant en estre exempt à cause de sa dépendance à l'archi-diaconé du Mont, ledit évesque le taxa, pour ce deffaut supposé, à 9 liv. d'amende, que ledit curé fut obligé d'emprunter pour payer sur l'heure.

Le 21 jour du mesme mois de may de l'an 1647, le susdit prélat envoya son secrétaire en ce Mont pour y signifier la visite qu'il y vouloit faire, tant en l'abbaye qu'en la paroisse, et le 24 du mois, ledit évesque y arriva sur les huit heures du matin, avec un train magnifique ; il y avoit sept chevaux à son carrosse, vingt-deux cavaliers, deux mulets portoient le bagage avec les clochettes et couverts des couleurs dudit prélat ; il estoit suivy de plusieurs laquets, pages et valets, outre que les principaux officiers de la justice d'Avranches l'accompagnoient. Il envoia devant le sieur de Mesnil-Terré, lieutenant général au siége d'Avranches, sçavoir du R. P. prieur dom Dominique Huillard si l'on n'avoit pas dessein de recevoir ledit évesque à sa volonté, auquel il fut répondu que ledit évesque seroit honorablement receu à la visite du St Sacrement et des S^{tes} Reliques seulement et non pas au chapitre et scrutin, come il prétendoit, à condition encore que le P. prieur luy serviroit d'archidiacre. L'évesque n'ayant aucunement voulu entendre à cela, voulant prendre connoissance entière de la vie et mœurs des religieux, il monta en l'abbaye avec toutte sa suite. La communauté, avec le curé de la paroisse et les prestres, le receurent auprès du corps de garde, en chappe. Le seigneur évesque fut surpris, ne s'attendant pas à une si honneste réception, il avait fait apporter ses habits pontificaux que ses aumoniers lui mirent. C'est pourquoi notre belle croce et mitre qu'on luy présenta, ne luy servirent pas. Après touttes les cérémonies ordinaires, il entra dans l'église. Après avoir visité le St Sacrement, les S^{tes} Reliques et les chapelles du circuit en descendant vers la nef il apperçut les confessionnaux et demanda qui avoit permis de confesser et qui avoit approuvé les confesseurs ; il luy fut répondu que les religieux avoient pouvoir d'entendre les confessions, par privilége spécial de cette abbaye, ab initio institutionis monasticæ in illa, qu'ils en avoient toujours jouy et avoient mesme esté confirmés en ce par les évesques d'Avranches, ce qu'on estoit prest de luy faire apparoistre. Alors l'évesque déclara interdits les confesseurs et fît défence au P. prieur de permettre la confession des externes en l'abbaye, de quoy le P. prieur et sa communauté se portèrent appelants au S. Siége ; ce qu'ayant esmeu davantage le seigneur évesque, il réitéra plusieurs fois la deffence, sous peine d'excommunication ipso facto, les religieux interjetèrent nouvel appel, qualifiant son procédé d'abus et en tirant acte de deux notaires qu'ils avioent présents ; ledit évesque insista de rechef qu'on eut à soner la cloche pour assembler les religieux au chapitre pour, se disoit-il, les corriger, examiner et procéder au scrutinium, come estant leur vray et légitime supérieur. Il ne luy fut aucunement obéy en cela, et luy fut respondu qu'on reconnoissoit un autre supérieur en l'abbaye. Enfin, après avoir fulminé plusieurs excommunications dont les religieux se portèrent appelants, il descendit en l'église paroissialle, il força les portes et fit lever les serrures ; il y donna la confirmation et communion à quelques personnes qu'il avoit fait venir à ce subjet, puis il interdit le curé. Le P. prieur qui avoit esté présent, se portant derechef appelant et nonobstant touttes ces censures et excommunications, en prenant congé dudit evesque, il luy dit qu'il alloit prier N.-S. pour luy à la sainte messe, et de fait, il la vint dire aussitost et on continua de confesser, chanter, etc... en ceste église tout comme auparavant. De tout quoy il fut intenté procez qui fut terminé le 3ᵉ jour de febvrier de l'an 1648, par un arrest du grand Conseil fort favorable aux religieux.

De Dom Charles Rateau, 7ᵉ prieur (Chapitre XIX.)

Après un assez long entretien fort prétieux, ledit seigneur évesque convia ledit P. prieur à disner avec luy, mais s'en estant excusé prit congé et sa bénédiction pour s'en revenir. Chacun demeura fort étonné d'une si subite reconciliation particulièrement ceux qui avoient préféré le parti dudit évesque à celui des religieux tant en la ville d'Avranches qu'en celle du Mont. En cette rencontre, on ne remarqua de fidèles amis du monastère, que M. du Mesnil-Terré, lieutenant général d'Avranches. et M. de Ronthon, vicomte de ladite ville, frère de dom Aubert Giroult, notre procureur, et M. Bétille, official de la cathédrale, tous les autres qui professoient amitié audits religieux ayant tourné casaque, comme firent presque tous les habitants de ce Mont.

De Dom D. Huillard et de Dom Placide Chassinat, 8e et 9e prieurs.
(Chapitre XX.)

Ce qui luy arriva à ce subjet avec les officiers du marquis de la Luzerne, gouverneur de cette place, mérite d'estre rapporté. Un gentilhomme dudit marquis, désirant espouser une certaine fame veufve de Bretaigne, fort riche, contre son gré, se résolut avec quelques autres cavaliers de l'enlever de force et la faire condescendre à sa volonté à tel prix que ce fut. Il trouva moien de ravir cette fame et l'emmena en cette ville du Mont St-Michel pour en disposer comme il désiroit, et la fit enfermer dans une chambre d'hostellerie sous bonne garde. Le R. P. dom Placide Chassinat, sçachant ces violences, alla avec de ses religieux vers cette misérable pour sçavoir la vérité du fait ; il la trouva plustost preste à mourir qu'à consentir à ce mariage ; n'ayant rien peu obtenir par douceur de ses ravisseurs, il prit laditte femme en sa tutelle et protection et la délivra pour ce coup de leurs mains, quoyque par après elle y soit retombée et n'en eut pas si bonne composition. Cette pieuse générosité irrita tellement ces officiers qu'ils firent ensuite plusieurs affronts et violences aux religieux, presque à les empescher de sortir par la porte comune du monastère, qui sert de corps-de-garde à présent, sans spéciale obédience dudit prieur, et leur impudence alla jusques à les fouiller en revenant de dehors, visiter leur cellules, faire mille autres vexations. Ledit P. prieur, avec sa communauté, ne pouvant souffrir davantage ces violences, qui s'augmentoient de part et d'autre, ils prirent résolution d'envoier leur père procureur à Paris pour poursuivre lesdits officiers au privé conseil du Roy, et obtenir un règlement pour aire cesser tels désordres, et, en mesme temps, la communauté donna connoissance à Monsieur de Souvré, abbé, de touttes ces tyrannies et le pria d'entreprendre cette affaire en son nom et en celuy de la communauté, ce qu'il fit avec beaucoup d'affection, de sorte que le P. procureur estant à Paris obtint un arrêt du privé conseil, sa Majesté séant en personne, par lequel arrest les droits et priviléges de cette abbaye estoient confirmés et deffenses estoient faites au gouverneur et à ses officiers de troubler ou inquieter à l'advenir lesdits religieux soubs des peines griefves, avec lettre de cachet au sieur lieutenant d'Avranches pour le faire signifier et exécuter de poinct en poinct. Mais le gouverneur ayant eu advis de cet arrest, se transporta en l'abbaye de St-Germain-des-Prez-lez-Paris pour parler audit père procureur et le prier d'en retarder la signification, luy promestant qu'en peu de temps, il seroit au Mont St-Michel, où il donneroit pleine et entière satisfaction à la communauté, et par prévention qu'il s'offrait à luy donner une lettre pour ses officiers, par laquelle il leur enjoindroit de mettre en liberté la fame susditte. Ce que le P. procureur luy accorda suivant l'advis de Monsieur l'abbé et de nostre très R. P. supérieur général que ledit marquis avoit fort sollicité pour cela et des senieurs de ce monastère. Aussy ledit sieur ne manqua pas à sa promesse, mettant sur l'heure entre les mains dudit procureur sa lettre qui eut son effet, et trois sebmaines après, s'étant rendu en ce Mont, il entra dans le chapitre des religieux, où, en présence de M. le comte du Pontavis, du lieutenant général d'Avranches et de plusieurs autres personnes de condition qui s'y estoient trouvez exprez, à la prière des religieux, il désavoua tous les torts, affronts et violences qui avoient esté faites ausdits religieux par ses officiers, témoignant beaucoup de regret de leur procédé, protestant qu'ils n'avoient rien comis en cela par son ordre, au contraire, qu'il les avoit tousjours exhorté de vivre en bonne intelligence avec la communauté. De plus, ils les menaça de les casser s'ils donnoient à l'advenir subjet aux religieux de se plaindre d'eux. En outre, il fut fait commandement ausdits officiers de satisfaire aussy eux-mesmes, lesquels demandèrent pardon, dans le chapitre, et au sortir du réfectoir, au R. P. prieur et à la communauté de leur malversation, et ce en présence des susdits gentilshommes et amis du monastère ; ils supplièrent humblement les religieux d'oublier le passé, promettant de ne jamais retomber en de semblables fautes. Desquelles satisfactions et réparations faites par ledit sieur gouverneur et ses officiers, les religieux se sont contentez, et ne publièrent point leur arrest, qui est conservé aux archives pour servir en semblables occasions.

De Dom Augustin Moynet, 10e prieur. (Chapitre XXII.)

L'an 1657, le chapitre général, se tenant en l'abbaye de Marmoutiers lez Tours, nomma pour prieur de ce monastère le R. P. dom Augustin Moynet. Il estoit natif de la ville de Vendosme, d'honeste famille, et avoit eu desjà quelques charges honorables en la congrégation.

1. Chemin de ronde pour les soldats.
2. Escalier — travaux de menuiserie.
3. Il fit faire de beaux tableaux dans toutes ces chapelles par un novice convers nommé F. Jean Loiseau, qui en a fait aussi plusieurs grands pour placer aux piliers du

chœur. Ce novice est un excellent peintre, et fit au 27 janvier de l'an 1664, sa profession solennelle pour demeurer en la congrégation.

Ornements chasubles, etc.

« C'est une chose fort considérable que nonobstant tant de deppences pour l'ornement de l'église et pour divers accomodements dans le monastère, il ait peu faire des aumosnes si extraordinaires durant la grande cherté qui arriva sur la fin de l'an 1661 et jusques à la récolte de 1662 ; il est certain qu'il y emploia cette année plus de dix mille livres au-dessus de ce qu'on avoit accoustumé les austres années. Les aumosnes générales se faisoient tous les jours à tous les pauvres, qui venoient de trois et quatre lieues loincg ; outre cela il fit vestir plus de cent pauvres et fit fournir des médicaments à tous les malades, et c'est le sentiment commun, que sans cette charité, plus de deux mille pauvres seroient morts de faim. Tant de saintes et louables actions le disposèrent à la mort, qui luy arriva le 22 febvrier de l'an 1663, sur les 10 à 11 heures du matin : Dieu qui a, dit l'ancienne loy, ordonné les décimes sur touttes les possessions de son peuple, décima ce prieur et l'appela à soy pour le recompenser de ses travaux, ainsi qu'il est à préjuger de la fin qui termina sa vie, qui fut d'un véritable saint. »

De divers cours d'estude en ce monastère. (Chapitre XXIII.)

L'an 1636, a esté parachevé en ce monastère un cours de philosophie, commencé dès l'an 1633, lequel cours fut expliqué par le R. P. prieur dom Michel Pirou, religieux de la congrégation de St-Maur, à dix ou douze religieux, jeunes profès de la mesme congrégation. L'an 1643, au mois de juillet, le cours des estudes de théologie, qui avoit esté commencé l'an 1642, fut conclu et parachevé, lequel cours a été enseigné à quatorze ou quinze jeunes religieux de la congrégation, par les RR. PP. dom Hiérosme d'Harancourt et dom Philibert Tesson, l'un faisant leçon le matin, l'autre le soir. L'an 1648, le 13 jour du mois de juillet, a esté conclu, en ce monastère, un cours de théologie, qui y avoit esté commencé incontinent après le chapitre général tenu l'an 1645, et fut enseigné par le R. P. dom Hiérosme d'Harancourt, qui eut pour escholiers, quinze jeunes religieux profès de la congrégation, avec lesquels plusieurs bien capables et versez en matières théologiques.

L'an 1654, le cours de théologie, qui avoit esté commencé en ce mois de l'an 1651, fut conclu et parachevé. Le R. P. dom Grégoire Bodin l'enseigna à douze ou quinze jeunes religieux de la congrégation, qu'on avoit fait assembler en cette abbaye, pour vacquer à s'employer aux susdites estudes.

L'an 1657, a esté parachevé en cette abbaye un cours de théologie, qui avoit été commencé trois ans auparavant, lequel cours fut enseigné par les RR. PP. Placide Chassinat, pour lors prieur de ce monastère, et dom Arsène Mausel, qui maintenant y préside en la mesme qualité de prieur, l'un enseignant le matin, l'autre l'après-diné ; ils eurent pour escholiers, douze ou treize religieux profès de la congrégation.

L'an 1660 a esté fini et achevé le cours de philosophie qui y avoit esté commencé, par l'ordre du chapitre général tenu l'an 1657. Le R. P. dom Jacques Hue enseigna ledit cours à treize ou quatorze religieux profès de la congrégation.

L'an 1663, sur la fin du mois de juin, fut conclu et parachevé le cours de théologie commencé après le chapitre général précédent ; le R. P. dom Michel des Fosses l'enseigna à treize ou quatorze jeunes religieux de la congrégation de St-Maur.

La mesme année 1663, au commencement du mois d'aoust, le R. P. prieur dom Arsène Mansel a ouvert par une conférence l'année de recollection, portée par les déclarations de nostre congrégation, à treize religieux prestres qui avoient achevé leur théologie sur la fin de juin, desquels il a pris la conduitte, pour la direction de leur intérieur, et à cause de ses occupations ordinaires a donné la charge à dom Guillaume Besnard, son souprieur, de leur faire les conférences les lundis, mercredis et vendredis.

L'an 1666, le chapitre général, se tenant au monastère de Fleuri au dessus d'Orleans ou autrement de St-Benoist sur Loire, a nommé pour prieur de ce monastère le R P. dom Mayeul Gazon, âgé environ de 61 ans, natif de la ville d'Orléans, lequel avoit desjà gouverné dès longtemps, en qualité de prieur, plusieurs monastères, ayant esté aussi visiteur de la province de Bourgongne ; durant son triennaire, il a soutenu vigoureusement une bonne partie des persécutions et insultes du sieur de la Chastière, des officiers et soldats de la garnison qu'il a réduit à la raison et particulièrement ledit sieur gouverneur, contre lequel il a fait informer si bien et si beau, qu'on tient que ledit sieur en est mort de peur, comme il est rapporté plus amplement ci dessus dans la liste des gouverneurs et dans le livre des choses remarquables arrivées en ce monastère.

Soubs son gouvernement, le 30 aoust 1666 a esté commencé un cours de rhétorique en ce monastère par ordre du susdit chapitre général ; le maistre de laditte rhétorique a esté dom Louis Hinault soubprieur qui l'a enseigné à seize religieux jeunes profez envoyez icy de divers monastères pour cet effet. Item soubs le mesme, l'an 1667, le jour de l'octave de l'Assomption de la Ste-Vierge, a esté commencé en ce monastère un cours de philosophie dont le lecteur a esté le R. P. dom Joseph Le Mareschal, à quinze jeunes religieux nos confrères, venus icy de divers monastères selon l'ordre de la diette dernière 1667.

Additions de Dom Estienne Jobart (p. 154).

Item le 31 de juillet 1665 a esté commencé un cours de rhetorique par l'ordre de la diette annuelle, laquelle dom Jean Damascene de Condes, soubprieur, a enseigné à quinze religieux profez envoyés en ce monastère pour ceste effet, régis et gouvernés par le R. P. don Arsène Mansel, prieur dudit Mont St-Michel.

1663. De Dom Arsene Mansel, 11e prieur. (Chapitre XXIV.)

L'an 1663, le chapitre général se tenant au monastère de St-Benoist-sur-Loire, autrement appellé le monastère Fleuri au dessus d'Orléans, nomma pour prieur de ce monastère le R. P. dom Arsène Mancel. Il estoit natif de Redon, petite ville en Bretaigne, à douze lieues de Nantes ; son naturel estoit assez doux et paisible. Il s'est comporté fort prudemment et vigoureusement pendant les trois années qu'il a esté prieur de ce lieu, parmi les persécutions, violences et insultes de notre gouverneur de la Chastière et des officiers et soldats de la garnison.

Il a esté assez aimé des séculiers et des religieux, et soubs sa conduitte les jeunes théologiens, nos confrères, ont fait leur année de recollection et a esté commencé et achevé un cours de rhéthorique, comme il est dit immédiatement ci-dessus, ce que je debvois mettre après avoir parlé de son institution à la charge de prieur de ce monastère.

De Dom Michel Gazon, 13e prieur. (Chapitre XXV.)

Item N. S. père le pape Clément IX ayant concédé un jubilé universel en suitte de son assomption au souverain pontificat 1667, les bulles dudit jubilé ayant esté apportées à Avranches, nostre diocèse, environ le caresme 1668, et ayant esté envoyées icy à nostre dit R. P. prieur, il fit commencer icy et ouvrir ledit jubilé par une prédication faite par dom Pierre Le Duc, religieux de ceans, le 3 mars 1668, premier dimanche du mois et troisième du caresme, et par son ordre, la communauté en froc alla en procession ce jour-là à la paroisse, chantant le Veni creator spiritus et autres prières accoutumées, allant et revenant le R. P. prieur revestu en chappe avec deux chantres, la croix précédente, avec deux ceroferaires revestus en aube et un thuriferaire ; ledit père prieur ordonna les stations pour nous nous au grand autel, chapelle Nostre-Dame et Nostre-Dame et St-Aubert sous terre et monsieur le curé de ce Mont ordonna les stations pour ses paroissiens. Ledit jubilé finit le 18 mars, dimanche de la passion, par une procession et prières comme dessus à l'ouverture.

Item de son temps, le 20 de septembre 1668, il se fit un tremblement de terre environ les cinq heures et demie du matin, duquel s'aperceurent plusieurs personnes icy et ailleurs.

Pour la translation des reliques de St-Gaude faite de son temps en 1668, voyez le chapitre des reliques, 4e partie de cette histoire.

L'an 1669, le chapitre général se tenant à St-Benoist de Fleuri ou sur Loire comme ci-dessus a esleu et continué prieur de ce monastère le susdit R. P. dom Mayeul Gazon, qui est retourné dudit chapitre en ce monastère le 3 juillet 1669 et le lendemain s'estant présenté au chapitre a fait lire son obédience et institution laquelle est insérée dans le livre des actes capitulaires.

L'an 1671, dom Jean Godefroy fut transféré céans qui n'y resta pas longtemps pour infirmité, car on le transporta à Rennes où il mourut sainctement comme il avait vescu.

L'an 1672, fut nommé prieur dom Pierre Cherot, le 17 juin, au chapitre général tenu à St-Benoist-sur-Loire, et fut deux ans. En sa place fut nommé dans la diette de 1674 le R. P. Laurent Hunault et fut continué au chapitre de 1675.

L'an 1678, fut nommé prieur, le 16 juin, audit monastère de St-Benoist-sur-Loire, dom Michel Briant, qui accablé de maladie demanda sa descharge, et fut mis en sa place dom Philippe Rousseau, 16e prieur, qui y demeura le reste du triennal.

L'an 1681, 28 may, fut nommé pour 17e prieur dom Guilaume des Rieux.

L'an 1684, 27 may, fut nommé pour 18e prieur dom Pierre Terrien, qui fit dorer le tour des chapelles et fit faire la chapelle du Thresor dite de la Trinité ou de St-Sauveur, autrefois Nostre-Dame-de-Pitié.

L'an 1687, fut nommé pour prieur Joseph Aubrée, qui a fait accomoder la salle des chevalliers, transporter le thresor en la chapelle de St-Sauveur et transporter la roue des poulains.

L'an 1690, le R. P. dom Henry Fermelys a esté nommé 20e prieur de ce monastère, qui a commencé l'ouvrage de la merveille et fait boiser les lieux communs.

L'an 1693, au chapitre général, fut nommé prieur du Mont St-Michel dom Jan Loone ou Loene.

Livres desquels l'autheur s'est servy pour composer cette histoire.

Nota. — Nous avons indiqué dans la seconde colonne quels sont parmi les manuscrits cités par Dom Huynes, ceux qui existent aujourd'hui à la Bibliothèque d'Avranches et ceux qui paraissent perdus. Nous devons ces renseignements précieux à l'obligeance de notre savant confrère et ami M. Léopold Delisle.

1. Le livre de Sebastien Ernault, prieur de cette abbaye, qui mourut l'an 1570. Le citant, il met Z. — Volume perdu.

2. Un livre latin, escrit vers l'an 1440, marqué au-dessus de ce titre : « Variæ quœstiones de angelis et hujus Montis historia, volumen minus. Le citant, il met RR. — Aujourd'hui ms. 213 d'Avranches.

3. Un livre escrit du temps de l'abbé Bernard, contenant les lettres de fondations et des donations, dit Cartulaire. Le citant, il met AA. — Aujourd'hui ms. 210 d'Avranches.

4. Le Cartulaire dit Livre Blanc, contenant une transcription d'une bonne partie des lettres des archives. Le citant, il met BL. — Volume perdu.

5. Un obituaire où sont remarquez les decez de plusieurs, dit aussy Collectaire à raison des collectes ou oraisons. Le citant, il met R 7. — Ms. 215 d'Avranches.

6. Un autre obituaire semblable au précédent, quelque peu plus ancien. Le citant, il met Θ$_1$. — Probablement la seconde partie du ms. 214 d'Avranches.

7. Un livre escript il y a environ trois cens ans, dit Martyrologe. Le citant, il met R 8. — Probablement le ms. 214 d'Avranches.

8. Citant un manuscript intitulé II$_{11}$ F, « Collectarium historiarum Normannicarum », il met ↓. — Probablement perdu.

9. Citant un manuscript intitulé II$_{10}$, « Chronicon minus Sancti Michaelis, » faict vers l'an mil deux cents nonante, — Partie du ms. 211 d'Avranches, renfermant les Annales du

et à la fin duquel il y a quelques additions, il met II $_{10}$.	Mont-Saint-Michel.
10. Citant un manuscript dit Chronicon majus Sancti Michaelis de Monte, composé vers l'an 1600 par un religieux de ce Mont, il met λ.	Peut-être l'ensemble des morceaux qui furent réunis au xviie siècle pour former le ms. 211 d'Avranches. Volume perdu.
11. Citant un manuscript en papier contenant vingt huict feuillets, escript il y a bien cent ans, il met G.	
12. Citant un manuscript en papier, contenant quarante deux feuillets, inscript « Acta capitularia F, » il met F.	Volume perdu.
13. Citant un manuscript en parchemin contenant 64 feuillets, inscript « Volumen majus historiæ Montis, » II$_9$ il met II$_9$.	Probablement le ms. 212 d'Avranches.
14. Citant un vieux manuscript intitulé : « Fundatio et miracula Sancti Michaelis in periculo maris, » il met Δ.	Peut-être la dernière partie du ms. 211 d'Avranches.
15. Citant un manuscript en parchemin auquel sont contenus les chroniques d'Eusebe, de Saint Hierosme, de Sigebert et de Robert de Thorigny, dit Robert du Mont, il met II$_1$.	Ms. 159 d'Avranches.
16. Citant un manuscript contenant ce qui s'est passé en ce Mont depuis l'an 1572 jusques en l'an 1583, composé par Mre Jean Le Mansel, le citant, il met Le Mansel.	Volume perdu.

Outre tout ce que dessus, il a attentivement et à loisir feuilleté tous les originaux et papiers de ce monastere, en quelque lieu qu'ils fussent, par la permission des superieurs.

Il s'est servi aussy de plusieurs autheurs externes.

TABLE GÉNÉRALE

DES DEUX VOLUMES

DE

L'HISTOIRE DU MONT-SAINT-MICHEL.

A

Abbaiette, prieuré nommé aussi Villarenton. II, 19, 70.
Abbaye du Mont, bénéfices qui en dépendaient. II, 70, 78; — abbayes affiliées, 179, 182.
Abbés réguliers. II, 149, 204, 208, 215; — commendataires, 204-206, 219-277.
Achery (dom Luc d'). Introduction, XLVIII.
Adam, archidiacre. I, 126.
Adelme, soldat II, 18.
Adhugisis, mère d'Alain de Bretagne. I, 155 à la note.
Agnes, mère de Robert du Mont. I, 174.
Aix-la-Chapelle (concile d'). I, 2.
Alain III, duc de Bretagne. II, 17, 49.
Alain Fergent (au lieu de Sergent). II, 88.
Alexandre III, pape. Introduction, XXX. I, 177, 217; II, 29, 50, 58.
Alexandre IV, pape. Introduction, XXX. I, 217, 218, 252; II, 29, 32, 58.
Alexandre V (Philarge Candiot). I, 193.
Alexandre, voyez Nicolas Ier.
Alférac (marquise d'), gouvernante. II, 152.
Aliénor, femme de Henri II. I, 176.
Alincourt (d'), gentilhomme huguenot. II, 218.
Allart (P.), défenseur du Mont-Saint-Michel. II, 118.
Almedis, femme de Robert. II, 19.
Almod, abbé du Mont, puis de Cerisay ou Cerisy. I, 155, 156, 243, 244.
Almod, abbé de Saint-Sauveur. I, 340.
Apparitions. I, 22, 24, 27, 30, 36, 38, 39, 40, 48, 128, 131, 141.
Annebault (cardinal d'), 3e abbé commendataire. I, 214, 229, 269.
Aquilin, capitaine du château de Pontorson. I, 177.
Archidiaconé du Mont. II, 3.
Ardevon. I, 18; — fief de Noyant, I, 191; fief de Plom, I, 188; — prévosté, I, 254; — baronnie, II, 5; — marché. II, 8; — chapelle St-Gilles, II, 74, 77; — bastille, II, 107, 108, 122; — les paroissiens doivent au Mont le service du guet, II, 94, 141; — cure Sainte-Marie, II, 71; — église dépend de l'Archidiaconé du Mont, II, 214, 215; — manoir, II, 218; — violences du sieur de Lorges sur les habitants, II, 218.
Argentan (pèlerin d'). II, 54.
Argenterie. Introduction, LII, I, 42-48.
Argouges (Saint-Pierre), curé. II, 72, 76.
Armagnac (Jean bâtard d'), chevalier de l'ordre de St.-Michel. II, 64.
Armoiries de l'abbaye. I, 267; — II, 69; — des abbés Pierre Leroy, I, 190; — Robert Jolivet, I, 197; — Guillaume de Lamps, I, 208; — cardinal d'Estouteville, I, 262; — André Laure, 207, 264; — Jean Le Veneur,

267; — d'Annebault, 262; — de Cossé, 273; — de Joyeuse, 274; — de Lorraine, 274; — de Souvré, 277. — Armes des défenseurs du Mont, II, 119-120; armes de Queroland, II, 241; — de Henry de Bricqueville, II, 143. — Blason des armoiries apposées au Mont-St-Michel, introduction, LII.
Arnoult, comte de Flandres. I, 52.
Artillerie (pièces d'). II, 122 et note de la p. 123.
Artur de Bretagne. II, 110.
Artur III, duc de Bretagne. II, 17.
Asa, femme de Rodolphe. II, 19.
Ascelme, religieux. II, 21.
Ascelme de Calgey. I, 237.
Assigny. Voyez Granville.
Asteriac, ancien nom de Beauvoir. I, 20, 33, 36.
Auber (E), défenseur du Mont-Saint-Michel. II, 117.
Auberges des Trois Roys au Mont-Saint-Michel. II, 139, 145; — de la Tête d'Or. II, 213.
Aubert (St.). Hymnes en son honneur. Introduction, XXVI. Sa vie, I, 7, 13. Apparition de l'Archange, 22. Perforation du crâne, 24. Miracle du taureau, 34. Miracle de Bain, 27. Chapelle, 28. Fontaine, 16, 39. Reste des constructions de St.-Aubert, 37. Soustraction de son corps, 59, 61. Translation de son corps, 69. Chef de St-Aubert, 74. Autel portatif, 77. Inscription, 74. Fête de la translation, 75. Fièvreux guéri, 75. Incrédulité punie de mort, 75-76. Procession, 77. Paralytique guérie. II, 36, 37, 38. Châsse, 47. Reliquaire du chef, 43. Bras d'argent, 43. Bras donné aux chanoines d'Avranches, 46 Serment sur ce bras, 46.
Aubert (St.). Protection de Saint-Aubert sur son abbaye. II, 87, 122.
Aubert, évêque de St-Malo. I, 177.
Aubert (Saint), évêque de Cambrai. I, 41.
Aubert (Maurice), bourgeois de Bayeux. I, 113.
Aubrée (Joseph), prieur. II, 231.
Aubrée (Joseph), prieur. Introduction, XLIX; II, 231.
Audebert (Bernard), religieux de la congrégation de St-Maur. II, 198.
Aulçays (P. d'), défenseur du Mont Saint-Michel. II, 118.
Augustins (moines). Introduction, XLIII.
Aumônes. II, 226.
Aumont (Roger d'), évêque d'Avranches; son différent avec les moines du Mont-Saint-Michel. I, 276; II, 219-222.
Aurene (ile). II, 8.
Aussebosc (le bâtard d'), défenseur du Mont-Saint-Michel. II, 116.
Aux-épaules, défenseur du Mont-Saint-Michel. II, 117.
Auzebots (le sieur d'), capitaine du Mont-Saint-Michel. II, 125.
Avancourt (d'), gentilhomme breton, lieutenant. II, 158, 160.
Avenel Ranulphe. II, 21.

B

Bacilly (Marie, fille de Jean de), donne la cure de Bacilly au Mont-Saint-Michel. II, 21.
Bacilly (Saint-Etienne de), cure. II, 21, 72.
Baillieul (R. de), défenseur du Mont-Saint-Michel. II, 118.
Baldric, archevêque de Dol; son pélerinage au Mont; sa relation: *de scuto et gladio*. I, 135-148.
Bâle (Concile de). I, 199.
Balerent, terre. II. 180.
Bain. I, 27.
Ballihan (Jean), bourgeois de Daez. I, 126.
Barcillon (Jean-Baptiste de), vicaire-général de l'abbé Henry de Lorraine. Introduction, XLVII; II, 195, 196.
Barbe (Nicolas). I, 128.
Barbe (dom Olivier), religieux non réformé. II, 201.
Barthélémy (Saint). Reliques de ce Saint, offertes par Childelbert II. I, 43.
Baronius (le cardinal). Erreur commise par lui. I. 41.
Bascon (P.), défenseur du Mont-Saint-Michel. II, 117.
Bastilles construites par les Anglais. II, 107, 108, 122.
Baternay du Bouchage. I, 210, 211, 264. — Le comte Imbert de Baternay, capitaine, contraint au guet les habitants du Mont. II, 126. — René de Baternay, capitaine du Mont, *ibidem.* — Marie de Baternay, mère du cardinal de Joyeuse. I, 234.

— 237 —

Bâtiments : *Eglise*. I, 34, 37, 154, 157, 160, 164, 168, 179, 184, 188, 190, 204, 213, 234-242, 244 ; — II, 207. — *Lieux réguliers*, Merveille. I, 163, 249 ; — Cloître, 180, 250 ; II, 207 ; — Dortoir ancien. I, 160 ; — Dortoirs. 1, 179, 188 ; II, 207 ; — Réfectoire. I, 179, 180, 190 ; — *Constructions diverses.* I, 175, 182, 187, 188,, 141, 196, 209, 258, 259, 265 ; — Belle chaire, corps-de-garde, 1, 182, 191 ; — Remparts, II, 98 ; — Saut-Gautier. II, 209, 265 ; — Tour Perrine. I, 191.

Bauceville ou Boscherville (Saint-Georges de). I, 171.
Baugé (Pèlerin de). II, 54.
Baulan, prieuré. I, 260.
Bayeux (Donations à N.-D. de Bayeux) I, 51.— Miracle arrivé à une femme de Bayeux. I, 112, 113. — Pèlerins de Bayeux. II, 55.
Beaufort (de), amiral breton. II, p. 106.
Beaumont (Roger de). I, 106.
Beaumont (Radulf de). Huitième abbé ; ses constructions, sa mort. I, 157 et la note.
Beaunings (Louis de), chevalier de l'ordre St-Michel. II, 64.
Beaurepère (Benoît de), religieux de la congrégation de St-Maur. II, 198.
Beauvais, patrie de dom Huynes. Introduction, 1-3.
Beauvoir, nouveau nom d'Astériac. I, 20 ; — Origine de ce nom. I, 35-36. — Prévôté de Beauvoir. I, 254 ; — Cure de Saint-Michel. II, 71. — Les habitants doivent le service du guet du Mont-St-Michel. II, 94.
Belet (Fiacre), religieux de la congrégation de Saint-Maur. II, 198.
Belle chaire ; époque de sa construction. I, 182.
Belle-Isle (marquis de), gouverneur de Fougères, attaque Queroland et est tué. II, 137-138, 146-148.
Belle-Isle (marquis de), fait assassiner Queroland. II, 140 ; son repentir, 141.
Bernard Laurent, prieur de Cluny. II, 191.
Bénéfices. Pouillé général des bénéfices de France. Introduction, IX ; — Bénéfices dépendant du Mont-Saint-Michel. II, 76-78.
Benoist (G.). Défenseur du Mont-St-Michel, II, 117.
Benoist, abbé de Saint-Michel de Cluse. II, 50.
Benoist XI, pape (commission donnée pour la visite des provinces de Normandie et de Touraine). II, 185.
Benoît (ordre de saint) et sa règle. I, 1 et 2.
Beraud successeur de Brouhé, agent de Henry de Lorraine. II, 2-7.
Berger, capitaine. II, 158, 160.
Bernard, religieux du Mont. I, 83.
Bernard, abbé du Mont-St-Michel ; — ses constructions, sa mort. I, 53, 157, 167, 168, 170, 246, 247 ; — fait faire le vase où repose non le corps, mais le chef de St-Aubert, II, 43.
Bernay (abbaye de). I, 156, 157.
Bernier de la Lande, major. II, 151, 153.
Bernier, chanoine du Mont. I, 71, 150, 153.
Besnard (Guillaume), sous-prieur, II, 228.
Bertrand (Robert), seigneur de Bricquebec, capitaine des ports de Normandie. II, 92.
Bertevin (Saint). Introduction, 11.
Bertrand Geffroy, prieur de Josselin. I. 200.
Bertin (dom Rupert), religieux. II, 81.
Bérulle (Pierre de), administrateur du Mont-St-Michel. II, 188, 189, 190, 193.
Bétille, official de la cathédrale. II, 223.
Biars (de), défenseur du Mont-St-Michel. II, 115.
Blois (Charles de) donne les reliques de St-Yves avec leur reliquaire. II, 44.
Blosset (Marie). I, 228.
Bodhel, terre. II, 17.
Bodin (dom Grégoire), religieux et professeur de théologie. II, 227.
Bois (Guillaume du). I, 256.
Boissuzé, gouverneur du Mont-St-Michel. II, 133-136 ; — massacre de 98 protestants. II, 135. — Son renvoi et sa mort. II, 136, 144, 145.
Bonet (Saint), évêque de Clermont, (chasuble de la Vierge). I, 147.

Boniface VIII, pape. I, 217.
Bonifait (Bertrand), conseiller et réformateur des états de Normandie, II, 91.
Bonnemaire, orfèvre de Rennes, orne les châsses de St-Gaud et des saints Gudbert et Valentin, II, 85.
Bonnault (Jean), vicomte d'Avranches. II, 97.
Bono, abbé de Saint-Taurin. I, 240.
Boschage (les seigneurs de). V. Baternay.
Boucey (Saint-Pierre de). II, 20, 70.
Boudant (dom Louis), religieux, II, 172.
Bouette (Oudin), prieur du Mont, fait enchâsser le chef de Saint-Innocent. II, 42; — les ossements de St-Aubert. II, 43; — le bras d'argent où est l'os du bras de St-Aubert. II, 45; — les reliques envoyées par le pape. II, 46, 47.
Boulogne (Etienne et Eustache de). I, 9.
Boulogne la grasse. I, 194.
Bourbon (Louis, bâtard de). II, 64.
Bourbon (Marie de), donne une chapelle. II, 35.
Bourbon (Marie de), dame d'Estouteville ; son pèlerinage. II, 52.
Bourbon (Henri de), prince de Condé ; son pèlerinage. II, 52.
Bourbonnais (Le duc de), donne trois chandeliers. II, 34.
Bourdigué (Jean). Introduction, XXXI.
Boyvin (Henry de), évêque de Tarse, coadjuteur de l'évêque d'Avranches. II, 53, 192, 213.
Brécé (Geffroy et Robert de). II, 254; (prevôté de). I, 254.
Brécé (de), défenseur du Mont-Saint-Michel. II, 115.
Brée (voyez Domville).
Brée (Robert de). II, 91.
Brée (Guillaume de). I, 250.
Bretheville (seigneurie de). I, 250.
Bretheville (Sainte-Marie-de), cure. II, 74.
Brevant, voyez La Luzerne.
Breville (Guillaume de). II, 21.
Breville (Sainte-Marie-de), cure. II, 21, 72, 76.
Brian. II, 19.
Briant (Michel), prieur. Introduction, XLIX; II, 231.
Bricqueville (baronnie de). I, 255.
Bricqueville (de), défenseur du Mont-St-Michel. II, 115, 116, 117.

Bricqueville (Henry de), gouverneur du Mont-St-Michel. Introduction, L; II, 142, 150, 151.
Bricqueville (Gabriel de), gouverneur du Mont-St-Michel. II, 151; sa réception au Mont. II, 151.
Brion près Genest, prieuré et plus tard manoir. I, 169, 209, 212, 214, 260.
Brousse (Jacques-Antoine), historien. II, 188.
Broye (Baron de), capitaine. II, 160.
Bruilly (C. de), défenseur du Mont St-Michel. II, 118.
Bry (Gisles) s^r de la Clergerie, historien. II, 63.
Btemmarie Dacz, ville du diocèse de Liége. I, 125.
Burchüe, localité du diocèse de Liége, *ibid*.
Bulles de Jean XIII. I, 59 ; — d'Eugène IV et de ses successeurs sur l'élection des abbés. I, 217, 230; — d'Alexandre IV sur le droit d'user de la mitre et les bénédictions. I, 182 ; — d'Eugène IV établissant le cardinal d'Estouteville abbé commendataire. I, 28, 201. — Bulles confirmant les possessions et priviléges de l'abbaye. II, 28-33. — Bulles concédant des indulgences. II, 57-62. — Bulles relatives à la congrégation de St-Maur. II, 186, 189, 198, 212. — Bulle ordonnant un jubilé. II, 229.

C

Caen. Religieux envoyés étudier à Caen. I, 186. — Saint-Etienne de Caen. I, 160 ; II, 181.
Calgey (Ile de). II, 21. Cure de Calgey. II, 72, 76.
Calsoy, Ile. II, 5. Voyez Calgey.
Camps (don Louis de), son manuscrit. Introduction, XXXIII; analyse de son contenu, XXXIII-XLIX. — Additions de dom Louis de Camps. I, 22, 33, 89, 123, 190, 197, 207, 208, 209, 212, 230, 234, 237-241-277. II, 46, 54, 73-78, 94, 99, 100, 105, 113, 120, 121, 122, 123, 125, 127, 132, 136, 142, 144-156, 210, 211-229.
Cancalle, paroisse du duché de Bretagne. I, 126; II, 19. — Cure de Saint-Meen de Cancale. II, 73, 75.

Cancaure. I, 155.
Capitaines du Mont. II, 93, 94, 98, 101, 109, 110, 125.
Cardot, enseigne. II, 160, 162.
Carpentier (L. de), défenseur du Mont-St-Michel. II, 118.
Carteret (Saint-Germain de), cure. II, 72.
Carteret (Raginad de). II, 21.
Cerneliense (abbaye de). I, 161.
Chabannes (Antoine de), chevalier de l'ordre St-Michel. II, 64.
Chabannes (Gilbert de), chevalier de l'ordre St-Michel. II, 64.
Chamillard, intendant, sa visite au Mont-St-Michel. II, 157; — est chargé d'informer contre La Chastière. II, 164.
Champellier, capitaine. II, 162.
Chanoines du Mont-Gargan. I, 31.
Chanoines d'Avranches. Envoyés au Mont-Gargan. I, 31; — obtiennent des reliques, 32; — reviennent, 33; — établissent un collége au Mont-St-Michel. I, 37. — Un chanoine puni de mort. I, 44. — Leurs déportements. I, 57 ; Leur remplacement par les moines. I, 60-62. — Mauvaise action du chanoine Bernier. I, 60, 61, 71.
Chanoines de St-André d'Avranches, I, 77.
Chanteloup, village. II, 5.
Chapelles : Notre-Dame-sous-Terre. I, 37, 175 ; II, 127. — St-Etienne. I, 175. — Ste-Catherine. I, 259. — La Trinité, du Trésor ou de St-Sauveur ou de Notre-Dame-de-Pitié. I, 264 ; II, 231. — St-Martin. I, 266. — Notre-Dame. I, 267. — St-Sauveur. II, 119. — St-Aure. II, 132. — St-Roch. II, 140, 150. — Du grand autel St-Michel. II, 166.
Chapellenies dépendant du Mont-St-Michel. II, 74, 75, 77.
Charles-le-Simple. I, 50.
Charles IV, bienfaiteur du monastère. II, 14.
Charles V, roi de France, bienfaiteur du monastère. II, 14, 15. — Lettres des 27 janvier 1356, 22 décembre 1357, 18 décembre 1364 sur la capitainerie du Mont-St-Michel. - Lettres du 27 décembre 1364 portant défense d'entrer armé au Mont-St-Michel. II, 94-97.
Charles VI, roi de France, prend Pierre Leroy pour l'un de ses conseillers. I, 193. — Son pélerinage. II, 51. — Lettres portant interdiction d'entrer armé au Mont-St-Michel. II, 97. — Lettres nommant Pierre Leroy capitaine. II, 98. — Subsides accordés au Mont-St-Michel. II, 99, 100.
Charles VII, roi de France, demande l'abbaye du Mont-St-Michel au pape pour le cardinal d'Estouteville. I, 200 ; — institue Louis d'Estouteville capitaine du Mont. II , 111; — accorde divers priviléges à l'abbaye. II, 111, 113. — Dicton de ce roi. II, 65.
Charles IX, son pélerinage. II, 51.
Charles, duc de Guyenne, chevalier de l'ordre St-Michel. II, 64.
Chartres (ville de). I, 99.
Chassinat (dom Placide), prieur; différent avec les officiers de la garnison. II, 223-225, 227.
Chasteau, voyez Guillaume Du Chasteau.
Chastel (Tanneguy du), chevalier de l'ordre de St-Michel. II, 65.
Chausay, prieuré. II, 70. (Voir Calgey et Calsoy).
Chenaye-Vaulonnet (de) ou de La Chenaye Vaulouet, gouverneur du Mont-St-Michel. II, 136, 137, 144, 145.
Cherot (Pierre), prieur. Introduction, XLIX.
Childebert, second roi de France. Praeceptum de Childebert. I, 40, 43. — Son pélerinage. II, 48.
Ciacon, historien. I, 203, 206, 231.
Clément V, pape. I, 217 ; II, 33.
Clément VI, pape. I, 217 ; II, 33.
Clynchamp ou Clymchamp (R. de), défenseur du Mont-St-Michel. II, 117.
Cloches. I, 235.
Clovis, roi de France. I, 145.
Coccius, historien. I, 175.
Cœnalis (Robert), évêque d'Avranches. I, 168.
Coetquet (le sieur de). II, 105.
Colbert, son pélerinage. II, 56.
Colibert. I, 48,
Colombières (de), défenseur du Mont-St-Michel. II, 116.
Combourg (le sieur de). II, 106.
Combre (le bâtard de), défenseur du Mont-St-Michel. II, 118.
Comète. I, 185.

Commendataires. Voyez Abbés.
Commende. Introduction XLV; I, 200, 219-229.
Conan 1er, duc de Bretagne. II, 17.
Concordats. Concordat de Nicolas Le Vitrier, I, 258.— Concordat de Pierre Leroy, 1, 193 ; de Gonault avec le cardinal d'Estouteville, I, 202 ; de François Ier, 1, 218; de Henry de Lorraine avec la congrégation de St-Maur, II, 196-202.
Condés (dom Jean Damascine de), sous-prieur. II, 229.
Confrairie de St-Michel l'Ange, II, 50.
Corbosont (de), gentilhomme protestant. II, 132.
Corio (Jean), breton. 1, 130.
Corio (Jacques), breton. 1. 131.
Cornille (Michel), laboureur. I, 118.
Cossé (Arthur de), cinquième abbé commendataire. 1, 214 233. — Scandales de son administration, 270-272. — Enlève les titres de l'abbaye, II, 77.
Cotelle (dom Philbert), religieux de la congrégation de St-Maur. II, 197.
Coudeville (Saint-Georges de), cure. II, 72.
Couesnon. Introduction, II, I, 17. — Dicton sur le Couesnon. II, 16. — Terres situées sur le Couesnon, II, 17.
Coulongnes (Henry de), bourgeois de Daez. I, 126.
Cours d'études. II, 226-229.
Coursemont (pèlerins de). II, 55.
Courtils (des), capitaine tué devant le Mont-St-Michel en 1594. II, 145.
Coustances. I, 111.
Cran. Voyez St-Pair.
Créant, prieuré dénommé aussi Criant. I, 254 ; II, 20, 70.
Crépon (Jean), docteur de la Faculté de Paris. I. 197.
Criquy ou Crequy (de), défenseur du Mont-St-Michel. II, 115.
Croix des grèves. I. 88, 89 et la note.
Crombœuf (le bâtard de), défenseur du Mont-St-Michel. II, 117.
Cromeret ou Cormeray. I, 52.
Crus (G. de), défenseur du Mont-St-Michel. II, 116.
Cruslé (de), défenseur du Mont-St-Michel. II, 118.
Crussol (Charles de), chevalier de l'ordre de St-Michel. II, 64.
Curcy (paroisse de). I, 52. — Prévôté de Curcy. I, 254. — Saint-Martin de Curcy, cure. II, 71.

D

Daez ville du diocèse de Liéges. I. 126, 127.
Danneville (Michel), aumônier. I, 224.
Danneville (Jean) religieux. II, 1, 126
Dédicace. 1, 36 ; note de la même page et p. 40.
De La Porte (Estienne) docteur en théologie. I, 119.
Delisle (Léopold), membre de l'Institut. Introduction, XVLV; II, 2, 232, 233.
Deschamps du Manoir (l'abbé). Introduction, XXI, XLII et la note ; I. 267. II, 136, 141, 143.
Dey (Georges), prédicateur du Roy. II, 197.
Dieuleveut cabaretier. Introduction, LIII.
Donations : de Rollo ou Robert premier. I, 51. 10 de Guillaume Longue espée. I, 52. II, 1-25.
Dons divers. II, 34, 35.
Dorat (Le), au diocèse de Limoges. Introduction, XI.
Domian ou Domjan (seigneurie). I, 255. — St-Jean de Domjan, cure. II, 74.
Domville (le fief de Brée en). I, 188.
Donvald, évesque d'Aleth ou de St-Malo. 1, 238.
Dragey (Saint-Médard de), cure. II, 72.
Dragon vaincu par St-Aubert. I, 11. — Dragon vaincu par l'archange St-Michel. I, 43, 137-146.
Drogon. I, 89.
Draubie, archidiacre. I, 254.
Ducé. I, 17.
Du Breul (Jacques), auteur du théâtre des Antiquités. II, 50.
Du Moulin (Gabriel). I, 53, 56, 159 ; II, 2, 7, 9, 22, 24, 88, 119, 120.
Duplessis, historien. I, 236, 273 ; II, 12, 61, 197, 200.
Du Pont (dom Henry), prieur. Introduction, XLV; II, 194, 195, 214.
Du Puy (Gabriel), donne la grille. II, 34.
Durand, chanoine du Mont. 1, 60. 150.
Du Tau (Denyse), femme Gacoing de Marignie. I, 134.

E

Edelred ou Etbereld. II, 23, 24.
Edouard (St), roi d'Angleterre. II, 22. — Charte de ce roi, 23, 26.
Elga, roi d'Hybernie. I, 141.
Enseigne Saint-Michel. II, 19.
Enhuict deniers (Michel d'), allemand. I, 126.
Erengarville ou Erenguerville, cure. II, 5, 72.
Ernault (Sébastien), auteur d'un manuscrit perdu. II, 232.
Escay (Sainte-Marie-d'). II, 22, 74.
Escale ou Escaile (d'), capitaine anglais. II, 121.
Escouchié, paroisse du diocèse de Séez. I, 104.
Espas (Prevôté d'). I, 254, cure St-Martin-d'Espas. II, 71. — Service du guet que doivent les paroissiens. II, 94. — Bastille d'Espas. II, 122.
Espas (L. d'), défenseur du Mont-St-Michel. II, 116.
Espas (G. d'), défenseur du Mont-St-Michel. II, 117.
Esquilly (L. d'), défenseur du Mont-St-Michel. II, 116.
Estienne, évêque de Rennes : ses vers. I, 176. — Reçoit les serments de fidélité des seigneurs bretons, 177.
Estienne, abbé de Cluny, son pélerinage. II, 50.
Estouteville (Louis d'), capitaine du Mont-St-Michel, défenseur de l'abbaye. I, 200, 203, 262; II, 39, 110, 115, 119, 120, 124.
Estouteville (cardinal Guillaume d'), nommé abbé commendataire par le pape; il traite avec Gonault. I, 116, 199-203. — Son administration; reconstruit le haut de l'église du Mont. I, 116, 204-206, 214, 261, 262, 263; II, 59.
Estouteville (Robert d'). I, 203, 262.
Estouteville (Jean), baron de Bricquebec, capitaine du Mont-St-Michel. II, 124, 125.
Estouteville (Michel d'), sieur de Moyon. I, 126.
Estouteville (Louis d'), sieur de Torcy, chevalier de l'ordre St-Michel. II, 64.
Eudon (comte). I, 155.
Eugène III, pape. I, 172, 217.
Eugène IV, pape. I, 28 et 202. — Indulgences. II, 61.

Evrecy (Osberne d'). II, 21.
Evrecy (Sainte-Marie-d'), cure. II, 21, 74.
Evreux (donation à Notre-Dame d'). I, 51.
Exécrations, formules diverses. II, 26.

F

Fable inventée par un honnête homme d'Avranches. I, 97.
Famigot. Voyez Nicolas II.
Faucheries (des), avocat. II, 161, 162, 163.
Femme enlevée. II, 223.
Fermelys (Henry), prieur. Introduction XLIX. II, 235.
Féron, fermier. II, 163.
Féry ou Géry (dom Matthieu), religieux. II, 145, 201, 202.
Fescan ou Fécamp (abbaye de). II, 56, 172.
Festan (Louis de), infirmier. I, 224.
Feuardent, cordelier. Introduction XVII. I, 131, 146, 180.
Feux de joie. II, 216.
Fichet-Hamon. I, 254.
Fiesque (Bede de), religieux de la congrégation de Saint-Maur et prieur du Mont. Introduction IV. II, 198, 204, 213.
Flambart. Voyez Lambart.
Folligny (de), défenseur du Mont Saint-Michel. II, 115.
Fontenay (C. de), défenseur du Mont Saint-Michel. II, 117.
Fontenelle ou Saint-Vandrille, abbaye. I, 59, 62.
Forêt du Mont-Tombe ou de Scissy. I, 19.
Fossés (dom Michel des), religieux et professeur de théologie. II, 227.
Fouchier, jeune docteur en théologie. I, 127.
Foul (Jacques de), bourgeois de Daez. I, 127.
Fouquet, surintendant. I, 276; II, 153.
Franco, archevêque de Rouen. I, 51.
François (Saint); image de ce saint placée dans le cloitre. I, 181, 250.
François Ier; son concordat avec Léon X. I, 219. — Lettre aux moines, I, 222. — Autre lettre, 224. — Autre lettre, 226. —

Autre lettre, 227, 266. — Son pélerinage au Mont. ll, 51.
François, dauphin de France; son pélerinage. ll, 51.
François I*r*, duc de Bretagne. ll, 17. — Son pélerinage au Mont. ll, 52.
François ll, duc de Bretagne. ll, 17. — Son pélerinage. ll, 53.
Fraternités. ll, 177. — Abbayes associées, 179. — Lettre de fraternité, 183.
Fresne (du), gouverneur de Tombelaine. ll, 153.
Frizon (Pierre). l, 228, 231.
Frodmond. l, 81.
Fulcod ou Foulcaud, neveu du chanoine Bernier. l, 71, 83, 150.
Fulgerolles ou Fougerolles, cure. ll, 73.

G

Gabrielle (tour). l, 16.
Gacoing (Augustin), de la paroisse de Marignie. l, 134.
Gaguin (Robert). l, 41, 62, 97. ll, 50 note, 107 note, 108 note.
Gaigne-La-Masure, sergent-major. ll, 148.
Galtier. ll, 19.
Garinus ou Garin, abbé de Cernay. l, 238.
Garnison. Son introduction au Mont. ll, 90. — Règlements et incidents divers. ll, 95-171. — Délogement de la garnison. ll, 175.
Gassion (de). ll, 151.
Gastaud (Jacques), oratorien; ses négociations au Mont Saint-Michel. ll, 188, 189, 190, 191, 207.
Gastigny (Foucques de). l, 256.
Gaward ou Gavard ou Gavaud (Louys), de Saint-Ouen-la-Rouerie. l, 131.
Gauard ou Gavard, Marin. l, 131.
Gavot Maur, dit Saint-Fiacre, religieux de Saint-Maur. ll, 198.
Gaud (Saint). — Introduction, 4. — Dévotion des *peuples*. ll, 80. — Découverte de son corps. ll, 80. — Translation. ll, 81. — Distribution des reliques. ll, 82-85. — Châsses diverses. ll, 84, 85.
Gaultier, dit OEil de chien. ll, 20.
Gaultier (Jacques), jésuite, auteur d'une *chronologie*. — Introduction XLIII. l, 273.

Gazon (dom Mayeul ou Michel), prieur, fait faire la châsse de Saint-Gaud. ll, 84. — Ordonne des prières. ll, 170. — Avise M. de Souvré des vexations de M. de Cougnes. ll, 172. — Son administration, 228, 229, 230.
Genest. Introduction. LIII. l, 17, 38. — Prieuré. l, 260. — Eglise Notre-Dame. l, 176. — Cure de Sainte-Marie de Genest. ll, 72. — Chapelle Sainte-Catherine ou du Mont-Connin. ll, 74, 77. — Hôtel-Dieu de Genest. ll, 74, 77. — Baronnie de Genest. ll, 5. — — Fiefs Montmirel, de Viel et de Poterel. l, 188. — Concession de la pêche des esturgeons. l, 255. — Reliques de Saint-Gaud, données à l'église de Genest. ll, 83.
Geoffroy, abbé, mentionné dans le collectaire de l'abbaye. l, 240.
Geoffroy, 14e abbé du Mont Saint-Michel. l, 171, 247.
Geoffroy de Servon, 28e abbé. l, 188, 259. ll, 94-97. — Avait orné la châsse primitive de Saint-Aubert. ll, 47.
Geoffroy Ier, duc de Bretagne. l, 243. ll, 17.
Geoffroy ll, roi d'Angleterre. l, 177.
Geoffroy, comte d'Anjou et duc de Normandie. ll, 9.
Geoffroy, archevêque de Rouen. l, 163.
George Thomasse, de la paroisse Saint-Salvin. l, 128.
Georges (dom Noël), prieur. ll, 191-194.
Gerzay (Ile). ll, 18. — Saint-Ouen-en-l'Ile-de-Gerzay, cure. ll, 72, 76. — Saint-Clément-en-l'Ile-de-Gerzay, prieuré. l, 185. ll, 71. — La Hay, prieuré en l'île de Gerzay. ll, 71.
Gesvrin (Guillaume), soldat. ll, 148.
Gicourt (de), prestre. ll, 198.
Gillain (Jean), donne l'Aigle du chœur. ll, 34.
Gilles, veuve de Maurice Aubert. l, 112.
Gingoneus, archevêque. l, 155.
Girauld, évêque de Séez. l, 173.
Giroult, (frère François). ll, 201, 202.
Giroult (dom Aubert), procureur du Mont Saint-Michel. ll, 219.

— 243 —

Gisle ou Gisile I, 50.
Gleuloet, (évêque). I, 240.
Godefroy (Jean), prieur. Introduction XLIX. II, 230.
Gohéry (Saint-Michel de) prieuré, cure. II, 20, 70, 94.
Gonault (Jean), gouverne l'abbaye en l'absence de Robert Jolivet; est élu abbé par les moines, transige avec le cardinal d'Estouteville. — Introduction XLIII. I, 197, 199-203, 261-262.
Gonnor, femme de Richard Ier. II, 4.
Gosselin ou Gauzling, abbé de Saint-Benoit-de-Fleury. I, 238.
Gouhier (L.), défenseur du Mont Saint-Michel. II, 118.
Goupigny ou Gaupigny, capitaine. II, 136, et la note 145.
Gouverneurs. II, 131, 133, 136, 140, 144, 246, 150, 151, 152, 156, 171, 172, 176.
Grandville. Introduction LIII. I, 17. — Fiefs d'Assigny et de Haqueville. I, 207.
Grégoire IX, pape. I, 217. II, 32.
Grégoire XI, pape. II, 33.
Grégoire XV, bulle confirmant la congrégation de Saint-Maur. II, 186.
Grenezé, île (Guernesey). II, 7, 8.— Saint-Michel-de-la-Vallée, Saint-Marc-du-Château, Saint-Sauveur, Saint-Pierre-du-Bois, cures. II, 73, 76. — La Vallée et Lihou, prieurés. II, 71.
Grimouville et non Grimonville (Jean de), prieur claustral du Mont et abbé de La Luzerne. — Ses discussions avec Arthur de Cossé, auquel il donne un soufflet. I, 237-270, 271.
Grombald, terre. II, 5.
Guarin (Martin). I, 255.
Guérin (L), défenseur du Mont Saint-Michel. II, 118.
Guernon (Nicolas) fait faire un ange d'argent doré, portant une partie du voile du Mont-Gargan. II, 44. — Fait faire une image d'argent, contenant des dents de Saint-Nicolas. II, 47. — Fait faire un crucifix. II, 47.
Guesclin (Bertrand du). Lettres portant interdiction d'entrer armé au Mont Saint Michel. II, 97.
Guillard. Introduction XLVII.

Guillaume (Saint). II, 2.
Guillaume Longue espée. I, 52.
— Sa mort, 153, II, 2.
Guillaume le Conquérant. I, 159, 244. II, 8, 87.
Guillaume II. roi d'Angleterre. I, 245. II, 87, 88, 89. — Son pélerinage. II, 49.
Guillaume, donateur de Saint-Brolade. II, 19.
Guillaume de Carteret. II, 21.
Guillaume du Chasteau ou de Chasteau, abbé du Mont. I, 183, 257.
Guillaume d'Agon, abbé de Cernoliense. I, 240.
Guillaume, abbé de Fescan. I, 155.
Guillaume, abbé de Saint-Florent. I, 238.
Guillaume de Malmesbury. I, 239, note.
Guillaume de la Haye, religieux des Frères prêcheurs. I, 253.
Guise (duchesse de). II, 190, 192.
Guyminé (S. de), défenseur du Mont Saint-Michel. II, 115.
Guyton (L.), défenseur du Mont Saint-Michel. II, 116.

H.

Haimo, abbé de Wundentonia. I, 240.
Hally (de), défenseur du Mont-St-Michel. II, 117.
Hamon (C.), défenseur du Mont-St-Michel. II, 117.
Haqueville. Voyez Grandville.
Haraucourt (dom Hiérosme d'), religieux et professeur de théologie. II, 227.
Harcourt (Jean), comte d'Aumale, capitaine du Mont-St-Michel. II, 102. — Lettres patentes de nomination. II, 103, 104. — Siége de 1423. II, 106. — Sa mort. II, 109.
Hartel (L.), défenseur du Mont-St-Michel. II, 117.
Haulfains, prieuré. II, 20, 70.
Havoise, mère d'Alain III de Bretagne; son elerinage au Mont. II, 49.
Hé (C.), défenseur du Mont-St-Michel. II, 116.
Hébert (Guillaume). I, 200, 262.
Heiantot, village. II, 19.
Hélène, nièce de Hoel. I, 169.
Hélie, abbé de St-Florent, commissaire nommé par le pape. I, 187.

Helquilly (G. de), défenseur du Mont-St-Michel. II, 116.
Henry Ier, roi d'Angleterre. Ses difficultés avec Roger. I, 160. — Relègue à Jumièges Roger. II, 165. — Nomme abbés Richard et Bernard. I, 166, 167-170. — Ses donations. II, 8. — Siége du Mont. II, 88, 89. — Son pélerinage. II, 49.
Henry II. roi d'Angleterre. Difficultés avec le monastère. I, 73, 247. — Ses relations avec Robert de Thorigny. 176, 177. — Ses donations II, 9. — Son pélerinage. II, 49 et 50.
Henry VIII d'Angleterre, chevalier de l'ordre de St-Michel. II, 68.
Henry IV. Pourparlers avec le marquis de Belle-Isle. II, 146. — Traite avec Querolland. II, 148. — Le confirme comme gouverneur du Mont St-Michel. II, 149.
Herault (F.), défenseur du Mont-St-Michel. II, 117.
Herbert, évêque d'Avranches. I, 173. — Son pélerinage; consacre un autel. II, 50.
Herebert, évêque de Lisieux. II, 23.
Hermites. I, 10, 19, 21.
Hersende, II, 19.
Hildearde ou Hildegarde. II, 20.
Hildebert Ier, troisième abbé. Miracles arrivés de son temps. I, 69, 81, 83, 88. — Sa désignation par l'abbé Maynard. I, 151. — Son administration. I, 152, 153.
Hildebert second, quatrième abbé, contribue à la reconstruction de l'église. I, 153-154, 243.
Hildemaut, moine du Mont. I, 10, 73, 81, 153 note.
Hinaut (Jean-Louis), sous-prieur. II, 228.
Hoel, roi de la Petite Bretagne. I, 169.
Homme (R. du), défenseur du Mont-St-Michel. II, 116, 118.
Hommé (Heliot du). I, 251.
Hommé (Alexandre du). I, 251.
Honoré III. pape. I, 217; II, 31.
Hostily (Guillaume de), évêque d'Avranches. I, 251.
Houel (R.), défenseur du Mont-St-Michel. II, 117.
Houillieres (des) entreprend la démolition du fort de Tombelaine. II, 159.
Huc (dom Jacques), religieux et professeur de théologie. II, 227.
Huillard (dom Dominique), prieur. Introduction, xii, II, 206, 207, 217, 218, 219, 222, 223.
Hugues, comte du Mans. II, 20.
Hugues, comte du Maine. Son pélerinage au Mont. II, 49.
Hugues, abbé de St-Sauveur le Vicomte. I, 173.
Hugues, abbé de St Sauveur le Vicomte. I, 240.
Huisnes (paroisse de). Introduction. III, 1, 27, 38. — Prévosté d'Huisnes. I, 254. — Cure de St Pierre d'Huisnes. II, 71. — Service du guet. II, 94. — Violences du sieur de Lorges, II, 217.
Hugier (Richard). I, 113.
Hugues, archevêque de Rouen. I, 58, 171, 216. — Son pélerinage; consacre un autel. II, 50.
Hunault (Laurent), prieur. II, 231.
Huynes (dom Jean), sa naissance à Beauvais. Introduction, I, II, III. — Profession à Redon, I, IV. — Séjour au Mont-St-Michel, V. — Départ pour St-Florent de Saumur, V. — Histoire générale de l'abbaye de St-Florent, V. — Opinion de M. Marchegay, VI. — Son arrivée à St Germain des Prés, VI. — Sa mort, VI et VII. — Pouillé général des bénéfices de France, VI. — Son histoire du Mont-St-Michel, VIII, X. — Appréciation de cet ouvrage, X-XXIX. — Mss. de l'Histoire générale du Mont-St-Michel, XXIX-XXXIII. — Ms. de la Bibliothèque d'Avranches, XXXIII. — Parallèle de dom Huynes et de dom Louis de Camps, XXXIV-XLVIII. — Continuateurs de dom Huynes, XLVIII-LIV. — Chronique latine de dom Huynes, LIV.
Hymnes, proses et chansons spirituelles. Prosa perantiqua. Introduction, XV. — Alia prosa, id. — Hymnus in laudem sancti Auberti, id. — De sancto Auberto hymnus, id. — Chansons spirituelles sur l'hymne Tibi Christe. Introduction, XVI. — Hymne aux saincts anges et spécialement à St Michel. Introduction, XVII. Chanson spirituelle sur le même sujet. Introduction, XXI, XXXI.
Hybernois. I, 43.

I

Ildefonse (saint), évêque de Tolède. (Chasuble de la Vierge). I, 147.
Incendie du Mont. I, 151, 164, 179, 184, 187, 210, 234, 242, 249, 258 ; II, 12-14.
Indulgences. II, 57-61.
Innocent XVI, pape. (Indulgences). II, 58.
Invasion de la mer. I, 20, 25, 33.

J

Jean VII, pape. I, 40.
Jean XIII, pape. I, 59, 62, 216.
Jean XXII, pape. I, 217. Indulgences. II, 58.
Jean XXIII, pape. Indulgences. I, 195. II, 33, 61.
Jean Sans Terre. II, 10, 11, 12.
Jean II, roi de France. II, 14 et 15.
Jean V, duc de Bretagne, porte secours au Mont-St-Michel. II, 106.
Jean, bâtard d'Orléans, capitaine du Mont. II, 109.
Jean, duc de Bourbonnais, chevalier de St-Michel. II, 64.
Jean, archevêque de Rouen. II, 92.
Jean, évêque de Lisieux. I, 163.
Jean, abbé d'un monastère inconnu. I, 240.
Jean, abbé de Lessay. II, 183, 185.
Jean de St-Léonard, des Frères mineurs. I, 253.
Jean Nu-pieds. II, 150.
Jeanne de Navarre, femme de Jean IV de Bretagne. II, 18.
Jevarduc (dom Bernard, prieur). Introduction, XI. I, 3 ; II, 205, 206, 215, 216.
Jolivet (Robert), abbé du Mont-et capitaine. Introduction, XLII. II, 98. — Sa vie ; II, 99. — Son départ du Mont-St-Michel et sa mort. II, 100. — Ses constructions au Mont-St-Michel. II, 113.
Josbert Guastevin. II, 20.
Josel (Robert), procureur de Jean d'Estouteville. II, 124.
Jourdain, 17ᵉ abbé. I, 179 et la note.
Joyeuse (François de), cardinal, sixième abbé commendataire. Introduction, XLIII. I, 233. — Sa mort à Avignon, et sa sépulture à Pontoise. I, 236, 273.
Joyeuse (Guillaume de). I, 234.
Jubilé. II, 230.
Judith, femme de Richard II. I, 243. — Célébration de ses noces au Mont. II, 49.
Jumièges (Saint-Pierre de), abbaye. I, 59, 161, 165.

L

Labbé (Etiennette), fᵉ Ganard ou Gavard I, 132.
La Bellière, soldat. II, 148.
La Bourguinolles (G. de), défenseur du Mont-St-Michel. II, 118.
La Broise (de), procureur du roi, subdélégué pour informer contre La Chastière. II, 165.
La Champaigne (L. de), défenseur du Mont-St-Michel. II, 118.
La Chapelle-Hamelin, (cure de). II, 20, 71.
La Chastière (de), gouverneur du Mont-St-Michel. — Introduction, L. — Son mariage, LI. — Sa nomination, LI. — Ses exactions et sa mort, LI, LII. — II, 154, 155, 156. 167, 229.
La Chastière (madame de). — Son mariage, sa conduite, son départ du Mont-Saint-Michel. Introduction, LIII, LIV ; — II, 167-170.
La Chevrerie ou Chevrie (Saint-Jean de), cure. II, 73.
La Coudraye (de), gentilhomme protestant. II, 131.
La Croix (dom Jacques), religieux non réformé. II, 201.
La Croix en Avranchin, paroisse. II, 18.
La Croix (dom Gilles de), aumônier. II, 201.
La Fontaine, soldat. II, 148.
La Garde-Fouquet (marquis de), gouverneur du Mont. II, 153, 154.
La Hache (frère Jean de), II, 201.
La Haye (Jean de), baron de Coulonces, capitaine du Mans, défait les Anglais. II, 107, 108.
La Haye (de), défenseur du Mont-St-Michel. II, 115.
La Haye (Mathurin de), religieux de la congrégation de Saint-Maur. II, 198.
La Haye de Arru (de), défenseur du Mont-St-Michel. II, 116.

La Haye Hüc (de), défenseur du Mont-St-Michel. II, 116.
Laissé ou Lessay, abbaye. I, 189, 213. II, 181. — Lettre de fraternité, 183-185.
La Lucerne (de), défenseur du Mont-St-Michel. II, 115.
La Luserne (Pierre de), sieur de Brevant. I, 10, 235.
La Luserne (Pierre de), sieur de Brevant, gouverneur du Mont-St-Michel. II, 141.
La Luserne (Richard de), gouverneur du Mont-St-Michel. — Introduction, XLIX. II, 142.
Lambart ou Flambart (R. et S.), défenseurs du Mont-St-Michel. II, 118.
La Mare (de de), défenseurs du Mont-St-Michel. II, 117, 118.
La Marre (de), capitaine des bourgeois du Mont-St-Michel. II, 173, 174.
Lamps (Jean de), 34ᵉ abbé régulier. Introduction, XLV. I, 213. — Travaille à la construction et à l'ornement de l'église. I, 213, 214, 266, 267.
Lamps (Guillaume de), 32ᵉ abbé régulier. — Son administration, sa mort. I, 208-210, 265.
Lanctot, voyez Seurtainville.
La Moricière (Louis de), sieur de Vicques, reprend le Mont-St-Michel. II, 130. — Il est nommé, sous Henri III, gouverneur du Mont. II, 131. — Sa mort et sa sépulture. II, 132, et la note.
La Mote (C. et L. de), défenseurs du Mont-St-Michel. II, 116, 117.
La Mote-Vigor (de), défenseur du Mont-St-Michel. II, 118.
La Motte (dom Nicolas de), religieux non réformé. II, 201.
Lancesseur (dom Jacques), religieux non réformé. II, 201.
Lanas ou Lemas, terre. II, 17.
L'Angevin (Michel), caporal. II, 148.
La Palluelle (L. de), défenseur du Mont-St-Michel. II, 116.
La Porte (Jean de), abbé du Mont-Saint-Michel. I, 185, 257. II, 90.
La Poterie, paroisse du diocèse de Bayeux. I, 113.
La Roche, localité aux environs d'Avranche. I, 66.
La Touche (Julien de), sieur de Querolland, gouverneur du Mont-St-Michel. I, 235. II, 137,

146. — Est attaqué par le marquis de Belle-Isle. II, 138, 147 ; est assassiné par Le Mocqueur. II, 140, 141, 149. — Sa sépulture. II, 150.
La Touche (Henry), sieur de Campignel ou Campsgnel, lieutenant du Mont-St-Michel. — Sa mort. II, 137, 138, 147.
La Touche (Pierre de), conseiller au parlement de Rennes. II, 150.
La Rondie (Joseph de), religieux de la congrégation de St-Maur. II, 198.
Laure (André), 31ᵉ abbé régulier. Ses acquisitions ; fait vitrer les chapelles de l'église. I, 206-208, 263, 264.
Laure (Guérin), 33ᵉ abbé régulier. I, 210-213, 237, 265.
Laval (André de), chevalier de l'ordre de Saint-Michel. II, 64.
Laval (Louis de), chevalier de l'ordre Saint-Michel. II, 64.
La Vieuville, Ville-Valette ou Ville-Violette, capitaine de Fougères. II, 148.
Léandre (dom), religieux et prédicateur. II, 83.
Le Bec, abbaye. I, 173, 231, 232. II, 179.
Le Bret (Nicolas), moine convers. II, 201, 202.
Lebrun (L.), défenseur du Mont-St-Michel. II, 118.
Le Chastellier (dom Guillaume), religieux non réformé. II, 201.
Le Chevallier (dom Jean), prieur de Chausey. II, 201.
Lecoq (dom Gilles), religieux. II, 195, 201.
Le Duc (dom Pierre), religieux prédicateur. II, 230.
Lefaye ou Lefaë (Jean), 24ᵉ abbé du Mont. Ses acquisitions. I, 183, 255, 256.
Lefebvre (Léonard), allemand. I, 126.
Le Fizelier ou Fizilier (Robert), fils de Rodolphe, personnage imaginaire. I, 136.
Legraud (Estienne), religieux de la congrégation de Saint-Maur. II, 198.
Le Gros (Nicolas), vicaire de Saint-Savin. I, 123.
Legros (dom Michel), religieux non réformé. II, 201.
Le Grys (P. et H.), défenseurs du Mont-St-Michel. II, 116.

Le Héricher. Introduction, note, III, XXVIII.
Le Loreur (fief du Périer). I. 188.
Le Lyonnayer (Mathurin), abbé de St-Melaine. I, 206.
Lemaire (Guillaume). I, 206.
Le Mans (Saint-Pierre de la Cousture). I, 187.
Le Mansel, religieux et historien. I, 46, 75. II, 52, 130, 131, 194, 233.
Le Mareschal, sieur de Changeons, lieutenant en la Vicomté d'Avranches. II, 175.
Le Mareschal (dom Joseph), religieux. II, 228.
Le Masson (Pierre). allemand. I, 126.
Le Mocqueur (Nicolas ou Thomas), sieur des Vallées, dit Le Houx, assassin du gouverneur Querolland. Son procès, son exécution. II, 140, 141, 149, 150.
Léon, nom du voleur d'un taureau. I, 24.
Le Pellier (Nicolas fils de Pierre). I, 125.
Leredde (Guillemine femme de Jean), de la paroisse de Cancalle. I, 129.
Le Roux, 3ᵉ abbé commendataire, plaide avec les religieux et permute avec Arthur de Cossé. I, 232, 233.
Le Roy (Pierre), abbé du Mont-St-Michel. Introduction, XLI. I, 114, 259. — Ses constructions. — Ses missions. — Sa mort. — Ses armoiries. I, 189-194, 259, 260. II, 37, 78, 98, 232.
Le Roy (dom Philippe), visiteur de la congrégation de Saint-Maur. II, 84, 85.
Le Roy (dom Thomas), continuateur de dom Huynes. Introduction, I, XXVIII. II, 148, 149.
Le Roy (Thomas), seigneur de la Pommeraye. I, 255.
Leroy (dom Claude), religieux non réformé. II, 201.
Lesseville (Eustache de), évêque de Coutances, fait procéder à l'élévation du corps de saint Gaud. II, 79-85.
Le Texier, bourgeois de Rouen. I, 272.
Le Veneur (Jean), deuxième abbé commendataire. Introduction, XLIV. I, 214, 215. — Sa nomination par le roi. I, 219-229. — Se démet en faveur de Jacques d'Annebault. I, 229, 268, 269.
Le Veneur (Philippe). I, 228.
Le Viconte (G.), défenseur du Mont-St-Michel. II, 117.
Le Vicomte Niel ou Néel. II, 7.
Le Vicomte (Jacques). II, 148.
Le Vitrier (Nicolas), abbé du Mont-St-Michel, premier capitaine. I, 186, 187. II, 91, 93.
Lhoste (Jean), curé de Genets. II, 83.
Lingreville (Saint-Martin de). II, 1, 21, 72.
Lisieux (pélerins de). II, 54.
Livre blanc. — Sa confection. I, 192, 232, 260.
Livaré ou Lévaré (Saint-Victor de), cure. II, 73.
Loiseau (Jean), frère convers et peintre. II, 225.
Longueville, cure. II, 72, 76.
Longues (N. et L. de), défenseurs du Mont-St-Michel. II, 117.
Loosne ou Loesne (dom Jean), prieur. Introduction XLIX. II, 231.
Lorge (de), ravage le Mont-St-Michel et est chassé par de Vicques. II, 131, 132; participe à une nouvelle attaque, 135.
Lorraine (Henry de), septième abbé commendataire. I. 274. II, 187-208.
Lothaire, Introduction XXX. I, 215.
Loucelles, novice. II, 129.
Louis IX. II, 14.
Louis XI. I, 267. Ses pélerinages au Mont. II, 51. II, 62. Il y porte une pierre tombée sur lui à Alençon. II, 62; fonde l'ordre de St-Michel. II, 63; dicton. II, 65 note; lettres patentes nommant Jean d'Estouteville capitaine. II, 134.
Louis XII, roi de France, sa lettre de recommandation. I, 211.
Louis XIII, roi de France. II, 187.
Loysilière ou Loyseliere, maison de campagne. I, 209, 214, 272.
Louise de Savoie. Lettre aux religieux. I, 221.
Luxembourg (Louis de), chevalier de l'ordre St-Michel. II, 64.

M

Macey. I, 52. Saint-Sulpice de Macey, cure. II, 71.
Mabié (Richard), soldat. II, 148

Mahieuse (Pierre). I, 128.
Mainard (Hugues), auteur du Martyrologe bénédictin. I, 239 note.
Maldrey ou Moidrey. I, 52.
Mallets (Guillaume des). I, 251.
Malleville (dom Charles de), prieur. II, 196, 197, 203, 211.
Mansel (dom Arsène), prieur, professeur de théologie. II, 227, 228, 229. — Assiste à la levée du corps de St-Gaud. II, 81. Ordonne des prières. II, 170.
Manneville (C. de), défenseur du Mont-St-Michel. II. 115.
Manfredonie. I. 32.
Manuscrits. Histoire générale de l'abbaye Saint-Florent lez Saumur. Bibl. nationale. Mss Français. 19,862. Introduction. v. — Pouillé général des bénéfices de France. Mss. latins 11,813, 11,814. Introduction IX. — Histoire générale du Mont-St-Michel. Mss français, 18,946, 18,947. Introduction XV et XXIX. — Histoire de la fondation du Mont-St-Michel (auteur anonyme), mss latins, 1318, XV. — Essais de Thomas Leroy, mss latins, 1318; mss. français 18,950. Introduction, XLVIII. — Histoire anonyme du Mont-St-Michel. mss français, 18,949. Introduction XLIX. — Histoire de la célèbre abbaye du Mont-St-Michel au péril de la mer, divisée en cinq parties. Mss. de la Bibliot. d'Avranches, 209. Introduction XXXIII-LIV. — Inventaire de toutes les reliques à la Bibliothèque d'Avranches, mss, 247.
Manuscrits perdus ou conservés. II, 232.
Marcery (Pierre de), conseiller et réformateur des Etats de Normandie. I, 91.
Marchegay. Son opinion sur les travaux de dom Huynes. Introduction, VI, VIII.
Marcillé (F. de), défenseur du Mont-St-Michel. II, 117.
Mareschal, advocat au Parlement. II, 190.
Marie, femme de Charles VII; son pélerinage, II, 51.
Marignie, paroisse du diocèse de Coutances. I, 134.
Marmoutier. I, 186, 187.
Martin IV, pape. I, 217, 255. II, 32, 33.

Martin V, pape. I, 75. Indulgences. II, 61.
Martin, seizième abbé du Mont. I, 178.
Martin prêtre. I, 24.
Masfire ou Masire (L.), défenseur du Mont-St-Michel, II, 117.
Mathan, capitaine de la côte de Genets. II, 151.
Mathan (dom Louis) sous-prieur. II, 195, 201.
Matthieu, abbé de St-Pierre de Burbe. I, 240.
Mathieu, évêque d'Albe, légat du pape. I, 166.
Mathilde. II, 9.
Mathieu, abbé de Saint-Melaine. I, 200.
Maurier (Martin), historien, I, 203.
Maugaret, chapelle. II, 77.
Mangis, évêque d'Avranches. II, 7.
Maynard Ier, premier abbé. I, 62, 149. — Son gouvernement, sa mort, 150, 151, 241, 242.
Maynard II, deuxième abbé; incendie du monastère sous son administration. I, 63, 66, 151, 152 note et 242.
Mazarin (duc de). Son pélerinage. II, 56.
Méen, évêque de Rennes. II, 20.
Melle (de), défenseur du Mont-St-Michel. II, 117.
Mer (invasion de la). I, 33.
Mercœur (duc de), assiége Pontorson. II, 132. — Chef de la ligue. II, 136. — Nomme Querolland gouverneur du Mont. II, 137. 146.
Mere (Richard de), douzième abbé, est forcé de se démettre pour ses malversations. Introduction, LII. I, 166, 246.
Merle (Guillaume de), capitaine. I, 90, 91.
Mesgrigny (de), donne une coquille d'argent. II, 35.
Meslerie, voyez St.-Pair.
Mesnildrey, cure. II, 72, 76.
Mesnil-Terré (du), lieutenant général au siége d'Avranches. II, 221, 223.
Meusneville. I, 271.
Michel, abbé de Préaux. I, 173.
Mil (Jean), bourgeois de Daez. I, 127.
Miracle du Loup. I, 19. — Miracle du Taureau. I, 24. — Miracle de Bain, I, 27. — Miracle de

la rosée. 1, 30. — Malades guéris par les reliques du Mont-Gargan. 1, 33. — Une femme recouvre la vue. 1, 35. — Dédicace par le seigneur des anges. I, 36. — Chanoine puni de mort. I, 44. — Homme voulant rester pendant la nuit dans l'église puni de mort. I, 46. — Invention des reliques du Mont-Gargan. 1, 63. — Religieux guéri de la fièvre. 1, 75. — Religieux puni de mort. 75. — Paralytique guérie par les reliques de St-Aubert. 77. — Femme repoussée de l'église. 79. — Pélerin puni pour avoir emporté une pierre. 1, 83. — Une femme enfante sur les grèves. 1, 86-89. — Sacristain souffleté. 1, 89. — Légèreté reprimée par le feu. I, 92. — Perclus guéri. I, 93. — Merveilles diverses. I, 95. — Paroles d'un enfant de 21 jours. I, 98. — Femme possédée du diable et guérie. 1, 99. — Hôtelier payé miraculeusement. 1, 100. — Plusieurs excités divinement au pélerinage. 1, 102. — Pain multiplié. 1, 103. — Enfants morts de regret de ne pouvoir venir. 1, 104. — Enfant torticolis guéri. I, 105.—Homme puni pour avoir empêché des enfants de venir. 1, 106. — Tailleurs de pierre punis et guéris. I, 107. — Sourd et muet guéri. I, 108. — Un homme perd et recouvre la parole. 1, 110.—Une femme perd la parole et la recouvre. I, 111. — Femme aveugle recouvre la vue. 1, 112. — Une mère empêchant sa fille de venir au Mont perd la parole et la recouvre ensuite. 1, 113. — Pélerin délivré du naufrage. I, 114. — Pélerin délivré des flots. I, 115. — Femme sauvée de la mer. I, 116. — De la clarté St-Michel. I, 119. —Multitude merveilleuse de pélerins de haute et basse Allemagne. I, 123. — Un père puni de mort. I, 125. — Fille délivrée d'un esprit invisible. I, 128. — Femme possédée délivrée. 1, 129 — Jeune homme délivré d'un esprit malin. I, 130. — Un jeune homme recouvre la parole. 1, 130. — Apparition d'une femme morte à sa fille.

I, 131. — Habitants de Pontorson préservés de la peste. 1, 133. Femme en travail d'enfant délivrée. I, 134. — Histoire forgée à plaisir. I, 135. — Relation de l'écu et de l'espée. I, 136-148. Miracle de N.-Dame sous terre. I, 164. — Victoire miraculeuse. II, 122.

Mons (R. de), défenseur du Mont-St-Michel. II, 118.

Montauban (le sieur de). II, 106.

Montausier (duc de). Son pélerinage. II, 56.

Mont-Dol, prieuré. I, 254; II, 20, 70.

Montenay, curé. I, 76.

Montfort (Guillaume de), évêque de St-Malo. II, 106.

Mont-Gargan. I, 30. — Mission des chanoines et obtention des reliques, 31, 32 et la note. — Miracles produits par leur attouchement. I, 33. — Chanoine voulant les voir à découvert puni de mort, 44, 45. — Coutume observée, 46. — Reliques du Mont-Gargan, miraculeusement retrouvées, 63-65.— Introduction, xxx.

Montgommery (Gabriel de), attaque le Mont-St-Michel. I, 131, 135.

Montgommery de Lorges (Jacques de). Ses violences ; condamnation, arrangement intervenu. I, 276; II, 217, 218, 219.

Montjoye, paroisse du diocèse d'Avranches. I, 110.

Montmirel. Voyez Genets.

Montmorel (abbaye du). II, 182.

Mont-Saint-Quentin, abbaye. II, 187.

Mont-de-Tombe. I, 15, note 22. Introduction, xxi.

Mont-Saint-Michel. — Sa description. I, 15, note 22. — Dédicace de l'église. I, 24, 25. — Nommé au péril de la mer. I, 43. — Siége de 1090. II, 88, 89. — La ville est incendiée par des habitants d'Avranches sous Bernard, XIIIe abbé. I, 170. Nouveau désastre sous l'abbé Jourdain. I, 179. Siége de 1423. II, 106. — Défaite des Anglais sur mer. II, 107. — Défaite des Anglais sur les grèves. II, 108. — Défaite de la garnison de Tombelaine. II, 114. — Défaite du 17 juin 1434. II,

121. — Défenseurs du Mont. II, 115. — La Ligue au Mont-Saint-Michel. II, 127-131. — Attaques diverses. II, 127, 133, 136, 139. — Le gouverneur La Chastière veut faire démolir cette place. II, 157.
Montrouhals (terre de) II, 17.
Mortain ou Mortagne en Perche. I, 106, 110.
Mouchel, famille du Dauphiné, I, 208.
Moulin (P. du), défenseur du Mont-St-Michel. II, 118.
Moulin le comte. I, 156. II, 8.
Moutiers (des), défenseur du Mont-St-Michel. II, 117.
Moynet (dom Augustin), prieur. II, 154, 225.
Munier (Thomas), vicaire général. I, 126.
Murmays (de), lieutenant. I, 212.

N

Nantret (R. de), défenseur du Mont-St-Michel. II, 116, 117.
Naudet, jeune docteur en théologie. II, 119.
Néel de St-Sauveur. I, 237.
Nel, défenseur du Mont-St-Michel. II, 116.
Neufville-Charlot (de ou de la), lieutenant. II, 160, 161.
Nevers (duc de), donateur d'un tableau. II, 34.
Nicolas Ier dit Alexandre, 22e abbé du Mont. I, 183.
Nicolas II dit Famigot, 23e abbé du Mont. I, 183.
Nicolas, abbé du Mont-St-Michel. Lettre de fraternité. II, 183, 185.
Nicolas III dit le Vitrier, 27e abbé du Mont. I, 186, 187. 258.
Nicolas IV, pape. I, 217, 256. II, 32.
Nicolas V, pape; indulgences. II, 59.
Nocy (L. de), défenseur du Mont-St-Michel. II, 116.
Norgod, évêque d'Avranches, I. 237; voit la clarté Saint-Michel et se fait moine. I, 66-68.
Notre-Dame sous Terre; autel consacré. II, 50.
Notre-Dame Sous-Terre, chapelle. I, 37.
Notre-Dame d'Euvron, abbaye. II, 181, 182.
Noyant. Voyez Ardevon.
Nuds-Pieds. II, 150.

O

Ocrinum, ancien nom du Mont St-Michel. I, 15 note, 22.
Octavian, antipape. I, 177; II, 50.
Ordre Saint-Michel. Sa fondation. II, 63; premiers chevaliers. II, 64; statuts. II, 64, 67. — Devise. I, 65; collier. 65. Ordre du St-Esprit. II, 68. — Union des deux ordres et colliers. II, 69.
Ornements. Statues; Image miraculeuse de la Vierge en bois. I, 164. Image St-François. I, 181. — Images placées aux autels. I, 190. — Statue de Jean II, abbé. II, 185; de Guill. de Lamps. II, 208; de Jean de Lamps II, 214. — Chaires du chœur. I, 190. — Tableaux. II, 226. — Vitraux peints. I, 207, 214, 263, 268, 269.
Orgeval (E. d'), défenseur du Mont St-Michel. II, 117.
Orval, paroisse du diocèse de Coutances. I, 189.
Ouvrier (Hector d'), évêque de Dol. II, p. 53.

P

Paisnel ou Paynel (Foulque). II, 21.
Painel (Guillaume), sieur de Hambuye ou Hambye, capitaine. II, 91.
Paisnel jeune, sieur de Marcé. II, 92.
Pambroc (Archange de), gardien des Capucins. II, 197.
Paris; religieux envoyés étudier à Paris. I, 186.
Payen (Jacques), prêtre exorcisé. I, 129, 130.
Peleton, terre. I, 52.
Percy (T. de), défenseur du Mont-St-Michel.
Péricard (François de), évêque d'Avranches, préside à l'introduction des religieux de St-Maur au Mont-St-Michel. II, 198, 199. — Visite le monastère. II, 212. — Son pèlerinage. II. 53.
Perier, voyez Le Loreur.
Péril, nom d'un enfant mis au monde sur la grève. I, 88.
Perrine (tour). I, 191.
Pesneaux (des), défenseur du Mont-St-Michel. II, 115.

Petit (François), curé du Mont-St-Michel. II, 220.
Philippe, fils de Guillaume. II, 21.
Philippe Auguste. I, 179 ; II, 10, 14. — Pèlerinage au Mont-St-Michel. II, 50 note. — Fondation d'une confrérie de St-Michel. II, 50.
Philippe V. II, 14.
Philippe VI, roi de France. — Lettres du 2 juillet et du 25 août 1347. II, 14, 92, 93.
Pie II, pape. Indulgences. II, 59.
Pience (sainte), procession en son honneur. I, 77.
Pierre (saint); apparition. I, 48.
Pierre, cardinal diacre. I, 192.
Pierre, second de Bretagne. II, 17.
Pierres du (Mont-St-Michel). I, 79, 83, 97.
Pigace (C. et P.) et Pigace le bâtard, défenseurs du Mont-Saint-Michel. II, 116, 117.
Pirou (dom Michel), religieux de la congrégation de St-Maur et prieur du Mont-St-Michel. Introduction. III et IV. I, 235,; II, 197, 205, 214, 216, 220.
Plom (M. de), défenseur du Mont-St-Michel. II, 116.
Plomb (fief d'Ardevon). I, 188.
Poilley (St-Martin de), cure. II, 73.
Poissons. Introduction, IV et XXVII. II, 209, 210.
Pont aux Baux. I, 115.
Pont-Foul (L. de), défenseur du Mont-St-Michel. II, 118.
Pontoise. I, 236, 274.
Pontorson. Introduction, IV, LIII. — Ravagé par la peste en 1631. I, 133. — Robert du Mont, capitaine du château. I, 177,; II, 158. — Siège par le duc de Mercœur. II, 132. — Prieuré de Pontorson. I, 207 ; II, 70. — Cure de Pontorson. II, 71. — Patronage. II, 20. — Religionnaires de Pontorson attaquent le Mont-St-Michel. II, 139-149. — Perquisition des sieurs de Lorges et d'Alincourt à Pontorson. II. 218.
Poolath. I. 155.
Porpican. I, 155.
Poterel, voyez Genest.
Potterie de la, intendant. II, 216, 219.
Pouchel, capitaine. II, 165.
Poulins. I, 16 ; II, 136, 231.
Praël (bois). I, 256.
Prat (Antoine du), légat. II, 52.

Prestel (G. de), défenseur du Mont-St-Michel. II, 116.
Prious (Radulphe), fait faire un ange d'argent doré et une image de sainte Hélène. I, 43.
Prioux Vague de Mer (Yves), défenseur du Mont-St-Michel. II, 118.
Processions. I, 77 ; II, 215, 216.
Pys (André du), défenseur du Mont-St-Michel. II, 115.

Q

Querol'and (de), gouverneur du Mont-St-Michel. Voyez La Touche.
Quinquempoix, moulin. I, 256.
Quintet ou Quintel (Renaut), lieutenant du Mont-St-Michel. I, 126.

R

Radulphe, huitième abbé. I, 157.
Radulphe, dit des Iles, dix-huitième abbé du Mont. I, 179, 249.
Radulphe de Villedieu, vingtième abbé. I, 180. — Construit le cloître. 181, 250, 251.
Raguenel (Tiphaine de). — Son séjour au Mont. II, 51.
Raginald ou Renauld, évêque de Chartres. II, 20.
Rainald, donateur de Saint-Victor. II, 19.
Ranulphe, neuvième abbé. I, 158. — Construit la nef de l'église. 158. — Equipe six gros vaisseaux — 159, 238.
Rasteau (dom Charles), prieur. II, 205, 222.
Ravalain, seigneur de Noyers. I, 251.
Redon (abbaye de). Introduction, I, IV. I, 152. II, 205, 206, 207, 229.
Regmalard, (pèlerins de). II, 55.
Regnier (R. de), défenseur du Mont-St-Michel. II, 118.
Reims (ampoule de). I, 145.
Reinald, abbé de Saint-Valery. I, 248.
Reliques (inventaire des). Introduction LII. II, 36, 37, 38, 39, 40, 41, 42.
Reliques de saint Gaud. — Leur distribution. II, 82.
Rennes (réunion à) pour recevoir le serment de fidélité des seigneurs bretons (1169). I, 177.
Rets (Claude de), vicaire général

de l'abbé commendataire. II, 193.
Ribadeneira, jésuite ; ses erreurs. II, 22, 23.
Richard Ier, dit aux Longues-Jambes ou Sans-Peur. I, 55, 149, 151, 215, 241, 242. II, 2-4, 49.
Richard II, duc de Normandie. I, 63, 152, 154, 216, 243. II, 3, 5, 7, 49.
Richard III, duc de Normandie. II, 7.
Richard, roi d'Angleterre. II, 10.
Richard, évêque d'Avranches. I, 172-173.
Richard, évêque de Bayeux. I, 163.
Richard, évêque de Constance ou Coustances. — Son pélerinage. II, 50.
Richard de la Mouche. I, 172, 173, 247.
Richard II dit Tustin, vingt-unième abbé du Mont. Introduction, XLII. I, 181, 252, 253.
Richard, sacristain. I, 10, 91.
Richelieu (cardinal de), fait commandement aux quatre paroisses de faire le guet et les exempte d'aller aux autres forteresses. II, 151.
Rieux (Guillaume des), prieur. II, 231.
Rivallon. II, 19.
Robert, duc de Normandie, dit le Diable. I, 155, 244. II, 7-8, 49.
Robert Courteheuse. I, 245. II, 8, 49, 87.
Robert, archevêque de Rouen. I, 244. II, 23.
Robert, évêque de Coutances. II, 23.
Robert, évêque d'Evreux. — Son pélerinage. II, 50.
Robert fils d'Hamon. II, 22.
Robert, donateur des cures de St-Victeur et de Saint-Bertevin. II, 21.
Robert Hardy. I, 172, 173, 248.
Robert du Mont, XVe abbé du Mont-St-Michel. Introduction, XLI. — Sa vie. I, 172-178, 248-249. — Affection de Henri II pour lui. II, 9. — Fait faire le reliquaire de Ste-Agnès. II, 44 ; le reliquaire de St-Laurent. II, 45 ; orne la châsse de St-Hubert. II, 49. — Supplément à la chronique de Sigebert. II, 180, 233.
Robert II ou Robert Jolivet, trentième abbé. — Nommé par le pape, et élu par les moines.— Ses donations, ses constructions; défend le monastère et l'abandonne plus tard. I, 194-197. — Condamné par le concile de Bâle à faire des réparations au monastère. I, 199, 261, 267.
Robert de Saint-Planchers, abbé de Cerneliense. I, 240.
Rodolphe, donateur d'Heiantot. II, 19.
Rodolphe, vicomte du Mans. — Son pélerinage au Mont. II, 49.
Rodolphe, comte de Bayeux. I, 58.
Roger premier, dixième abbé du Mont-St-Michel. Introduction, XLII. I, 160. — Ses constructions, sa disgrâce. 160, 161.
Roger II, onzième abbé du Mont-St-Michel. Introduction, XLII. I, 161. — Ses luttes avec Thomas de St-Jean, 162 ; construit les lieux réguliers, 193.— Incendies de son temps, 164.— Sa disgrâce et sa mort, 165-246, 249.
Roger, abbé du Bec. I, 173.
Roger de Calgcy. I, 237.
Rolland, évêque de Dol. I, 178 et 237.
Roland, cardinal. Voyez Alexandre III.
Rolle (dom Arsène).— Sa mission au Mont-St-Michel. II, 172, 196, 197.
Rollo (Raoul, Roul, Roulon), dit Robert après son baptême. I, 50, 51, 52.
Roquillats (St-Michel des) prieuré. I, 254. II, 70.
Rouen (diocèse de). Introduction, III. — Donation à Notre-Dame de Rouen. II, 51. Grande place dans la ville de Rouen. II, 8. — Cure de St-Michel. II, 74.
Rousseau (Philippe), prieur. II, 231.
Roussel (R.), défenseur du Mont-St-Michel. II, 116.
Roussel (Thomas), chantre. I, 224.
Ruald, abbé d'Hilde. I, 239.
Ruminella, port de mer. II, 23.
Ruzé d'Effiat (Jean), abbé commendataire. I, 275. II, 208.
Ruzé (Guillaume), évêque d'Angers. I, 31.

S

Saint-Aubin-des-Bois, cure. II, 74, 76.

— 253 —

Saint-Aubin des Préaux, cure. II, 72.
Saint-Augustin abbaye. II, 186.
Saint-Benin de Dijon, abbaye. II, 179.
Saint-Benin de Fructuariense (dit incorrectement Fonctuaviense), abbaye de l'évêché de Verceil, en Lombardie. I, 154.
Saint-Benin, abbaye. I, 59.
Saint-Benoit de Fleury, abbaye. II, 181, 182.
Saint-Benoit des Ondes, cure. II, 17, 73, 76.
Saint-Berthevin, cure. II, 73.
Saint-Brolade, prieuré et cure. I, 211. II, 19, 70, 73.
Saint-Denis, abbaye. II, 179.
Sainte-Catherine près Rouen, abbaye. II, 179. — Chapelle Sainte-Catherine. I. 191.
Saint-Étienne, chapelle du Mont. I, 175.
Saint-Etienne de Caen, abbaye. I, 160. II, 181.
St-Etienne (église de). I, 19.
Saint-Évroult, abbaye. I, 59; II, 179.
St-Trinité de Lessay, abbaye. II, 180-182. Lettre de fraternité. II, 183-185.
Sainte-Trinité de Fécamp, abbaye. II, 199.
Sainte-Trinité de Tiron, abbaye. II, 180.
Sainte-Trinité de Vendôme, abbaye. II, 187.
St-Faron-lez-Meaux, abbaye. II, 186.
St-Fiacre en Brie, prieuré. II, 187.
St-Florent près Saumur ou St-Florent-le-vieil. Introduction, v, note v, vII. I, 186, 187; II, 181.
St-Georges de Bauquierville, abbaye. II, 180.
Saint-Georges, terre. II, 18.
St-Germain des Prés. Introduction, vI. Nécrologie de St-Germain des Prés. Introduction, vII, xI. Abbaye. II, 179.
Saint-Germain sur Eu ou sur E. prieuré et cure. II, 70-72.
Saint-Germain (S. de), défenseur du Mont St-Michel. II, 116, 118.
Saint-Hilaire (Pierre de) sieur de Boucé. II, 20.
Saint-Jacut, abbaye. II, 180.

Saint-Jean-des-Fourneaux, cure. II, 74.
Saint-Jean des Champs, cure. II, 72.
St-Jean-près-la-mer ou St-Jean-le-Thomas. I, 52, 115. Fiefferme de Jean-le-Thomas. II, 14.
Saint-Jean (Thomas de). I, 162.
St-Jovin de Marnes, abbaye. I, 233 ; II, 181.
Saint-Julien, paroisse, II, 179.
St-Julien de Tours, abbaye. II, 181-182.
St-Junien de Noaillé, abbaye. II, 186.
Saint-Léger, prieuré. II, 70.
Saint-Malo Corneville, paroisse du diocèse de Coutances. I, 130.
Sainte-Marie d'Estival, cure. II, 73.
Sainte-Marie des Blancs-Manteaux, abbaye. II, 186.
Sainte-Marie de Mont-Bourg, abbaye. II, 181, 182.
Sainte-Marie-Majeure. Introduction, xLIII.
Sainte-Marie de Poitou, abbaye. II, 181.
Sainte-Marie de Daez, église. I, 126.
Saint-Martin de Marmoutiers, abbaye. II, 179.
Saint-Martin de Séez, abbaye. II, 179.
Saint-Martin des Champs. I, 203. II, 179.
Saint-Maur (congrégation); abbayes affiliées. II, 186. — Prend possession du Mont-St-Michel. II, 198. — Bulle confirmative de son érection. II, 212.
Saint-Maur-des-Fossés, abbaye. II, 179.
Saint-Meen ou Mein, abbaye. II, 181.
Saint-Melaine près Rennes, abbaye. I, 59, 181, 206.
Saint-Meloir, prieuré. I, 194, 260. II, 17, 73.
Saint-Michel.—Hymnes aux Saints-Anges et à Saint-Michel. Introduction, xxII-xxvI. — Apparition de Saint-Michel à l'évêque d'Hybernie. II, 141. — Apparitions à Saint-Aubert. I, 21-42.— Reliques de Saint-Michel, 1° drap vermeil et marbre. I, 32. II, 39. — 2° écusson et poignard. I, 136-148. — Chevaliers de Saint-Michel. II, 61-70.

Saint-Michel, village donné par Saint-Edouard. II, 23.
Saint-Michel du Tréport, abbaye. II, 179.
Saint-Michel de Cornouaille. I, 169. II, 29.
Saint-Michel des Loups, cure. II, 72.
Saint-Michel de Burchüe. I, 126.
Saint-Michel de Cozan. Introduction, xxxi.
Saint-Michel de la Cluse, abbaye. II, 180.
Saint-Michel. Voyez ordre de Saint-Michel.
Saint-Nicolas d'Angers, abbaye. II, 179.
Saint-Ouen, abbaye. II, 179.
Saint-Pair, dit Saint-Gaud (localité près Granville). Introduction, LIII. — Saint-Pair, fief de Cran. I, 188. — Fief de la Meslerie. I, 188. — Prieuré, I, 260. — Ancienne abbaye de Sciscy. II, 79. — Ruine du clocher. II, 80. — Découverte du corps de saint Gaud, II, 8. — Baronnie. II, 5. — Cure, II, 72. — Monastère Notre-Dame de Saint-Pair. II, 74.
Saint-Pair (Guillaume de), auteur du Roman du Mont-St-Michel. Introduction, I, XIII et note.
Saint-Pancrace Laquis. I, 166, 167.
Saint-Philbert de Montfort. 173.
Saint-Pierre (église de). I, 15.
Saint-Pierre de Bourgueil, abbaye. II, 181.
Saint-Pierre de Chartres, abbaye. II, 180.
Saint-Pierre de Corbie, abbaye. II, 186.
Saint-Pierre de Cluny, abbaye. II, 180.
Saint-Pierre de Jumiéges. II, 181, 186.
Saint-Pierre de la Couture. II, 181, 182.
Saint-Pierre de Solignac, abbaye. II, 186.
Saint-Planchers, cure, II, 72.
Saint-Salvin, paroisse du pays de Caux. I, 128.
Saint-Sauveur (autel de), devant lequel se trouvait le catalogue des défenseurs du Mont St-Michel. I, 208; II, 119.
Saint-Sauveur-le-Vicomte, abbaye, II, 180.
Saint-Serge et Saint-Bacque, abbaye. II, 180.
Saint-Symphorien. I, 19.
Saint-Taurin, abbaye près Evreux. I, 59, 89; II, 180.
St-Ouen-la-Rouérie, paroisse du diocèse de Rennes. I, 131.
Saint-Vigor-de-Cerisay ou Cerisy, abbaye. II, 181.
Saint-Victeur, prieuré. II, 19, 70.
Saint-Vincent, abbaye. II, 180.
Saint-Wandrille, abbaye. I, 149; II, 151.
Saint Yger ou Roquiliats, prieuré. II, 70.
Saint-Yguel, chapelle. II, 77.
Sale (Toussaint, religieux. II, 182.
Sancerre (Jean de), chevalier de l'ordre St-Michel. II, 64.
Sap ou le Sap, paroisse du diocèse de Lisieux. I, 108.
Sarcé (pélerins de), II, 55.
Sarcus (dom Placide), prieur du Mont. Introduction, LII. II, 203, 211.
Sartilly (Saint-Pair de), cure. II, 72.
Savigny, abbaye. II, 182.
Sault-Gaultier. I, 265, 269.
Scholiand, abbé de St-Augustin de Cantorbéry. I, 239.
Scissy, abbaye, ruinée par les Anglais. II. 79.
Sée, rivière. I, 17.
Semmelec. I, 155.
Semmenven. I, 155.
Selonne ou Seleune. Introduction, LIII. I, 17.
Selorges (de), lieutenant. II, 153.
Semilly (G. et B. de), défenseurs du Mont St-Michel. II, 118,
Sépultures au Mont St-Michel : des trois premiers abbés. I, 154, 243; de Radulphe. I. 157; de Bernard. I, 170; de Geffroy ou Geoffroy. I, 171; de Martin. I, 179; de Jourdain. I, 179; de Radulphe de Villedieu. I, 181; de Richard Tustin. I, 183, 254; de Guill. du Château. I, 184, 257; de Jean de la Porte. I, 185; de Nicolas le Vitrier. I, 188; de Geoffroy le second. I, 189; d'André Laure. I, 208; de Guerin Laure. I, 262; de Guillaume de Lamps, I, 212, 267; du gouverneur de Vicques. II, 132; du gouverneur Quérolland. II, 140, 150, de Campsguel. II, 150; de Richard de Brevant. II, 142; du sieur de la Chastiere. II, 166.
Sere (île de). II, 7, 8.

— 255 —

Sergelit (dom Henri), religieux. II, 84.
Serlo, abbé de St-Pierre de Glocester. I, 239 et la note.
Servon, cure de Saint-Martin. II, 20, 71.
Servon (Geffroy de), 28e abbé du Mont. I, 188. Ses acquisitions au Mont. 188-189, 259; II, 94-97.
Sessons, paroisse du diocèse de Rennes. I, 117.
Seurtainville, sr de Lanctot (Jean de). I, 235.
Sigebert, chronique et supplément. I, 174'; II, 40, 41.
Simon, abbé de Marmoutiers, commissaire nommé par le pape. I, 186, 187.
Simon, abbé de St-Pierre de Jumièges. I, 197.
Solignac (abbaye de). Introduction, IX.
Sordeval ou Sourdeval. I, 107.
Suppo. Son administration; — est déposé et retourne mourir à St-Benin. Introduction XLII. — I, 154-156, 244. II, 8.
Souvré (de), abbé et grand prieur de France, abbé commendataire, I, 378; II, 209, 219, 224; est nommé gouverneur du Mont. II, 172; fait déloger la garnison. II, 174-176.

T

Tahon (Martin), chanoine d'Angers, I, 200.
Tassin (dom). Introduction, I, VI.
Teduin, père de Robert du Mont. I, 174.
Tempêtes (grêles et tonnerres). Introduction, IV, V; I, 96, 164, 178, 184; II, 209. — Maisons ruinées au Mont-St-Michel, I, 181.
Tende (le prince de), capitaine du Mont-St-Michel. II, 126 note.
Teroulde (frère Richard), II, 201.
Terrien (dom Pierre), prieur. Introduction, XLIX; II, 231.
Tesnieres (dom Martin), prieur de Vendôme. II, 196, 197.
Tesson (dom Philibert), religieux et professeur de théologie. II, 227.
Théodoric. II, 20.
Théodoric, abbé de Jumièges et et du Mont. I, 155, 156, 244.
Thésart (H.), défenseur du Mont-St-Michel. II, 117.

Thomas, soldat. II, 20.
Thorigni (le batard de), défenseur du Mont-St-Michel. II, 118.
Tollevast (Jean), paroissien de St-Malo Corneville. I, 130.
Tombelaine (prieuré de Sainte-Marie). Origine de ce nom. I, 17, 168, 246; II, 70. — Sépulture de l'abbé Jourdain. I, 179. — Château-fort. I, 276; II, 105, 108, 113, 114, 115, 151. — Démolition du fort. II, 159. — Ruine de l'église-prieuré. II, 157.
Torigny (Robert de). Voyez Robert dit du Mont.
Touars (Guy de), duc de Bretagne. I, 179; II, 12, 13.
Touchet ou Le Touchet, gentilhomme huguenot, surprend le Mont-St-Michel. II, 127, 131.
Touffon, fief de la province du Maine. I. 188.
Tours (concile de). I, 177.
Tournebu, défenseur du Mont-St-Michel. II, 117.
Toustain (Pierre), fait faire un ange d'argent soutenant le marbre du Mont-Gargan. 44.
Tregan. II, 19.
Tremblements de terre. Introduction, V; I, 214, 178; II, 230.
Trevene, prieuré. I, 254.
Treverez. Voyez Roquillats.
Trimouille (Georges de la), chevalier de l'ordre St Michel. II, 64.
Trois-Charrues (terre des). II, 18.
Tustin. Voyez Richard, dit Tustin.
Urbain IV. I, 254. — Urbain V, pape. I, 217.

U

Urbain V, pape. Indulgences. II, 30, 59.
Urbain V, pape. II, 33.

V

Val (André du), professeur en théologie. II, 197.
Vallin (Jean), prêtre. I, 213.
Vendôme. Introduction, IV. I, 1.
Vennefire, terre. I, 23.
Verdun (de), défenseur du Mont-St-Michel II. 116.
Verel (Thomas), inquisiteur. I,'118.
Vergoncey. I, 52.
Versum ou Verson (seigneurie de). II, 5.
Verson (seigneurie de). I, 251.

Vessyly (famille de). I, 207.
Veyx ou Veyr (de), défenseur du Mont-St-Michel. II, 116.
Victor, antipape, voyez Octavian.
Vidal, religieux du Mont. I, 83.
Viette (P. de), défenseur du Mont-St-Michel. II, 117.
Viel, voyez Genets.
Vierge (la sainte). I, 48.
Vilers, terre. II, 18.
Villamer (Saint-Martin de), cure. II, 73.
Villamer (Saint-Martin de), prieuré, II, 70.
Villaratou, terre. II, 19.
Villarenton, voyez Abbaiette.
Villebasse (de), gentilhomme, compagnon du marquis de Belle Isle. II, 138, 148.
Villeballé, gentilhomme du pays de Dol. II, 148.

Vicquet (de), voyez Moricière.
Viques (de la Moricière sieur de). Introduction, XLXVX-LI.
Vire (pélerin de). II, 55.
Vitel (Jean), poëte avranchais. Introduction, L.
Vivien (René), seigneur de la Champagne, lieutenant-général civil et criminel. II, 174.
Vualnis ou Valnis (Leonard), allemand. I, 126.
Vuarin, évêque. I, 155.

Y

Yepés, (Anthoyne), abbé de Valladolid. I, 41.
Yves. II, 17.

TABLE DES CHAPITRES.

	Pages
Introduction, i-lv.	1

Lettre que l'auteur de cette histoire envoya à ses supérieurs assemblés à Vendosme l'an mil six-cent-trente-neuf . . . 1-3
Aux Anges bienheureux et particulièrement au Prince des Anges Saint Michel. 4
Aux Pélerins et Lecteurs 5
La vie de Saint Aubert 7-13

Premier traité de l'Histoire du Mont-Saint-Michel contenant tout ce que nous trouvons de remarquable depuis son commencement jusques au temps que les religieux y furent introduits 14-39

Chapitre Ier. — Description du Mont-Saint-Michel selon qu'il paroît à présent. 14

Chapitre II. — D'une forest qui estoit anciennement autour de ce rocher en laquelle habitoient des Hermites, ausquels un asne portoit à vivre, lequel dévoré d'un loup, Dieu voulut que le loup fît l'office de l'asne jusques à ce que les Hermites se retirèrent, la mer renversant la forest. 19

Chapitre III. — Le peuple affligé de la subversion de la forest se console entendant que Saint-Michel s'estoit apparu à leur Evesque. Comment se fit cette apparition et de l'acheminement de l'Evesque avec son peuple vers ce Mont 21

Chapitre IV. — Saint Aubert ayant faict rendre le taureau à son maître commença avec ses ouvriers à applanir la place pour bastir une église, à quoy il fut secouru du ciel pour abattre deux poinctes du rocher. 26

Chapitre V. — Saint Aubert est environné de deux autres difficultez à savoir pour la grandeur du temple et pour retrouver des sainctes reliques et enseigné par l'Arcange comment il s'y doit comporter 29

Chapitre VI. — Saint Aubert envoya des chanoines au Mont-Gargan où ils obtiennent des reliques par la vertu desquelles douze aveugles sont illuminez 31

Chapitre VII. — Saint Aubert fait bastir une petite église, puis va au-devant des saintes reliques et est témoin du miracle arrivé à une femme aveugle. Voulant dédier l'église, est averty que Dieu l'a dédiée. 34

Chapitre VIII. — Saint Aubert establit des chanoines en ce Mont et leur donne des rentes pour vivre, obtient une fontayne d'eau douce et finalement l'Arcange luy promet de prendre ce Mont sous sa protection. 57

Chapitre IX. — Du temps auquel fut faict tout ce que dessus . 40

Chapitre X. — La renommée de ce Mont vosle de tous costez ; le Pape, le roy de France et les Hybernois y envoyent des saintes reliques et ce Mont change de nom. 42

Chapitre XI. — Un chanoyne voulant voir à découvert les saintes reliques apportées du Mont Gargan est puni de mort. 44

Chapitre XII. — Un homme puny de mort pour avoir voulu témérairement demeurer la nuict en cette église Saint-Michel 46

Chapitre XIII. — Raoul ou Roul, ou Rollo ou Roulon dit Robert en son baptesme, premier duc des Normants, donne une terre à cette église ; et premièrement de son arrivée en France et de ses principales actions. 50

Chapitre XIV. — Raoul, premier duc des Normants, estant mort, son fils et successeur Guillaume donna plusieurs villages à cette église 52

Second traité de l'Histoire du Mont-Saint-Michel contenant l'introduction des religieux en ceste église, les miracles qui s'y sont faicts et le rapport de l'archevesque Baldric touchant l'escusson et poignard dits de Saint Michel 55-148

Chapitre Ier. — Richard Ier du nom, troisième duc des Normants, met des religieux en ce Mont après avoir obtenu permission du Pape, ce qu'il fait confirmer par Lothaire, roy de France. 55

CHAPITRE II. — Les Saintes Reliques apportées du Mont-Gargan sont trouvées miraculeusement après l'embrasement de ce monastère. 63

CHAPITRE III. — Comment l'Evesque d'Avranches Norgot vit ce Mont comme tout en feu. 66

CHAPITRE IV. — De la translation du corps Saint Aubert, évesque d'Avranches. 69

CHAPITRE V. — Deux religieux ayant la fiebvre, l'un beuvant du vin qu'on avoit distillé par le chef de Saint Aubert est guéry, et l'autre mesprisant cette potion meurt. 75

CHAPITRE VI. — Une pauvre paralytique est guérye par les mérites de Sainct Aubert 77

CHAPITRE VII. — Une femme venant en pélerinage à cette église en est repoussée invisiblement pour ses fautes 79

CHAPITRE VIII. — Un pélerin emportant une petite pierre de ce Mont par dévotion, d'autant qu'il n'en avoit demandé permission aux religieux, est puny de maladie. 83

CHAPITRE IX. — D'une femme qui enfanta sur les grèves estant environnée des ondes de la mer, et d'une croix bastie audit lieu 86

CHAPITRE X. — Le Sacristain de cette église reçoit un soufflet d'une main invisible 89

CHAPITRE XI. — Deux religieux, disans leur bréviaire dans cette église avec peu d'attention et légèrement, sont réprimez par une flamme miraculeuse 92

CHAPITRE XII. — Un homme perclus de ses membres est guéry en cette église 93

CHAPITRE XIII. — Plusieurs merveilles veües en cette église en divers temps. 95

CHAPITRE XIV. — Une femme qui ne pouvoit marcher sans potences est guérye 97

CHAPITRE XV. — Un enfant aagé de vingt-et-un jours dit qu'on l'apporte en ce Mont 98

CHAPITRE XVI. — Une femme est possédée du diable pour s'être moquée des pélerins qui venoient en ce Mont et puis est délivrée par l'invocation de Saint Michel 99

CHAPITRE XVII. — Plusieurs personnes ayans disné, et n'ayant de quoy payer leur escot, l'hostellier est payé miraculeusement. 100

CHAPITRE XVIII. — Plusieurs de divers pays esloignez sont excitez divinement de venir en pélerinage en cette église. 102

CHAPITRE XIX. — Du pain multiplié 103

CHAPITRE XX. — Deux enfans empeschez par leurs parents de venir visiter cette église meurent de regret. 104

CHAPITRE XXI. — Un enfant torticolis guéry par l'intervention de l'Arcange Saint Michel. 105

CHAPITRE XXII. — Un homme est puny divinement pour avoir empesché des petits enfans de venir en pélerinage en cette église et puis est guéry par l'invocation de Saint Michel . . 106

CHAPITRE XXIII. — Trois tailleurs de pierres se moquant des petits pélerins de St Michel sont punys et puis guérys par l'invocation du mesme Arcange. 107

CHAPITRE XXIV. — Un homme sourd et muet dès sa naissance recouvre l'ouye et la parole dans cette église. 108

CHAPITRE XXV. — Un homme perd la parole venant en pélerinage en cette église et la recouvre devant l'autel St-Michel 110

CHAPITRE XXVI. — Une femme différant le voyage qu'elle vouloit faire en ce sainct lieu devient muette, et le poursuivant, recouvre la parole. 111

CHAPITRE XXVII. — Une femme aveugle depuis six ans recouvre la veüe. 112

CHAPITRE XVIII. — Une mere empesche sa fille de venir en pélerinage et pour cela perd la parole, puis invoquant Saint Michel la recouvre. 113

CHAPITRE XXIX. — Un pélerin est délivré de faire naufrage . 114

CHAPITRE XXX. — Un autre pélerin délivré semblablement des ondes de la mer. 114

CHAPITRE XXXI. — D'une femme qui demeura trente-six heures en la mer sans estre noyée. 116

CHAPITRE XXXII. — De la clarté de St Michel 119

CHAPINRE XXXIII. — Une multitude de personnes de haute et basse Allemaignes vient en pélerinage en ce Mont. 123

CHAPITRE XXXIV. — Un père voulant empescher son enfant de venir en pélerinage en cette eglise tomba roide mort sur la place 124

Chapitre XXXV. — Une fille tourmentée d'un esprit invisible en est délivrée venant en pélerinage en ceste église . . . 128
Chapitre XXXVI. — Une femme possedée du diable est delivrée. 129
Chapitre XXXVII. — Un jeune homme est delivré en ceste église d'un esprit maling. 130
Chapitre XXXVIII. — Un jeune homme qui depuis trois septmaines ne pouvoit marcher ny parler est guéry par l'invocation de St Michel. 130
Chapitre XXXIX. — Une femme morte apparoit à sa fille et luy commande de dire à son père qu'il vienne en ce Mont et y face dire une messe pour la délivrance des peines qu'elle enduroit. 131
Chapitre XL. — A Pont-Orson, les habitants de la rue Sainct-Michel sont preservez de peste par l'invocation du même Arcange. 133
Chapitre XLI. — Une femme estant en travail d'enfant avec péril eminent de sa vie est delivrée par l'invocation de l'Arcange St Michel. 134
Chapitre XLII. — Refutation d'une histoire forgée à plaisir . . 135
De l'espée et de l'escu dits de Sainct Michel. 136

Troisième traicté de l'Histoire du Mont-St-Michel, contenant le cathalogue des abbez et ce que chacun d'eux a faict digne de remarque. 149-240
Chapitre Ier. — De Maynard, premier du nom et premier abbé de cette abbaye. 149
Chapitre II. — De Maynard, second du nom et second abbé . 151
Chapitre III. — De l'abbé Hildebert, premier du nom. . . . 152
Chapitre IV. — De Hildebert second, quatriesme abbé . . 153
Chapitre V. — Des abbez Almod, Theodoric et Suppo. . . . 154
Chapitre VI. — De Radulphe, huictiesme abbé 157
Chapitre VII. — De Radulphe, neufviesme abbé, et des navires qu'il envoya en Angleterre. 158
Chapitre VIII. — De Roger premier, dixiesme abbé 160
Chapitre IX. — De Roger second, onziesme abbé 161
Chapitre X. — De Richard, premier du nom, douziesme abbé. 166
Chapitre XI. — De Bernard, treiziesme abbé 167

Chapitre XII. — De Geoffroy, quatorziesme abbé. 171
Chapitre XIII. — De Robert de Thorigny, dit communément Robert du Mont, quinziesme abbé. 172
Chapitre XIV. — Des abbez Martin, Jourdain, Radulphe et Thomas. 178
Chapitre XV. — De Radulphe, troisiesme du nom, vingtiesme abbé. 180
Chapitre XVI. — De Richard, second du nom, vingt et uniesme abbé. 181
Chapitre XVII. — Des abbez Nicolas premier et second; de Jean et Guillaume. 183
Chapitre XVIII. — De Jean second, vingt-sixiesme abbé . . 185
Chapitre XIX. — De Nicolas troisiesme, dit le Vitrier . . . 186
Chapitre XX. — De Geffroy, second du nom, vingt-huictiesme abbé 188
Chapitre XXI. — De Pierre Leroy, vingt-neufviesme abbé . 189
Chapitre XXII. — De Robert second, trentiesme abbé. . . . 194
Chapitre XXIII. — Jean Gonault gouverne cette abbaye durant l'absence de son abbé Robert Jolivet 197
Chapitre XXIV. — Les religieux eslisent Jean Gonault pour estre leur abbé, mais le pape en faict le cardinal d'Estouteville commandataire. 199
Chapitre XXV. — De ce que fit le cardinal d'Estouteville en cette abbaye en estant commandataire 204
Chapitre XXVI. — D'André Laure, trente et uniesme abbé régulier. 206
Chapitre XXVII. — De Guillaume de Lamps, trente-deuxiesme abbé régulier 208
Chapitre XXVIII. — De Guerin Laure, trente-troisiesme abbé régulier. 210
Chapitre XXIX. — De Jean de Lamps, trente-quatriesme et dernier abbé régulier en cette abbaye 213
Chapitre XXX. — Des privilèges des Papes donnez à ce monastère touchant l'élection des abbez par les Religieux . . 215
Chapitre XXXI. — De Jean Le Veneur, second commandataire 219
Chapitre XXXII. — De Jacques d'Annebault, troisiesme abbé commandataire. 229

Chapitre XXXIII. — De François Le Roux, quatriesme commandataire. 252
Chapitre XXXIV. — D'Artur de Cossé, cinquiesme commandataire. 233
Chapitre XXXV. — De l'Eminentissime cardinal François de Joyeuse 235
Chapitre XXXVI. — Des religieux qui ont estez tirés de cette abbaye pour estre évesques ou abbez 237

ADDITION AU TRAITÉ TROISIÈME DE DOM HUYNES, PAR DOM LOUIS DE CAMPS. 241-277

De l'établissement des religieux en ce Mont et de Maynard, Ier abbé. 241
De Maynard, deuxième abbé du Mont. 242
Des Abbez Hildebert premier et deuxième, et de l'invention du corps de Saint Aubert. 243
Des abbez Almod, Theodoric et Suppo. 245
Des abbés Roger, premier et deuxième du nom 244
De Richard et de Bernard, douzième et treizième abbez. . . 246
De Geoffroi, premier abbé, et de deux autres abbez prétendus. 247
De Robert de Thorigny dit Robert du Mont 248
De Martin Jourdan et de Radulphe, seizième, dix-septième, dix-huitième abbés de ce Mont-Saint-Michel 249
De Thomas et de Radulphe, dix-neuvième et vingtième abbez. 250
De Richard Tustin, vingt-huitième abbé. 252
De Nicolas, premier et deuxième du nom, de Jean Lefae et de Guillaume du Chasteau, vingt-deuxième, vingt-troisième, vingt-quatrième et vingt-cinquième abbés. 255
De Jean de La Porte et de Nicolas le Vitrier, vingt-sixième et vingt-septième abbez 257
De Geoffroy de Servon, vingt-huitième abbé 259
De Pierre Leroy, vingt-neuvième abbé 259
De Robert Jolivet, trentième abbé. 260
De l'administration de Jean Gonault. 261
Du cardinal d'Estouteville, premier commandataire 263
André de Laure, trente-deuxième abbé. 263
De Guillaume de Lamps, trente-troisième abbé 264

De Guerin Laure et Jean de Lamps, trente-quatrième et trente-cinquième abbez 266
De Jean Le Veneur, deuxième commandataire. 268
De Jacques d'Annebault, François Le Roux, Arthur de Cossé, troisième, quatrième et cinquième abbés commandataires . 269
De François de Joyeuse, sixième commandataire 275
De Henry de Lorraine, septième commandataire. 274
De Jacques de Souvré, huitième commandataire 275

QUATRIESME TRAITÉ DE L'HISTOIRE DU MONT-SAINT-MICHEL. — De ceux qui ont tesmoignez affection en cette église de Saint-Michel, soit en y aumosnant de leurs biens, soit autrement, et finalement un catalogue des bénéfices dépendant de cette abbaye 1-74
CHAPITRE I. — Que nous devons publier et louer les bienfaiteurs de ce monastère. 1
CHAPITRE II. — De Richard premier, duc de Normandie, et de Gonnor, sa femme. 2
CHAPITRE III. — De Richard deux et de ses deux fils. 5
CHAPITRE IV. — Des bienfaits des ducs de Normandie et rois d'Angleterre envers ce monastère depuis la mort de Robert le Libéral jusques à Jean dit Sans Terre. 8
CHAPITRE V. — La Normandie retourne en la puissance des roys de France, et Philippe-Auguste envoye de l'argent pour ayder à réparer les ruines de ce temple. 10
CHAPITRE VI. — Des bienfaits des roys de France envers ce monastere. 14
CHAPITRE VII. — Des dons et affections des ducs de Bretagne envers ce monastère 15
CHAPITRE VIII. — De plusieurs personnes de diverses conditions qui, en divers temps, ont offert de leurs biens à cette église et ont cédé de leurs droicts 18
CHAPITRE IX. — De quelques dons des Anglois et de leur dévotion envers cette église 22
CHAPITRE X. — Des exécrations de ceux qui ont eslargi de leurs biens ou de leurs droicts à cette église contre les impies 23
CHAPITRE XI. — Les Papes confirment les possessions, privi-

lèges et autres droicts donnez à ce monastère et secondent les imprécations des fondateurs. 28

CHAPITRE XII. — Confirmation des bulles précédentes. . . . 34

CHAPITRE XIII. — De quelques offrandes faictes en divers temps à cette eglise. 34

CHAPITRE XIV. — Abregé des reliques des saints dont ce monastère est enrichy selon l'ordre et la disposition des vases dans lesquelles elles reposent 36

CHAPITRE XV. — De ceux qui ont faict enchàsser richement les sainctes Reliques nommées au chapitre précédent. 42

CHAPITRE XVI. — Dénombrement de quelques signalez personnages qui sont venus par dévotion visiter ceste église et les saintes Reliques susdites 48

CHAPITRE XVII. — Des indulgences concédées par le Souverain Pontife à tous ceux qui visitent l'église de ce monastère . . 57

CHAPITRE XVIII. — Des Chevaliers de l'ordre Sainct-Michel . . 61

CATALOGUE DES PRIEURÉS de cette abbaye du Mont-Saint-Michel. 70

CATALOGUE DES CURES dépendantes de cette abbaye, lesquelles se présentent et donnent dans la chapelle de ladite abbaye par la pluralité des voix de l'abbé ou son vicaire, en son absence, et des religieux. 71

ADDITION DE DOM DE CAMPS relative aux bénéfices dépendant de l'abbaye 75

ADDITION DE DOM ESTIENNE JOBART relative à l'élévation du corps de Saint-Gaud. 79

CINQUIÈME TRAITÉ DE L'HISTOIRE DU MONT-SAINT-MICHEL. — Des soldats et de la conservation de ceste abbaye contre ses ennemis 86-143

CHAPITRE I. — Que cette abbaye est inexpugnable 86

CHAPITRE II. — Le duc de Normandie et le roy d'Angleterre, fils de Guillaume-le-Conquérant, assiégent leur frère Henry en ce Mont qui leur résiste virilement 87

CHAPITRE III. — De l'introduction de la garnison en ce Mont et comment les abbez Jean et Nicolas se deffendirent de ne payer aucune chose à icelle tant pour eux que pour leurs successeurs 90

CHAPITRE IV. — L'abbé Nicolas le Vitrier est ordonné du roy

premier capitaine de ce Mont et quatre paroisses y doivent venir faire le guet 91

CHAPITRE V. — L'abbé Geoffroy de Servon est faict capitaine de la garnison de ce Mont, obtient du roi que nul ne le puisse estre que les abbés et que nul entre en la ville ny abbaye avec armes et cousteaux. 94

CHAPITRE VI. — Des abbés Pierre Le Roy et Robert Jolivet, capitaines de ce Mont. 98

CHAPITRE VII. — Des troubles arrivés en France, du règne de Charles sixiesme, et de Jean de Harcourt, capitaine de ce Mont. 101

CHAPITRE VIII. — De plusieurs efforts faicts en vain par les Anglois contre ce rocher et de la mort de Jean de Harcourt, capitaine de cette place 105

CHAPITRE IX. — De Jean bastard d'Orléans, capitaine de ce Mont 109

CHAPITRE X. — De l'institution de Louys d'Estouteville pour estre capitaine de ceste place et des lettres et des privilèges que le Roy et luy donnèrent à ce monastère 110

CHAPITRE XI. — La garnison de ce Mont deffaict la garnison de Tombelaine 114

CHAPITRE XII. — Des noms des gentilshommes qui deffendirent ceste place durant le règne de Charles septiesme, roy de France. 115

CHAPITRE XIII. — De vingt mille hommes tuez devant ce rocher et de la fuite des Anglois de toute la Normandie. 120

CHAPITRE XIV. — Comment les abbez de ce Mont, les guerres finies, ne furent plus capitaines. 123

CHAPITRE XV. — Des capitaines qui succédèrent à Jean d'Estouteville 125

CHAPITRE XVI. — De la surprise de ceste abbaye faicte par les religionnayres, et du sieur de Vicques, gouverneur de ceste place. 127

CHAPITRE XVII. — Ce Mont tient pour la Ligue et Monsieur de Vicques le deffend toujours contre les ennemys. 131

CHAPITRE XVIII. — Comment quatre vingt dix huict huguenots furent tuez en ce Mont 133

CHAPITRE XIX. Les habitants de Pontorson, le marquis de Belle-Isle et le s^r de Boisuzé attentent chacun sur ce Mont. . . . 156

Chapitre XX. — De la mort du gouverneur Querolland et de ceux qui luy ont succédé au gouvernement de ceste place. . 140

Additions de Dom Louis De Camps.

De Robert Jolivet. 99
Du sr de Chesnaye-Vaulouet, 15e gouverneur 144
Du sr de Querolland, 18e gouverneur 146
Des srs de Brevend, de Richard son fils et de Henry de Bricqueville, 17, 18 et 19es gouverneurs 150
De Gabriel de Bricqueville, 20e gouverneur. 151
De la marquise d'Alférac, du marquis de la Garde et de la Chastière, 21, 22 et 23es gouverneurs. 152

Additions de Dom Estienne Jobart.

Suite du gouvernement du sr de la Chastière. 156
Du sr de Cougnes, 24e gouverneur. 171

Sixiesme traicté de l'Histoire du Mont-Saint-Michel. — Des sociétez de cette abbaye avec plusieurs autres; de son union avec la Congrégation Sainct-Maur et des choses dignes de remarque qui y sont arrivées depuis 177
Chapitre I. — Quelle estoit la société de cette abbaye avec plusieurs autres 177
Chapitre II. — Dénombrement des abbayes associées à celle-cy et la forme ordinaire de telles societez. 179
Chapitre III. — De l'estat de la Congrégation Saint-Maur lorsque cette abbaye s'unit à elle 186
Chapitre IV. — Le très illustre prince Henry de Lorraine est nommé pour commandataire et, à raison de son bas aage, le révérend père Pierre de Bérulle est ordonné du pape pour l'estre un certain temps, durant lequel le prieur de cette abbaye mourant, Jacques Gastaud, son procureur en cette abbaye, exhorte les religieux de consentir qu'un religieux de quelque autre abbaye soit leur prieur, ce qu'obtient Monsieur Mareschal. 187
Chapitre V. — Dom Noël Georges est mis prieur : de ses comportements et de ce qui se fit de son temps à l'occasion de ceste abbaye 191

Chapitre VI. — De l'élection de dom Henry du Pont pour prieur et de ce qui fut faict en ce Mont de son temps. . . . 194
Chapitre VII. — L'abbé et son conseil consentent à l'introduction de la Congrégation Saint-Maur et en passent le concordat. 196
Chapivre VIII. — De l'acheminement de douze religieux de la Congrégation de Saint-Maur en ce Mont, du jour de leur arrivée et prise de possession qui fut b'en heureux à Monsieur de Guise, père de notre abbé. 197
Chapitre IX. — Des religieux qui estoient en ce Mont au temps de la réforme et comment les réformés se comportent avec eux.. 200
Chapitre X. — Des prieurs qui ont gouverné ceste abbaye depuis la sus ditte réforme jusqu'à maintenant et de qui s'est faict et est arrivé digne de remarque. 202
Chapitre XI. — Des réparations faites à ce monastère 207
Chapitre XII. — D'un poisson prodigieux 209

Additions de Dom Louis de Camps et de quelques autres. 211

De dom Charles de Malleville, 1er prieur. 211
De dom Placide de Sarcus, 2e prieur 211
De dom Bede de Fiesque, 3e prieur. 213
De dom Michel Piron, 4e prieur 214
De dom Bernard Jevarduc, 5e prieur 215
Les violences du sr de Lorges contre les religieux 217
D'un différend avec l'évesque d'Avranches 219
De dom Charles Rasteau, 7e prieur. 222
De dom Huillard et de dom Placide Chassinat, 8e et 9e prieurs . 223
De dom Augustin Moynet, 10e prieur 225
De divers cours d'estude en ce monastère 226
De dom Arsène Mancel, 11e prieur 229
De dom Mayeul Gazon, 13e prieur 229

FIN.

ERRATA.

T. I, page 3, ligne 13, Jenarduc, *lisez* Jevardac.
T. I, p. 29, l. 16, Retrouver, *lisez* Recouvrer.
T. I, p. 33, l. 12, Astoriac, *lisez* Asteriac.
T. I, p. 46, l. 23, constance, *lisez* coustume.
T. 1, p. 47, l. 28, frison, *lisez* frisson.
T. I, p. 131, l. 17, 18, Ganard, *lisez* Gavard.
T. I, p. 132, l. 3, 7, Ganard, *lisez* Gavard.
T. I, p. 184, note, dia, *lisez* die.
T. I, p. 232, rétablir ainsi la note :

1560. Successit Jacobo d'Annebault, duobus annis interpositis, in commendam abbatiæ Montis, Franciscus Le Roux, protonotarius apostolicus, authoritate regia, qui quicquid potuit a Monte abstulit, ut laute et opipare epularetur.

T. I, p. 262, l. 14, d'estre spirituel, *lisez* d'estre pere spirituel.
T. I, p. 271, l. 17, Grimonville, *lisez* Grimouville.
T. I, p. 272, l. 20, Grimonville, *lisez* Grimouville.
T. II, p. 26, *au lieu de :*

Precor autèm eorum qui mihi in hoc quem propitia divinitate teneo successionis honore animos ut sicut suæ authoritatis inconvulsa quæ locis sanctis pro suarum remediis animarum constituent obstabunt præcepta,

Lisez :

Precor autem eorum qui michi in hoc quem propicia divinitate successerint honore animos ut sicut sue auctoritatis inconvulsa que locis sanctis pro suarum animarum obtabunt precepta.

Ce texte a été relevé sur le Cartulaire, à notre demande, par M. Laisné, président de la Société d'archéologie d'Avranches.

T. II, p. 43, l. 21, le corps, *lisez* le chef.
T. II, p. 49, l. 16, conquerrant, *lisez* conquérant.
T. II, p. 80, l. 22, temples, *lisez* peuples.
T. II, p. 179, l. 5, Dicon, *lisez* Dijon.
T. II, p. 226, l. 29, Piron, *lisez* Pirou.

Rouen. — Imp. de H. Boissel.

www.ingramcontent.com/pod-product-compliance
Lightning Source LLC
Chambersburg PA
CBHW050321170426
43200CB00009BA/1415